Paris

1889

Combes de Lestrade, Gaëtan

Eléments de sociologie

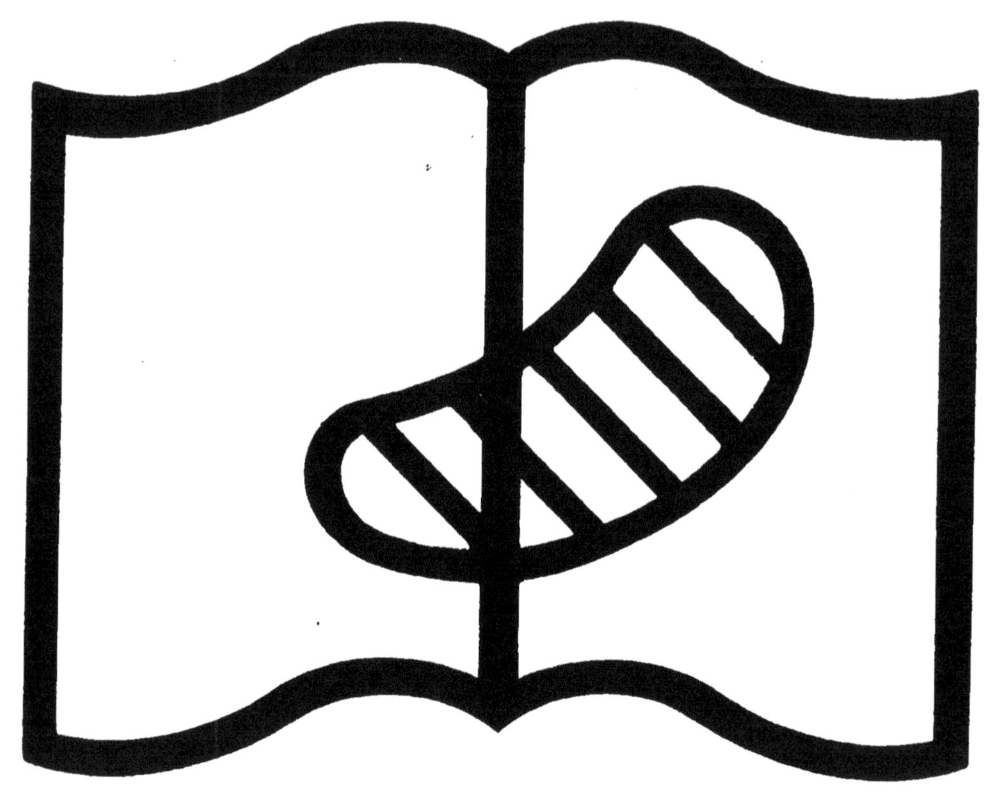

**Symbole applicable
pour tout, ou partie
des documents microfilmés**

Original illisible

NF Z 43-120-10

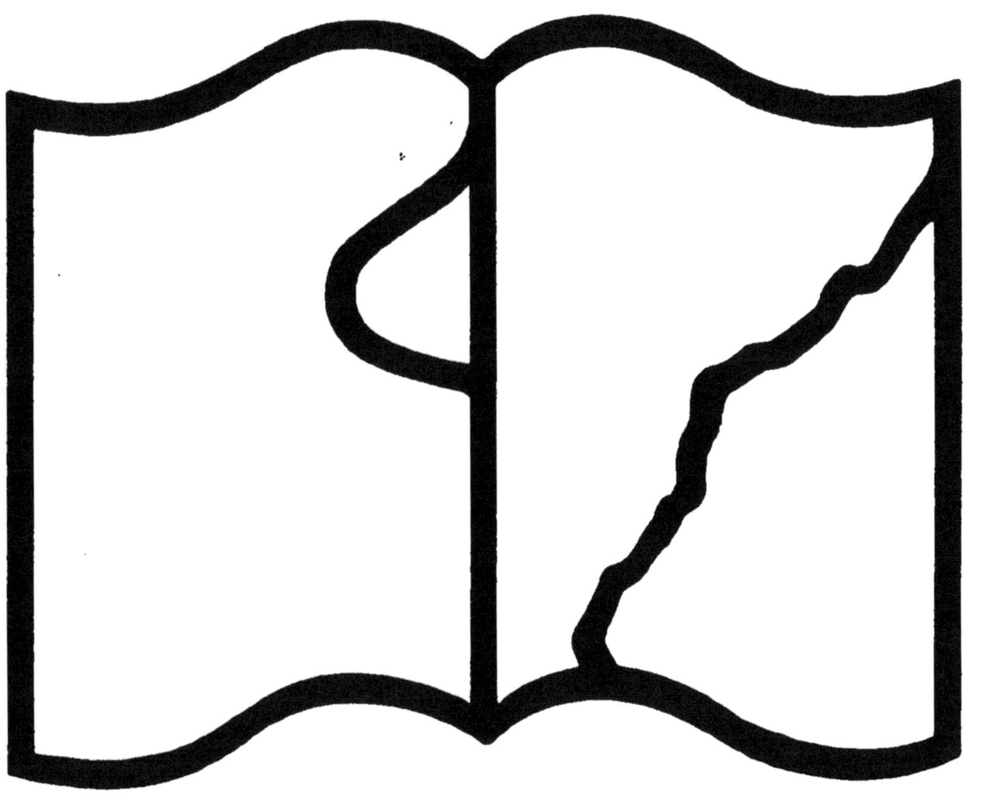

**Symbole applicable
pour tout, ou partie
des documents microfilmés**

Texte détérioré — reliure défectueuse

NF Z 43-120-11

ÉLÉMENTS

DE

SOCIOLOGIE

PAR

COMBES DE LESTRADE

PARIS

ANCIENNE LIBRAIRIE GERMER BAILLIÈRE ET Cie

FÉLIX ALCAN, ÉDITEUR

108, BOULEVARD SAINT-GERMAIN, 108

1889

ELÉMENTS

DE

SOCIOLOGIE

ÉLÉMENTS

DE

SOCIOLOGIE

PAR

COMBES DE LESTRADE

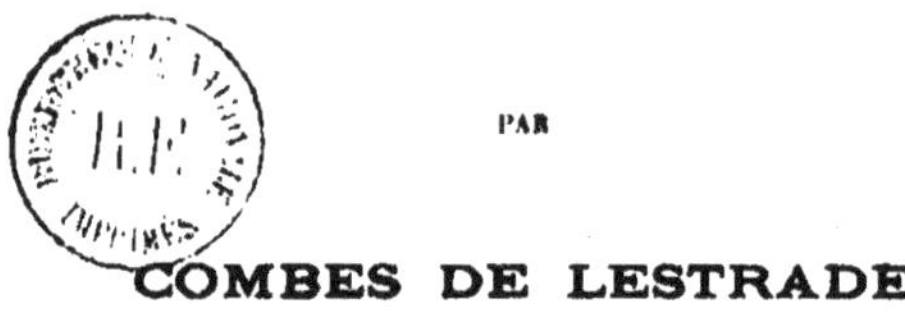

PARIS

ANCIENNE LIBRAIRIE GERMER BAILLIÈRE ET Cⁱᵉ

FÉLIX ALCAN, ÉDITEUR

108, BOULEVARD SAINT-GERMAIN, 108

1889

Je te dédie, ma chère femme, ce volume écrit sous tes yeux. Je le commençai alors que, fiancé, je pressentais seulement le bonheur que Dieu me réservait. C'était dans ton pays ensoleillé. De la grande terrasse, nos yeux suivaient la pente molle où les caroubiers tachent de vert sombre le vert clair des blés de mars, atteignaient ensuite la mer que borde le sable comme un filet d'or, se fixaient un instant sur Malte, dont la blancheur s'estompait par l'éloignement, et se perdaient là où l'esprit voit cette terre d'Afrique, aux mystérieuses plaines. Sous nos pieds, dans cette vallée où rien ne montre la présence de l'homme, des villes s'élevèrent, de ces trois cents dont l'histoire a oublié les noms. La civilisation la plus élevée anima ce qui n'est qu'un désert. Pour m'en convaincre, j'avais un cimetière vieux de vingt siècles où cent tumuli de pierre me disaient l'éternité de la douleur et cette voix mystérieuse de l'âme qui me faisait entendre l'appel de ce glorieux passé.

Que mon livre, écrit dans le seul souci de la vérité, te soit un hommage. Qu'il soit un salut à cette chère Sicile qui m'a donné le meilleur de ses trésors.

C. L.

Château de Saint-Agne, le 1er décembre 1888.

INTRODUCTION

Sociologie est un mot nouveau. Il y a peu d'années encore on appelait publicistes ceux qui s'en occupaient. Récemment, on a traduit par *Science Sociale* le mot de *Sociology* que Spencer avait mis en tête de son admirable livre et qu'il avait d'ailleurs emprunté à Auguste Comte. Puis, on s'est aperçu que cette science était assez personnelle, je veux dire assez distincte de toutes les autres, pour mériter un nom spécial. En outre, il fallait un titre pour désigner ses adeptes. Ne pouvant le faire dériver de Science Sociale, on a adopté Sociologie qui s'y prête mieux.

Mais, quel que soit le nom dont on l'appelle, elle est l'anatomie du corps social, toujours en ayant soin de rejeter l'idée politique qui n'a rien à faire ici. Elle complète l'analogie entre le cercle des sciences qui s'occupent du corps humain et celui des sciences qui étudient la société. La *Politique* a des rapports évidents avec la *Philosophie*. L'*Economie politique* est la *Physiologie* de la Société. Il restait à trouver, à constituer une science qui s'occupât des organes sociaux, non pas dans leurs fonctions, mais dans leur nature. C'est la Science Sociale.

Elle est née d'hier. Ce n'est pas surprenant. A la vérité, le besoin en était immense. Elle ne fait, il est vrai, que formuler ce que dit le bon sens. Mais, c'est précisément pour cela que l'éclosion en a été désespérément lente. Nous avons tous, dans l'esprit comme dans les sens, une routine dont nous ne parvenons pas à nous dégager. J'aurai souvent à me servir de comparaisons pour exprimer ma pensée, et je vais commencer tout de suite. Naguère, une certaine école de peinture a inventé l'*impressionisme*. Elle met sur la toile, non pas ce qui est, mais ce que nous voyons réellement. Si, par exemple, un de ses adeptes veut nous montrer une voiture en mouvement, il n'a garde de tracer les rayons de ses roues, le brillant de sa peinture. Il la peint aux contours indécis, portée sur quatre disques marqués de points lumineux, telle enfin que nous la montrerait un appareil photographique perfectionné. D'où vient le peu d'extension qu'ont pris les principes de cette école (1) ? Tout simplement de qu'il n'est pas vrai que notre œil voie. Il ne fait que transmettre les impressions reçues à notre cerveau. Là, elles se trouvent associées avec des éléments divers, principalement avec l'habitude et notre *moi* perçoit parfaitement, à l'aide de ces organes multiples, que la roue n'est pas un disque et que la caisse de la voiture a des contours nettement définis.

De même, quand nous étudions un phénomène social, nous ne pouvons pas le dégager des idées que l'habitude nous a fait concevoir. J'ai toujours eu une admiration profonde pour le Huron de Voltaire. Certainement notre monde avec ses banalités, son « déjà-vu » perpétuel, offrirait le spectacle le plus intéressant à celui qui pourrait l'étudier comme était censé le faire le héros du grand rieur. Mais là gît précisément la difficulté. Prenez l'athée le plus convaincu : s'il a eu une éducation religieuse, et s'il est honnête, ce ne sera qu'avec le front pâle et une main

(1) Je laisse, bien entendu, de côté l'influence qu'elle a pu avoir sur les autres.

tremblante qu'il profanera un vase sacré. De même qu'il est assujetti aux salutaires principes de son enfance, nous sommes toujours esclaves des préjugés de notre jeune âge.

Ce serait à désespérer si les grands progrès accomplis par l'économie politique n'étaient là pour nous réconforter. La science d'Adam Smith était fondée, elle aussi, sur les simples perceptions du sens commun. Elle a eu à lutter contre l'éternel obstacle des idées préconçues. Aujourd'hui, elle régit le monde ; un peu trop même, car ses apôtres de ses constatations veulent faire des lois et transforment en dogmes ses hypothèses. Le terrain qu'elle a gagné est dûment acquis à la cause du raisonnement et se trouve tout préparé pour notre Sociologie.

C'est peut-être par suite de ce fait que l'on confond, presque généralement, la sociologie et l'économie. Journellement, nous voyons que l'on place dans le domaine de la sociologie ce qui appartient légitimement à sa voisine. Presque toutes les doctrines qui ont étonné la société par leurs audaces ne faisaient qu'introduire des changements économiques, et, sauf le fouriérisme, aucun système nouveau n'a manifesté la volonté de rénover ce tuf qui est notre organisation sociale. Louis Blanc et son *Organisation du travail*, le Collectivisme et sa mise en commun des instruments de production, sont des modalités diverses du système économique, mais ne changent rien à cette organisation sociale, à cette forme d'agrégation qui nous ont été transmises par les siècles et qui depuis dix-huit cents ans au moins se continuent sans variations et sans oscillations.

Les trois sciences qui s'occupent de l'être social ont entre elles des rapports que l'on reconnaîtra bien étroits si l'on se rappelle leur assimilation aux sciences qui étudient l'être humain. De même qu'une révolution dans l'anatomie amènerait probablement une révolution dans la physiologie, l'immense développement pris par l'économie, les modifications profondes subies par la politique, ont amené l'accroissement de leur troisième sœur, la science sociale. Jusqu'à un temps bien rapproché de nous, celle-ci n'existait que comme science d'observation. Aujourd'hui elle devient une science de prévisions. Les faits politiques, les phénomènes économiques ont si grandement altéré les fonctions des organes sociaux que la nature même de ceux-ci va s'en trouver modifiée. Ce n'est donc plus aujourd'hui une science de luxe, que la sociologie. Appelés à bâtir l'édifice nouveau, nous devons connaître aussi bien les matériaux qui le composeront que le terrain sur lequel il s'élèvera. Surtout l'étude s'impose des obstacles que nous rencontrerons. De là vient cet élan qui emporte tous les esprits jeunes vers l'étude de cette science née avec le monde, mais baptisée depuis hier.

Royer-Collard disait, sous la Restauration, que la démocratie coulait à pleins bords. Il nous a dérobé une expression qui serait mieux employée de nos jours. L'œuvre de la révolution a été achevée par les progrès matériels accomplis dans notre siècle. Les chemins de fer, les télégraphes, la mobilisation des richesses ont tellement complété le travail du pic révolutionnaire que le vieil édifice social gît, en ruines, sur ce sol si profondément bouleversé. La religion ne nous unit plus. La hiérarchie sociale est à jamais supprimée. Les liens entre artisans du même métier, marchands de la même corporation, nobles de la même caste, ces liens sont à jamais brisés. Le marteau de 93 a bien réellement fait de la poussière humaine avec ce qu'il a démoli. Ces atomes qu'il a éparpillés aux quatre vents se recherchent aujourd'hui. L'aspiration vers le mieux qui est le grand ressort de notre humanité nous pousse vers une constitution, une organisation nouvelles. Les projets des utopistes, soit : le Saint-Simonisme, le Collectivisme, les cercles catholiques, tout cela, bon ou mauvais, raisonnable ou insensé, indique ce besoin absolu qu'a la démocratie de remplacer par une organisation modernisée, ces organisations qu'elle et leur caducité ont à jamais détruites. Rechercher quel est le système à préférer, c'est l'affaire ou de la politique ou de l'économie. Indiquer les matériaux qui sont sous la main de l'ouvrier, signaler leur degré de résistance ou mettre en garde contre leur inhérente faiblesse, c'est la fonction de la sociologie, son but, sa grandeur.

Est-ce bien réellement une science? Oui, si lorsqu'une doctrine apporte des enseignements précis, irréfutables, elle mérite ce titre. Non, si pour cela on exige d'elle des conclusions rigides et des ordres qui ne peuvent changer. La sociologie est une science comme l'économie. Elle dit: « Voilà ce qui est ». Si elle se hasarde à dire : « Voilà ce qui devrait être », elle abdique sa mission. A la vérité, de ce qui est, il est souvent facile de déduire ce qui devrait être, mais le champ d'action de ces sciences est un peu le cœur de l'homme, ondoyant et divers. Elles doivent laisser à chacun une liberté d'appréciation qu'elles ne sauraient restreindre qu'en diminuant leur propre influence. Leurs enseignements sont subjectifs. Les principes sont des forces. Il ne sont pas des bases et le dernier mot de la science humaine est encore le « que sais-je ? » de notre grand Montaigne.

Si jamais science ne fut plus utile, jamais aucune ne fut plus ignorée. Cela tient d'abord à notre éloignement pour tout ce qui n'est pas d'une utilité immédiatement tangible. Les esprits mathématiques reprochent à notre science de ne pas apporter, d'enseignement assez impérieux. Les politiques la condamnent parce qu'elle ne s'occupe pas de la constitution actuelle. La masse, parce qu'elle a un nom peu euphonique, parce que son effet sur notre bien-être ou nos passions est imperceptible. Ainsi dédaignée par ceux qui pensent, rebutant ceux qui ne pensent pas, elle reste l'apanage du petit nombre qui ne cherche dans l'étude ni la satisfaction de ses ambitions, ni un prétexte à popularité.

Toutes les sciences ont pour adversaires naturels l'ignorance, la routine et l'irréflexion, mais la sociologie a, de plus, contre elle, les préjugés les plus chers. Elle heurte des idées que l'éducation a glissées toutes faites dans notre cerveau. Elle blesse souvent notre patriotisme. Elle contrarie nos espoirs de revanche ou de revendications de castes. Plus souvent encore, elle heurte de front ces habitudes d'esprit que nous donne l'éducation religieuse. Je faisais allusion, en commençant, à la louable répugnance qu'éprouve un athée bien élevé à profaner ce qu'il a adoré jadis. Si l'on veut un exemple moins extrême, mais aussi concluant, que l'on aille demander à une habitante de la rue de Lille ou de la rue de Varennes de reconnaître qu'un libre penseur convaincu est aussi respectable qu'un prêtre de bonne foi, ou, si l'on veut, que l'on tâche de faire reconnaître par un Français que l'hostilité persistante des Arabes d'Algérie mérite l'admiration juste autant que la fidélité inébranlable des Alsaciens-Lorrains à cette patrie dont on les a séparés.

Ce n'est là qu'un exemple. Dans le cours de cette étude, nous en trouverons de nombreux. Dès à présent, il suffit de prouver que nous apportons une mauvaise foi naïve dans l'appréciation de tous les faits sociaux. Cette mauvaise foi, involontaire et respectable, est un des facteurs puissants de tous les phénomènes humains. Ne l'oublions jamais ! Gardons-nous d'étudier l'humanité comme un corps sans pensée, ou comme une machine sans réflexion. L'erreur est peut-être la base de tous les jugements humainement vrais, comme elle est le fondement de bien des bonheurs qu'il serait injuste et cruel de déclarer faux.

Puisqu'elle n'est pas une science exacte, la sociologie doit avoir des limites mal définies. Si l'on prend les livres qui en traitent, l'on s'aperçoit bien vite que les auteurs n'ont pas trouvé de champ qui la contint toute entière et qui ne contint qu'elle. J'ai là, devant moi, le livre de Spencer, et celui de M. Alfred Fouillée. A ne regarder que les tables des chapitres, on est tout près de croire qu'ils traitent de matières différentes. Dans ma bibliothèque, je vois des livres de Stuart Mill, de John Lubbock, de Courcelle-Seneuil. Tous s'occupent des détails de la science sociale. Quelle témérité ne me faudrait-il pas pour tenter d'englober dans ce livre une science que ces grands esprits n'ont envisagée que sous quelques-unes de ses multiples faces ! D'ailleurs, je viens de dire que c'est une science subjective. Mon ambition sera largement satisfaite si je dirige l'intelligence de ceux qui me liront vers ces réflexions affranchies de routine, assoiffées de vrai, qui constituent la sociologie de chacun. Peut-être faut-il des bases pour mettre à même les esprits peu habitués aux réflexions abstraites de traiter certains problèmes, en se dégageant des liens routiniers. Nous étudierons ensemble les questions suivantes :

Les idées que l'on pourrait concevoir sur l'origine des sociétés ont été profondément modifiées par les *découvertes* des évolutionnistes, par les auteurs de cette doctrine dont Darwin est plus le parrain que le père. En inaugurant un de ses cours célèbres dans l'Europe entière, Carl Vogt disait à Genève : « Il n'est plus aujourd'hui un esprit pensant qui puisse croire à la création simultanée des espèces. » Cela étant, — et nous devons en croire sur parole l'illustre savant qui fut d'abord l'adversaire le plus résolu du novateur anglais, — nous voilà aussi loin du *Contrat social* que de l'*Histoire théologique*. Sans nous perdre dans des recherches historiques en dehors de notre domaine, des études scientifiques sans intérêt pour le but que nous poursuivons, nous étudierons la formation des sociétés en ramenant les facteurs à des types simples. Tenant compte de l'incertitude que les savants laissent encore planer sur la théorie de Darwin, eux qui sont plus difficiles en fait de preuves que les théologiens, nous tâcherons de trouver une théorie qui puisse se concilier avec la création du monde en sept jours.

De cette humanité embryonnaire, nous devons remonter jusqu'à l'humanité, intellectuellement développée, au milieu de laquelle nous nous mouvons. Arrivés là, nous prendrons la loupe et nous essayerons d'examiner sans parti pris, en dépouillant notre esprit des habitudes et des formes, les bases qui le constituent. A chacune des questions qui se présentent devant nous, s'adjoindront ces questions secondaires: Comment est-ce? Pourquoi est-ce? Cela pourrait-il être autrement? Est-ce mieux ainsi?

Et nous étudierons sous tous ces points de vue, c'est-à-dire sous toutes leurs faces, la famille et le mariage, puisque ces deux institutions amènent la naissance et causent la valeur de l'homme ; la propriété, si importante pour son bien-être ; la liberté qui ne lui est pas moins essentielle, la morale qui le guide, les gouvernements qui ne sont que la sanction des principes qui précèdent, la religion dont nous chercherons l'effet, et, comme la matière ne perd jamais ses droits, nous résumerons dans le chapitre de l'économie politique les conséquences qu'ont les enseignements de cette science sur celle dont nous essayons de tracer les éléments.

Je cours un danger que je ne veux pas me dissimuler. On transformera certainement en prédications malsaines toutes les constatations que je pourrai faire. S'il m'arrive par exemple de déclarer qu'une société peut très bien se concevoir sans patriotisme, sans morale sexuelle, sans idée de famille, on sera tenté de me croire l'ennemi de ces trois grandes choses. Une fois pour toutes, je supplie le lecteur de n'en rien croire ; d'abord les sentiments d'un écrivain sont indépendants des idées qu'il émet et, de plus, on peut admettre une société existant avec d'autres principes que la nôtre, mais non pas la nôtre existant hors des bases sur lesquelles elle est fondée. Je suis le premier à reconnaître que ces bases sont devenues une partie inséparable de nous-même. Un cataclysme peut survenir qui détruira le principe de propriété, le sentiment de morale, l'idée de famille ; on les retrouvera avec toute la force de leur végétation séculaire dans le plus intime de nous-même, qui leur servira de refuge. Je suis donc bien aise de déclarer cela de la façon la plus nette, et je compte profiter de la latitude, du crédit que cette déclaration me vaudra, pour exposer sans crainte, sans scrupules, les idées les plus subversives, les plus immorales, sûr qu'on ne m'accusera pas de m'en faire l'apôtre. A propos du mariage, je parlerai probablement de la possibilité d'une organisation où ce lien n'existerait pas et, cependant, comme Stuart Mill, à la première page de son ouvrage sur la Liberté, je termine cette introduction par un acte d'hommage vis-à-vis de ce que les siècles passés nous ont légué de meilleur, de cette union de l'homme et de la femme que l'on est heureux d'être spiritualiste pour croire éternelle. Si mon esprit et ma raison admettent la possibilité d'unions temporaires, éphémères, je dois l'écrire, mais je réserve à mon cœur de ne croire qu'à cette fusion de deux êtres dans un seul, qui se perpétue ici-bas dans les enfants qu'ils créent, là-haut dans une communion aussi longue que le Toujours.

ÉLÉMENTS DE SOCIOLOGIE

LIVRE PREMIER

ORIGINES SOCIALES

I

J'ai lu, quelque part, un conte de fées où la rose se querellait avec sa tige. Tous, nous nous rappelons la bataille célèbre des Membres et de l'Estomac. Pour si ridicules que soient ces imaginations, elles ne le sont pas davantage, certes, que la vieille idée qui fait de la Société l'adversaire de l'Individu et réciproquement. Jean-Jacques, dans son *Contrat social*, a montré l'immensité d'aberration où peut atteindre un homme de génie. Cette idée de contrat entre la société et l'individu, cette hypothèse d'une discussion d'intérêts entre deux entités dont l'une est formée par l'autre à qui seul elle permet d'exister, et cette discussion portant précisément sur les conditions de leur association, sont tout juste aussi raisonnables qu'un conte où les racines et l'arbre se demanderaient s'il est de leur intérêt d'habiter ensemble. On voit déjà poindre dans le livre de Rousseau ce mysticisme inavoué, qui donne à la collectivité une force spéciale, un pouvoir *sui generis*, qui ne veut pas convenir qu'une réunion quelconque n'a d'autre puissance et d'autre droit que la somme des puissances et des droits afférents aux individus qui la composent.

Pour admettre l'hypothèse d'un contrat entre la société et l'individu, il faudrait, d'abord, que l'individu pût exister sans la société. Or l'homme, tel qu'il est, n'a pu, une seconde, vivre, — en tant qu'homme, avec les attributs qui lui méritent ce nom, — sans la société. Que l'on adopte le système de Darwin ou que l'on s'en tienne aux récits bibliques, il est incontestable que nos premiers parents n'ont acquis les caractères qui les distinguent des autres classes zoologiques que par la société. Cette idée de contrat n'est donc pas admissible un seul instant et nous sommes forcés pour l'examiner avec le respect que méritent les conceptions d'un homme comme Rousseau, de la considérer du point de vue fort ingénieux auquel se place M. Alfred Fouillée. Celui-ci s'étonne de trouver la condamnation de l'hypothèse de Jean-Jacques, chez des hommes tels que MM. Maine, Littré, Taine et Renan. Il affirme que la théorie du contrat n'est que l'abstraction représentative de l'association humaine. Il dit, et en propre termes, que ce contrat dérive du fait seul que nous vivons au sein de l'État et sous les lois communes de l'État ; il ajoute que « toute constitution politique, surtout dans les pays de suffrage universel, n'est autre chose qu'un renouvellement du contrat social et, cette fois, un renouvellement solennel, par écrit et devant témoins ». Mais ce n'est pas seulement dans le code français, c'est encore dans le code du bon sens universel que l'on exige, pour la validité d'un contrat, le libre consentement des contractants. Même en supposant avec M. Fouillée ce consentement postérieur rétrospectif, comment pourrait-il engager le citoyen ? Celui-ci est-il libre de quitter la société ? Sans elle, il ne saurait vivre et, où donc trouverait-il un coin de terre où elle ne fut pas ; d'ailleurs, M. Fouillée nous fournit le plus irrésistible argument contre sa thèse en prenant comme exemple le vote d'une constitution politique. Certainement l'électeur peut refuser son vote, ne pas accepter un état de choses qui lui déplaît, quitter sa patrie, mais, où trouvera-t-il le moyen de se faire citoyen de..... nulle part ! —

Quel est le coin de terre si lointain qu'il puisse s'y croire affranchi de tout devoir, dépouillé de tous droits envers cette société qu'il veut fuir? Robinson Crusoé ou, si l'on veut, un exemple plus véridique, les naufragés de la *Bounty* sont arrivés sur un îlot perdu au milieu de la mer. Plus encore que l'Océan, leur crime les séparait du reste des hommes, mais sur cet écueil inconnu ils apportaient cet héritage des siècles que nous avons tous en partage : un peu de science, quelque expérience, de nombreuses habitudes, des principes, bons ou mauvais, ce bagage enfin qui fait l'homme. Et, lorsque l'univers apprit que ces criminels, vivant sous l'œil de Dieu, étaient revenus au droit chemin, lorsque nous connûmes leurs souffrances matérielles, il y eut en nous deux élans : le premier, de charité, pour les secourir ; le second, d'orgueil. Tous, nous fûmes fiers de cette preuve éclatante que l'homme n'est pas intrinsèquement mauvais. Ces deux élans concourrent à prouver la solidarité humaine, démontrent que, nés de l'homme, nous appartenons aux hommes, que nous ne pouvons renier notre humanité pas plus que l'humanité ne peut nous désavouer et que, supposer à un instant quelconque de notre vie un contrat entre nous et la collectivité, c'est confondre cette collectivité avec un pays ou une corporation. Malgré lui, M. Fouillée dénonce cette confusion, en invoquant l'exemple du suffrage universel.

Dans sa *Théorie générale de l'État*, M. Bluntschli dit : « L'histoire, qui a vu naître tant d'États, ne connaît aucun exemple d'État contracté par les individus..... Partout l'histoire nous montre que l'individu, avant même qu'il puisse exprimer une volonté propre, naît membre de l'État, est élevé comme tel, et reçoit, par sa conception, sa naissance, son éducation, l'empreinte déterminée de la nation et du pays auquel il appartient. » Là est la vérité. Pour la méconnaître, comme l'a fait Rousseau, il faut confondre la société et l'Etat. Si l'on appelle contrat social *l'acte par lequel un peuple est un peuple*, incontestablement c'est bien un contrat. Si, au contraire, l'on envisage la société humaine et, non point un corps politique, on verra qu'il ne peut y avoir de traité bi-latéral, puisque celui qui arrive dans la société en reçoit les bienfaits, sans qu'il lui soit possible de discuter les conditions auxquelles il les accepte et qu'à aucun moment de sa vie, il n'a l'occasion de se libérer de la dette ainsi contractée.

C'est là une constatation importante. Nous retrouverons à tout instant, dans le cours de cette étude, la distinction entre la nation et l'humanité. Que les devoirs du citoyen vis-à-vis de son pays et ses droits sur lui soient délimités par un acte formel, rien de plus juste. Rien ne l'oblige à accepter l'honneur d'être Français ou Suédois s'il n'entend pas remplir les conditions que la France ou la Suède imposent à leurs citoyens. Mais, envers l'humanité, ces obligations contractuelles cessent d'exister ; l'homme a une créance sur l'humanité, toujours exigible ; elle a sur lui des droits sans prescription. La sociologie étant différente de la politique, c'est méconnaître son objet que d'y mêler l'étude des droits de l'Etat sur ses citoyens.

Nous étudierons plus loin la nature de l'Etat. Nous en tenant pour le moment à l'étude de la société, nous devons rejeter par un dernier argument l'idée contractuelle : « la société préexiste, il a suffi que deux hommes se rencontrassent pour que la solidarité humaine fut créée ». Dès qu'un nombre d'hommes suffisant a existé, la société a existé de même. C'est là une vérité tellement évidente qu'on rougit de l'énoncer. Qu'est-ce que la société, en effet ? L'ensemble des hommes et ceux-ci, du moment qu'ils respirent, sont aussi forcément une société que les chiffres additionnés forment un total. Si, comme une certaine école allemande, on fait de la société un être mystique avec des devoirs et des droits *sui generis*, si l'on arrive même jusqu'à lui supposer une conscience, on peut très évidemment rechercher à quelle époque et dans quelles conditions cet être fictif est né pour la première fois. Mais la société n'est pas cela, elle est un total parfaitement concret, et c'est par cette malheureuse confusion entre elle et l'État qu'on a placé à son origine je ne sais quel vote solennel, quelque chose comme un acte de fédération.

S'en suit-il que la société, la collectivité, l'humanité, comme on voudra l'appeler, n'ait aucun devoir vis-à-vis des êtres qui la composent et n'ait aucun droit sur eux? Loin de là. Mais ces devoirs et ces droits ne proviennent pas d'un contrat; ils proviennent de la nature des choses et par là sont éternels ou à peu près, car les choses en ont pour longtemps avant de changer de nature.

L'homme constitué comme il est, ne peut pas vivre sans la société, et je n'ai pas besoin d'ajouter cette banalité que la société ne peut vivre sans l'homme. Donc, la société a le devoir d'assurer la conservation de ses membres et d'elle-même. Elle doit prohiber tout ce qui tendrait à sa ruine, elle peut ordonner, exiger, ce sans quoi elle ne saurait subsister.

Les partisans de la théorie contractuelle peuvent supposer que, dès les premiers jours de son existence, le premier agrégat humain est tombé d'accord sur la nécessité de certaines règles, de certaines institutions, et il est inutile d'entamer là une querelle de mots. Que les premiers humains aient reconnu cette nécessité et se soient engagés à s'y soumettre, c'est l'idée contractuelle. Qu'au contraire, ces nécessités aient été tellement impérieuses, qu'en les méconnaissant la société n'aurait pu ni progresser, ni même vivre, c'est notre opinion à nous. Ces deux théories aboutissent à la même conclusion, c'est qu'il existe des

principes fondamentaux de toute société. Et, puisque les partisans du système contractuel aiment tant la comparaison de la
société et de l'être physiologique, pourquoi ne conviennent-ils
pas que les nécessités de l'existence primordiale ont pu créer et
modifier la société, comme ils ont créé et modifié les êtres ?

M. Taine donne de cela des raisons péremptoires qu'il expose
avec son éloquence ordinaire. Supposer dans des hommes tels
qu'étaient nos premiers pères la capacité de se liguer pour
constituer la société, d'en discuter les conditions et surtout de
savoir la maintenir, la faire vivre, c'est certainement leur reconnaître plus de sens pratique que l'expérience d'une infinité de
siècles ne nous en a donné à nous, leurs descendants. Ce contrat, cette association, en les supposant possibles, n'auraient
jamais eu la force de vaincre les résistances qui, dit-on, les rendaient nécessaires. « Une doctrine, dit M. Taine, ne devient active
qu'en devenant aveugle... La raison s'indignerait à tort de ce que
c'est le préjugé qui conduit les choses humaines puisque, pour
les conduire, elle doit elle-même devenir un préjugé. » Cela étant
indiscutable, l'on doit, pour admettre la possibilité du contrat,
supposer dans les premiers hommes l'instinct social et, pour
expliquer ce dernier, ou l'on adoptera la théorie de Darwin et
l'on croira à une société rudimentaire antérieure, ne faisant
ainsi que reculer le problème, ou l'on se rangera au système
biblique qui supprime toute controverse.

Est-ce à dire que la théorie contractuelle doive être rejetée
dans son ensemble ? Loin de là. Non seulement, en traitant de
l'État, nous reconnaîtrons que le contrat est la base de la plupart de ses constitutions, mais même encore, en ce qui concerne
la société, nous voyons que les exigences inhérentes à sa nature
ont fini par être aperçues de tous, que tous ont renoncé à les combattre et qu'alors s'est établi, en effet, un contrat. Celui-ci quoi-

qu'il n'ait fait qu'exprimer, codifier les arrêts de la force des choses, peut facilement être supposé suppléer à cette force, la remplacer. De même notre code, qui est ou qui devrait être la simple expression de l'équité, la remplace dans nos esprits, et c'est à lui que nous recourons, comme au porte-paroles d'une justice souvent obscure pour la majorité des esprits.

Donc, préexistence de la société et quasi-contrat précédant son développement, voilà l'idée à laquelle il nous semble que l'on doit se rattacher. Ce quasi-contrat répondant à la préoccupation de ceux qui verraient la dignité de l'homme compromise si la société existait sans son consentement.

Nous trouvons là la distinction parfaitement nette des devoirs et des droits envers et sur la société avec les droits et les devoirs envers et sur l'Etat. Les premiers participent de la nature, pour ainsi dire fatale, de la société. L'homme les a reconnus et n'a pas eu à les consentir. Il n'est donc pas en son pouvoir de les renier ou d'y renoncer. Ils sont les bases. Les autres, au contraire sont le fruit du consentement. Ils peuvent être nécessaires aujourd'hui, inutiles demain. Les premiers sont les droits humains, ces droits que l'on ne peut léser sans offenser l'humanité entière qui, de leur immensité, retire comme une sorte d'existence personnelle. Les autres, ce sont les droits politiques. L'étude de la sociologie aurait déjà une utilité de premier ordre, si elle n'avait pour but que de distinguer ces deux sortes de droits et d'obligations. L'examen des principaux formant les divers chapitres de cet ouvrage, il n'est pas besoin de s'y arrêter plus longuement. Un principe suffit; s'ils sont éternels, s'ils ne peuvent être modifiés, les droits et les devoirs relèvent de la sociologie ; si leur essence même peut être altérée, c'est aux politiques d'en chercher la meilleure modalité.

La société n'est donc pas, ne peut pas être un être abstrait avec des attributions diverses de celles qui appartiennent à ses membres. C'est une conception radicalement fausse que de voir, en elle, ou une Providence ou un Minotaure qui doive protéger ou dévorer les individus au moyen d'une force spéciale, naissant d'elle-même. Il est difficile de comprendre ces expressions si souvent répétées : « Conscience de la Société, Morale de la Société ». De ce que quatre hommes, dix hommes, un million d'hommes sont réunis ensemble par les nécessités de l'existence humaine, s'ensuit-il qu'il existe une conscience morale différente de la somme de leurs morales, de leurs consciences ? C'est en accordant un tel pouvoir aux agrégations d'êtres humains que l'on a encouragé les plus dangereuses utopies. On a inventé ainsi ce qu'on appelle l'idéal social. La raison se refuse à admettre que l'humanité puisse envisager un but autre que le bonheur de tous ses membres. Mais de plus, quel est donc l'arbitre suprême qui nous dira si cet idéal est juste ou non, désirable ou non ?

Une considération bien simple dicte la morale de chaque individu. Outre qu'il n'a pas le droit de léser ses semblables, tout acte lui est interdit qui compromet l'existence de la société. Mais de quel raisonnement ferait-on dériver la morale de la société ? Quel est donc le rêveur assez illuminé pour fixer à l'humanité un but à poursuivre ? Ce que l'on appelle les injustices de la société ne sont pas autre chose que les injustices d'une partie des individus au préjudice de l'autre partie. Elles sont donc justiciables de la morale individuelle. Elles ne peuvent être diminuées, sinon de fréquence du moins de gravité, que par la réduction des rapports du corps social avec ses membres, au minimum dicté par la nature de l'agrégation. En étudiant la marche progressive des sociétés, nous allons voir apparaître clairement cette vérité.

II

L'organisation rudimentaire, inconsciente de la société ne pou
vait durer bien longtemps. Aux besoins naturels qu'elle était appelée et qu'elle suffisait à satisfaire vinrent s'en adjoindre d'autres
qui exigeaient une modification ou un perfectionnement de l'association. Des institutions civiles naquirent de là, s'il est permis
d'employer ce mot, de désigner ainsi la législation embryonnaire
des premiers êtres. Presque simultanément, en même temps que
l'instinct d'association faisait naître ces contrats d'appui mutuel,
l'instinct de combativité divisait les intérêts, engendrait les frontières et créait les nations. De ce jour, le progrès fut excité, non
pas seulement par les besoins des hommes, mais aussi par le
sentiment d'émulation. Le sociologiste, par suite, devra tenir
compte de ce facteur important et, après avoir étudié les besoins
d'un peuple, considérer ce peuple comme une entité morale qui a
ses amours-propres, ses rancunes et ses jalousies.

L'association des êtres dans un Etat est, nous devons le répéter, profondément différente de celle qui les réunit en société.
S'il n'est guère possible de la croire tout à fait volontaire, elle
n'est pas, du moins, inévitable. Le seul fait de vivre dans un Etat,
de ne pas protester explicitement contre son organisation, donne
déjà naissance à un contrat d'autant plus impératif que l'individu,
avant même son âge viril, a reçu une part des biens sociaux dont
il devrait rendre l'équivalent avant de se dégager des liens qu'il
trouverait mauvais, que l'Etat lui a donné ces biens sans y être
contraint, car si la société ne peut exister qu'en plaçant l'individu
dans de certaines conditions de bien-être, l'Etat ajoute à ces conditions un supplément parfaitement facultatif et en échange
duquel il acquiert une créance parfaitement déterminée.

L'Etat provient donc d'un contrat. Ses bases, explicites à l'origine, sont acceptées tacitement par les générations qui suivent. Les justes rapports entre lui et ses membres sont donc réglés par un contrat et sont, par conséquent, à tout instant modifiables. La seule limite que la sociologie puisse imposer aux lois politiques, c'est le respect des principes sociaux, dont la méconnaissance compromettrait la vie de la société. En dehors de cela, elle ne peut qu'étudier le fonctionnement d'organes, créés en dehors d'elle et dont la direction lui échappe. Cette étude est, en même temps, une surveillance; il importe de ne pas laisser tomber dans la sphère agitée de la politique ce qui appartient au domaine immanent de la vie sociale. C'est pour cela que nous ne ferons que passer en revue et les formes d'État et les formes de gouvernement, tandis que nous étudierons, aussi profondément qu'il nous sera possible, la famille, la propriété, la morale et la justice.

L'on est fondé à refuser à la société tout droit spécial et abstrait. Mais l'État, en revanche, peut réclamer des attributions très différentes de celles des citoyens qui le composent. Il n'y a pas seulement dans l'État un groupe d'hommes; il y a encore ce pacte, en vertu duquel il existe et en vertu duquel il peut agir. Il constitue un être moral auquel, est remise une sorte particulière de délégation. Son existence est soumise à des conditions spéciales, très diverses de celles que nécessite l'existence des particuliers. Il n'a pas à se préoccuper seulement du bien-être, de la vie même de ceux qui le composent, mais il doit encore se défendre contre les rivaux ses voisins. La population de l'État limitrophe a toujours pour but d'affaiblir la richesse et la puissance de notre État à nous et, contre ses empiétements aucun arbitre ne nous défend. Il faut donc que notre État s'acquitte des devoirs correspondants à ces nécessités, et ce sont là des fonctions que le citoyen ne peut avoir dans le nombre de ses devoirs privés et qui, non seulement diffèrent en degrés des obligations individuelles, mais encore sont d'une nature absolument spéciale, qui ne commencent qu'avec l'Etat et qui finissent avec lui.

La société, n'ayant point de ces nécessités, n'a ni des devoirs ni des droits. Elle ne peut revendiquer que ce qui est nécessaire à son existence. On ne peut lui demander que ce qui est indispensable à la conservation de l'individu. Ce qui concerne le perfectionnement, le progrès social est remis à l'Etat ou à l'individu. La discussion sur ce dernier point est une question de plus ou de moins. Une école remet tout à la collectivité nationale; l'autre attend tout du perfectionnement individuel. C'est de là que proviennent les quatre formes d'Etat que les auteurs reconnaissent exister.

Les philosophes allemands de la première moitié de notre siècle : Kant, Guillaume de Humboldt, ont vu l'idéal dans ce qu'ils appellent « l'Etat de droit ». L'Angleterre a accueilli cette doctrine avec une faveur marquée, en a fait le fondement de sa philosophie politique sous le nom d'individualisme, et nous-même, alors que nous nous préparions, par la politique active, à l'étude des éternelles questions de droit social, nous avons pris comme épigraphe d'un de nos ouvrages la phrase de Guillaume de Humboldt, où il fait de l'individualisme la condition suffisante et nécessaire de tout essor national. L'Etat de droit ne fait qu'assurer les droits de chacun, met à la place de la force individuelle, qui les protège dans la Société non organisée, la puissance de l'Etat, de la collectivité dont le but est de supprimer toute lutte par la force matérielle, en remplaçant celle-ci par la justice de la nation.

Les Allemands modernes dédaignent cette doctrine. Ils voient en elle la consécration de l'égoïsme, mais si l'on se rappelle que la société ne provient que des nécessités inhérentes à l'existence de l'homme, si l'on convient que l'État n'est qu'un des perfectionnements de la société, on tombera d'accord qu'il est tout naturel de devoir protéger l'individu. Et qui donc protégerait-il, quel bien pourrait-il produire, quel bien réellement utile, qui s'appliquât à autre chose que l'homme? Qu'il sacrifie l'intérêt des uns aux intérêts plus graves des autres, le bien-être de notre génération à l'aisance des générations à venir, cela est tout naturel, mais ne fait que rentrer dans sa fonction de juge qui protège les faibles, nés ou à naître.

Toujours en supposant à l'État une existence propre et des fonctions très différentes de celles des particuliers, on a voulu en faire le protecteur des intérêts. Cette théorie a un apôtre illustre. Tout simplement M. de Bismarck. En France, comme en Allemagne, on a des exemples célèbres pour justifier cette doctrine. Les routes, les canaux, les chemins de fer, les postes... Ils prouvent moins, à mon avis, qu'ils en ont la prétention. Je ne veux même pas rechercher si l'État, en construisant les uns et en dirigeant les autres, fait autre chose qu'assurer mon droit de circuler et de correspondre avec mes concitoyens; mais il est certain qu'en appeler toujours et en tout à l'intervention de l'État, c'est une habitude que nous a donnée, non pas le progrès, mais la routine. C'est un reste des superstitions de divers genres dont la caractéristique commune est l'oubli du principe de causalité. Sans être aussi vieux que Mathusalem, nous avons vu les curés de campagne faire sonner les cloches pour empêcher la chute de la foudre. Qui a voyagé sur un voilier a certainemen entendu les matelots siffler pour appeler le vent. Ni le curé ni le matelot ne réfléchissaient que les phénomènes naturels qu'ils redoutaient ou appelaient étaient causés, le premier par une certaine situation électrique du sol et des nuages, le second par une différence de température entre deux lieux donnés, et que la

musique grande ou petite produite, soit avec les cloches soit avec
la bouche, ne pouvait avoir aucune influence.

Il en est juste de même pour l'intervention de l'Etat. Les
maux dont nous souffrons sont dus à des causes tellement complexes qu'elles échappent à l'observation. Que l'obscurité, où
nous resterons ainsi, rende plus facile à comprendre cette foi
aveugle dans l'Etat, c'est vrai, mais celle-ci n'en est que plus
déraisonnable. C'est précisément parce que les crises politiques,
économiques, sociales proviennent d'origines multiples et diverses
que l'Etat ne saurait jamais les prévenir. Spencer illustre ce fait
par une ingénieuse comparaison. S'il s'agit de planer une plaque
de tôle, le planeur novice frappera du marteau sur la partie qui
gondole. Il arrivera ainsi à produire à côté un gauchissement plus
fort. Or, l'Etat est régulièrement novice. Rien dans la vie n'est
simple. Il y a toujours, et en tout, ce qu'on voit et ce qu'on ne
voit pas. En admettant, ce qui n'est pas, que nos hommes d'Etat
fussent des philosophes experts, qu'ils eussent le temps d'examiner à loisir les questions qui se posent, ils arriveraient probablement à conduire les intérêts généraux juste aussi bien que
nous conduisons les intérêts particuliers. Ce ne serait donc pas
la peine de s'adresser à eux pour remédier à nos souffrances, mais
ce minimum lui-même n'est jamais atteint. Les gouvernants n'ont
pas seulement à se décider entre deux opinions, mais encore entre
deux classes d'intérêts aussi divergents que possible et, pourtant,
tous les deux parfaitement respectables et impossibles à sacrifier.
La machine gouvernementale, de plus, est lourde et mal aisée à
mettre en mouvement. Comme les grandes machines à vapeur,
elle ne travaille qu'en grand et, si l'on s'aperçoit que la route
prise est mauvaise, ce n'est qu'à quelques kilomètres que l'on
peut s'arrêter. Enfin un chef d'Etat n'est pas indépendant. A ses
côtés, existe une foule de fonctionnaires et de politiciens qui

s'empressent de suivre ses indications et qui l'entraînent en avant, malgré lui et sans s'occuper des signaux d'alarme qu'il peut faire entendre. Veut-on un exemple pour préciser cette idée ? Ils abondent : J'ai connu un ministre de l'agriculture qui a porté la parole sur la loi pour la surtaxe des blés. Il recevait journellement des députations à ce sujet, tantôt du centre, tantôt du nord ou du midi de la France, et cet homme, de très bonne foi, n'a jamais su au juste si cette surtaxe servait les intérêts de l'agriculture ou le contraire.

Le traité de 1860 a soulevé chez nous des protestations considérables. On a accusé le libre-échange de nous sacrifier à l'Angleterre et les Anglais affirment que Cobden, son promoteur, les a livrés pieds et poings liés à la concurrence française. Le canal de Suez, si l'on interroge cent personnes prises au hasard, a dû, suivant l'opinion de quatre-vingt-dix-neuf d'entre elles, aider considérablement le développement de la navigation, et tous les marins de commerce affirment que la nouvelle voie a ruiné le commerce maritime. Et c'est au milieu de la complication de ces questions que vous demandez au gouvernement de les résoudre. Vous ne vous apercevez pas que le gouvernement, c'est vous ou moi dans de certains pays, des hommes comme vous et moi dans les autres pays et que c'est croire au miracle que d'attendre chez les hommes au pouvoir une clairvoyance qui n'existe pas chez les simples particuliers. Ce qui précède est tellement vrai que, dans tous les pays du monde, l'État se montre le plus mauvais des administrateurs. Sans vouloir chercher les exemples classiques, sait-on à combien est revenu la dernière campagne des torpilleurs? Évidemment à un chiffre énorme. Croit-on qu'un chef d'usine quelconque aurait jamais payé aussi cher la démonstration qu'un nouveau système était impraticable? Les chemins de fer de l'État se sont annexé des lignes qui rapportaient jadis et qui sont improductives aujourd'hui. Le monopole des tabacs, vexatoire, ennuyeux, n'est certainement pas plus productif que ne le serait un impôt mis sur le commerce libre. Il n'est pas démontré que le service des postes ne fut pas mieux assuré et ne revînt à meilleur marché, s'il était confié à l'industrie privée.

Nous pouvons nous refuser à reconnaître à l'Etat son droit de se faire le protecteur des intérêts, sans pour cela devenir un sectaire du libre-échange. Si jamais les gouvernements ne s'étaient immiscés dans les questions de production, personne ne serait fondé à leur demander de s'en occuper aujourd'hui. Mais, lorsque sur la foi d'un traité ou d'un tarif que l'on présumait durable, de nombreux capitaux et de plus nombreuses existences d'hommes se sont engagés dans une industrie, un gouvernement n'a pas le droit de fermer les usines et de jeter les hommes sur le pavé pour tenter une expérience nouvelle. La liberté absolue, dans n'importe quelle branche de l'activité humaine, ne sera possible que lorsque toutes les autres libertés existeront à un égal degré. Le seul principe que puisse édicter la science sociale, c'est que l'on ne doit pas faire du libre-échange ou de la protection des axiomes et que l'on doit laisser le règlement de ces questions à la politique courante, se soumettant d'avance à les voir résolues avec cette imperfection et avec cette instabilité qui sont le propre des choses politiques.

Vient ensuite une nouvelle fonction de l'Etat, qui n'est presque que celle que nous venons d'étudier, transportée du régime matériel dans le domaine moral; c'est l'Etat instructeur. Si l'Etat a le devoir de conserver l'individu, il a aussi l'obligation de développer ses facultés, de rendre plus grand le profit qu'il tire de la société et plus considérables les services qu'il peut rendre à celle-ci. Pour donner une idée de l'excès où l'on peut aboutir, en soutenant l'intervention de l'Etat, qu'il me suffise de citer la note

que met M. Alfred Fouillée sous la page qui traite ce point :
« S'il est démontré, par exemple, dit-il, que les hautes mathématiques sont nécessaires aux mathématiques appliquées, et en particulier aux armements qui intéressent l'existence même de la
nation, n'en résultera-t-il pas le devoir et le droit pour l'Etat de
créer des chaires de mathématiques transcendantes et, comme
tout se tient, d'encourager la haute spéculation intellectuelle ?
Cela n'est pas moins vrai pout tout autre genre d'étude. » D'après
cette théorie, où il suffirait que l'Etat ou les individus pussent
retirer une utilité quelconque d'une étude ou d'une science pour
que la nation fut obligée de faciliter cette étude, de propager
cette science, on ne sait guère comment blâmer l'Inquisition
d'avoir condamné Galilée, et l'on doit blâmer avec énergie les
autorités rétrogrades qui ont empêché les expériences publiques
de magnétisme ou d'hypnotisme. Du reste, où prétend-on arrêter ce devoir d'instruction incombant à l'Etat ? La musique et la
versification seront-elles admises dans le programme des études
obligatoires ? Pour laisser là toute plaisanterie, pourquoi ne pas reconnaître que l'Etat doit à ses citoyens l'enseignement primaire,
c'est-à-dire la clef de toute émancipation morale, l'arme absolument nécessaire dans la lutte contre l'ignorance, que là s'arrêtent
ses devoirs, que si dans un but d'unification des esprits, il juge à
propos de faire du haut enseignement une branche de l'action
gouvernementale, il en a le droit et peut avoir tort ou raison.

L'Etat instructeur n'a sa raison d'être que dans les pays où il
doit suppléer à l'insuffisance de l'initiative privée, et son but le
plus cher doit être de préparer le moment où l'on pourra se passer de lui.

Reste la quatrième incarnation de l'Etat, c'est-à-dire sa forme
politique. Outre sa fonction intérieure ou, en d'autres termes, son
rôle de gardien des institutions nationales, il a le devoir de

représenter la nation, le pays dans ses rapports avec les autres
nations, avec les autres pays. Comme les peuples, gouvernants et
gouvernés, ont des intérêts internationaux divers, ne relevant pas
de la science sociale, nous n'avons à nous occuper que de l'action
qu'un pays cherche à exercer sur et contre ses voisins. C'est la
grande question du droit international. Il nous paraît que la tran-
quillité de l'Etat, la liberté de son développement sont les seuls
buts que puisse rechercher un pays où les sociologistes ont
quelque influence. Nous pouvons tous être sensibles à la gloire
militaire, beaucoup d'entre nous sont prêts aux plus grands
sacrifices pour aider notre cher pays à la reconquérir, mais tout
cela intéresse notre cœur, nos sentiments et n'a rien à faire avec
notre raison et nos réflexions qui condamneront toujours la
suprématie de la force sur l'idée.

Voilà les quatre formes que peut prendre la mission de l'Etat.
Chacune d'elles est modifiée par la nature du gouvernement.
Nous les retrouvons une fois de plus en étudiant ceux-ci.   ,

III

Les quatre formes d'Etat que nous avons étudiées dans le
chapitre précédent sont en quelque sorte des formes abstraites,
mais on ne peut guère espérer condenser dans ces types les
divers modes d'organisation civile qui ont vu le jour depuis
l'origine des sociétés. Tout en laissant de côté la forme du gouvernement qui n'intéresse guère que les temps modernes, il est
intéressant d'étudier la façon dont on a rattaché le citoyen à
l'Etat. Le communisme parfait n'a certainement jamais existé. Il
implique non seulement la communauté des biens et des revenus, mais encore celle de la famille, des affections et des ambitions. Or, s'il est un point hors de doute, c'est que l'esprit
d'hérédité est né en même temps que l'humanité, s'il ne l'a pas

précédé. Certainement, à la vérité, dans les très petites agglomé-
rations que formèrent les hordes primitives, la propriété était
commune, soit qu'elle appartînt à un chef chargé de la subsistance de ses sujets, soit qu'elle fût le lot de la communauté. Les
rapports de justice et de famille étaient assez obscurs ; l'idée de
droit se confondait avec celle de force. Ce n'était pas seulement
parce qu'ils voyaient la force être l'origine de toute possession
et de tout privilège, mais encore parce que la force était en ce
temps d'une telle utilité pour l'agrégat qu'il devait légitimement
encourager ceux qui en étaient pourvus. Et, au fond, cela n'a
guère changé. L'intelligence, le talent, le travail sont aussi des
forces qui conviennent au temps où nous vivons comme la
vigueur brutale convenait à ce temps-là. Nous les considérons
comme des sources légitimes de richesses et de dignité, et ne
faisons ainsi qu'imiter nos premiers ancêtres.

La famille a-t-elle été le premier embryon de la société ? Je ne
le crois pas. Les sentiments de famille exigent des cerveaux plus
perfectionnés que l'association. Les animaux en fournissent des
exemples. On ne peut guère appeler familiale la tendresse éphé-
mère de l'éléphant pour sa femelle, et l'intérêt qu'il porte à sa
progéniture. Le premier souci de l'être est évidemment sa conservation. Elle est impossible sans la société. L'ambition de per-
pétuer sa race ne vient qu'après. D'elle sort la famille.

Les associations entre hommes ont eu évidemment pour fondement la poursuite de la subsistance. Un phénomène de sélection
s'est produit, qui n'a laissé subsister que celles de ces sociétés
qui avaient adopté des bases durables. Peu à peu, les devoirs des
hommes se sont accrus parallèlement avec les attributs privilégiés que leur donnait la civilisation grandissante. Pour les
astreindre à l'accomplissement de ces devoirs, ou pour assurer la
libre jouissance des droits qui en dérivaient, le rôle de l'État a dû

augmenter son importance. A côté de ce pouvoir officiel, s'en est bientôt élevé un autre, qui est venu suppléer à son insuffisance évidente. C'est ce que l'on a d'abord appelé les mœurs et, plus tard, l'opinion publique. Suivant que, dans un pays, l'Etat était autoritaire ou libéral, ce second pouvoir de la collectivité a été libéral ou autoritaire. Ils ont composé, ainsi, comme une somme constante de restrictions à la liberté et à l'initiative individuelle. C'est un phénomène social sur lequel il convient d'appeler toute l'attention du lecteur. Il explique la puissance absolue de la routine et des habitudes sur le progrès des idées. Il amènerait à une triste conclusion, si les éléments complexes de tout problème humain ne venaient y remédier, car on pourrait en déduire que le seul moyen de faire accomplir un grand pas dans la voie du progrès, ce serait de reconnaître une tyrannie qui nous contraignît à avancer. Je viens de parler du progrès. En sociologie, où le chercher ? L'économie politique, elle, ne considère que les intérêts matériels. La politique ne recherche l'amélioration du sort du citoyen que dans leurs rapports avec la nation. Mais la science sociale, sans perdre de vue un seul instant ces considérations, en envisage d'autres, et étudie le moyen de donner aux hommes le bien-être moral en même temps que l'aisance matérielle ou le suffrage civique. Je puis expliquer ma pensée par un exemple qui m'a toujours vivement frappé.

Dans la Sicile méridionale, sur les côtes de cette mer toujours bleue qui baigne Malte, et dont les flots semblent porter l'haleine des orangers de Tunis au cap Passaro, j'ai vu une population agricole extrêmement dense. Agglomérés dans les villes, les paysans doivent les quitter le lundi matin pour n'y rentrer que le samedi soir. Pendant ces six jours, ils habitent en commun, au nombre de cinquante ou soixante, une grande chambre, sans fenêtre et sans cheminée. Leur lit est une litière de paille hachée; leur oreiller une bille de bois, ou la selle de leur monture ; leur nourriture, des fèves cuites à l'eau et des oignons ; leur salaire, 1 fr. 20 par jour. Ils n'ont pas, comme dans d'autres pays, les douceurs familiales pour leur faire oublier, le soir, les peines de la journée. Dans leur cerveau, aucune idée ne fermente. Ils acceptent leur sort et ne se plaignent même pas si, pendant les longues journées de solitude, leurs femmes ou leurs filles cèdent aux douces paroles d'un oisif débauché, ou à l'attrait d'un bijou en doublé.

En Russie, j'ai passé des semaines dans l'*isba* du paysan. Je l'ai vu chercher, dans d'effroyables libations d'eau-de-vie, un supplément à une nourriture trop parcimonieusement obtenue. Quelques semaines après ma visite, mon hôte laissait son village et son coin de terre, abandonnait sa famille et ses amis, achetait au prix de toutes ses économies un passe-port pour la ville. Là, il devenait cocher de fiacre. Ses journées, il les passait à parcourir les rues et les *perspectives*. La nuit, il rentrait dans une des cours disposées à cet effet, et pendant que son cheval dormait entre les brancards, lui, enveloppé de peaux de mouton à la place habituelle de ses clients, prenait un repos entrecoupé par l'absorption d'une tasse de thé brûlant, qui lui permettait de braver les 15 ou 20 degrés de froid. L'été revenu, il rentrait galement dans son village, trouvait son mobilier vendu aux juifs, son bétail saisi, sa femme enceinte de trois mois, et sans s'apercevoir que son absence en avait duré six, n'en buvait pas moins sa ration ordinaire.

Dans notre France, tout autour de nous, nous voyons les paysans instruits, riches, honnêtes, électeurs, quelquefois élus. Malgré tout, en mon âme et conscience, je me demande si le Beauceron aisé est plus heureux que le Sicilien ou le Russe. Que l'on ne crie pas au paradoxe ! Voyez, en Beauce, l'effroyable

ambition qui empêche le cultivateur de dormir ; songez à sa douleur quand l'incendie amoindrit son capital ou diminue son
revenu ; pensez à cette jalousie, pour toutes les supériorités
sociales, qui le ronge ; ayez présente à l'esprit sa haine pour le
gros propriétaire son voisin. Et, si vous vous rappelez l'éternelle insouciance de ceux qui étaient hier les serfs du czar ou les
vassaux des barons siciliens, si vous avez assisté surtout à une
de ces soirées d'hiver où les uns, sous un ciel béni, disent le
rosaire, où les autres, rassemblés près du poêle, écoutent les
contes de fées, vous vous demanderez, comme je l'ai fait, si la
science sociale a bien le droit d'indiquer un but au progrès
humain.

La société civile ayant un horizon plus restreint, on peut, dès
l'origine, suivre sa marche vers son but. Au début, des commu-
nautés éparses et, dans les grandes plaines, des hordes guer-
rières ; celles-ci envahissant celles-là ; l'énergie des uns aiguil-
lonnant l'industrie des autres. Puis, des petits Etats s'alliant,
s'amalgamant et enfin, pour essayer d'assurer leur supériorité,
fondant des nations. Comme ressort moral au début, la superstition, c'est-à-dire la théocratie et l'égalité de tous devant le clergé,
puis la crainte, le respect de la force réelle qui engendre le
règne des guerriers, les castes. Dans le peuple comprimé, la
force de l'idée trouve sa voie. Au prix de luttes et de fléaux, les
institutions qui lèsent les fondements sociaux se dissolvent et
s'écroulent. Peu à peu, et alors même que l'Etat méconnaît son
rôle en l'exagérant, la force sociale en arrive à ne plus régir que
son empire légitime. La civilisation apparaît ; que ce soit dans de
petites cités ou dans de grands empires, la force politique s'unit
à l'esprit public pour faire obstacle à ce retour aux vraies bases
de la société. Dans les municipalités allemandes, dans les minus-
cules cantons suisses, dans les grands Etats de l'Amérique du

Nord, dans l'immense empire Britannique, le pouvoir central
laisse libre un essor suffisamment réprimé par les mœurs routi-
nières. Dans les républiques de l'Italie, dans le pays de France,
dans le saint empire, dans cet univers que gouverne le czar,
les intelligences agitées sont impuissantes à briser le frein que
l'autorité ombrageuse met au développement de la pensée. Et ce
n'est que dans ce siècle et à ce moment précis où naît la sociologie, c'est-à-dire hier, que ces entraves sont secouées et que le
penseur a le droit de se dire libre, sans être forcé d'accepter les
dogmes de l'église intolérante qui est la libre pensée.

LIVRE II

LA FAMILLE

CHAPITRE PREMIER

SA NATURE

I

Dans son organisation actuelle, l'homme ne peut croître que s'il est aidé pendant ses premières années et protégé jusqu'à son âge adulte. Dès les premiers temps de l'existence sociale, il s'est fait entre l'homme et la femme une sorte de division du travail. L'époux allant au dehors assurer la sécurité du ménage ; la femme restant au logis pour y préparer les aliments, y soigner les jeunes et quelquefois cultiver le coin de terre. L'instinct de possession s'est joint à celui de reproduction, et en a engendré un troisième, complexe, multiforme, qui est l'instinct de la famille. Ce sont ces trois faits là : nécessité d'élever les petits, coopération de l'homme et de la femme, instinct familial, qui ont fait la famille.

Nulle histoire n'est plus intéressante à lire que celle des phases diverses par lesquelles a passé cette institution. Mon ami Mantegazza a publié là-dessus un admirable volume qui, malheureusement, ne peut être mis entre les mains de la jeunesse studieuse. Du reste, il n'entre point dans nos idées d'en rechercher l'histo-

rique. La famille est l'ensemble des liens qui attachent le mari et
la femme, et tous les êtres nés d'eux. C'est le rôle que jouent ces
liens dans la vie sociale qu'il est intéressant de connaître. Au
début, et lorsque la cohésion humaine est encore faible, la
famille à une importance primordiale. La société ne pouvant
accomplir son rôle de protection mutuelle, les intéressés s'adres-
sent à une entité plus voisine, moins introuvable. De nos jours,
l'île de Corse et la race israélite en sont les témoignages. Ce n'est
guère que depuis 89 que les Israélites ont le droit d'en appeler
à la collectivité pour la sauvegarde de leurs biens et de leurs personnes. C'est à une date plus récente encore que la navigation à
vapeur, le télégraphe et l'amélioration des routes ont donné à
la Corse la possibilité d'espérer en une justice moins sommaire
que la vendetta. Aussi, ces deux peuples sont, à des degrés différents, dans la période de transition entre la vie familiale et la vie
sociale. Cette admirable cohésion, qui réunissait entre eux tous
les Juifs issus de la même souche, diminue progressivement. Ce
bataillon serré qu'ils formaient entre eux, pour se défendre
contre l'ennemi commun, se disperse peu à peu pour venir se
confondre, sinon encore dans la masse des citoyens, du moins
dans la race israélite. De même en Corse, les idées de famille
si absolument souveraines jusqu'à quelque vingt ans de nous,
s'amoindrissent peu à peu. En dépit de quelques soubresauts
dans ce progrès, il est certain que la Corse, dans quelques
années, aura perdu ses habitudes de cohésion familiale qui faisaient son originalité.

Qu'il me soit permis de citer un autre fait qui éclaire les origines de l'esprit de famille. Demandez à un Écossais s'il connaît
une personne de même nom que lui, que vous avez rencontrée
quelque part. Il vous répondra : « Non, je ne crois pas, mais elle
doit être de ma famille ». Posez la même question à un Anglais,

il vous dira : « Certainement non, nous ne sommes pas de la même famille ». Ainsi, dans le premier cas, le souci d'élargir le clan, d'y faire entrer autant de personnes qu'on le peut, afin d'augmenter ou sa force ou son influence ; dans le second, la préoccupation de ne partager que dans un aussi petit cercle qu'il est possible, le pouvoir ou la réputation qu'apporte le nom semblable. N'est-il pas permis de deviner par cette seule différence, que l'on peut constater tous les jours, l'histoire des deux peuples ? En Ecosse, la guerre civile permanente, la puissance suivant la force, et celle-ci n'appartenant qu'aux chefs de clans nombreux. En Angleterre, depuis huit siècles, le pouvoir politique assurant l'existence et les libertés des citoyens, mais ce pouvoir dévolu à une aristocratie, forcément jalouse de ses privilèges.

CHAPITRE II

I

Rien ne peut mieux prouver que la famille n'a point une origine contractuelle, qu'elle est, comme tous les attributs humains, le résultat des nécessités humaines, et qu'elle suivra, en dépit de tous les efforts, les mêmes modifications que les nécessités dont elle dérive. Nous voyons, aujourd'hui même, la polygamie régner sur la plus importante fraction du globe. Nous trouvons, à Ceylan et ailleurs, des femmes avec plusieurs maris. En Europe, nous voyons en Turquie le plus âgé des mâles succéder au défunt, même s'il n'est que son neveu, et au préjudice de ses fils. Dans notre Occident, autant de sortes de famille qu'il y a de religions et presque de climats. Quelle est donc l'autorité qui pourra choisir entre ces manières diverses d'entendre les rapports entre les engendreurs et les engendrés ?

Le principe constant, et que l'on retrouve partout, est l'assujettissement des fils à leur père ; c'est là un fait dû à la tradition et à la religion. Qu'il soit conforme ou non à la saine sociologie, on peut en discuter sans scrupule. Il est impossible d'une part de méconnaître l'accroissement de capacité que l'expérience donne à l'homme. Non plus que la gravité est en quelque sorte la vertu qu'il doit acquérir, à mesure qu'il devient plus voisin de l'heure suprême, du saut dans l'infini. Mais, d'un autre côté, cette hiérarchie actuelle ne met-elle pas le courage et l'audace dans les mains de la routine et de la timidité ? C'est un fait bien constant que l'on s'attache d'autant plus à la vie et aux biens terrestres que l'on est plus près de les perdre. De plus, en avançant en âge, le cœur se dessèche. Donc vous soumettez la foi, l'enthousiasme, la générosité aux calculs, à l'égoïsme, au scepticisme. Enfin, la société d'aujourd'hui est en immense progrès intellectuel, et même en progrès moral relatif, sinon absolu, et nos mœurs obligent la nouvelle génération instruite, régénérée dans une certaine mesure, à l'esprit grave, aux saines préoccupations, à s'incliner, et avec respect encore, devant la génération ignorante, futile, intellectuellement délabrée qui l'a précédée. Il faut le remarquer, cet assujettissement des fils à leurs parents n'est pas du tout une conception inhérente à la nature même de la famille. Sans aller jusqu'aux sauvages qui mangent leur père devenu trop vieux, nous avons encore en France maintes provinces où le père, agriculteur, dès que l'âge a engourdi ses muscles ou obscurci son intelligence, cède à ses fils la direction de sa ferme ou de sa propriété. Cela n'atteint en rien le respect dû à ceux qui vous ont mis au monde, mais, c'est tout autre chose de respecter quelqu'un ou de lui donner l'autorité sur sa propre conduite. Du reste, la pratique est ici en désaccord avec la théorie, et je connais bon nombre d'apôtres de la famille qui, tout en réclamant pour l'ancêtre une autorité sans limite, n'ont jamais pensé à lui obéir en quoi que ce soit, depuis qu'ils ont atteint la majorité.

II

Il n'est pas besoin de sortir de France pour trouver des modifications à l'autorité paternelle. Dans certaines classes, le fils jusqu'à sa mort est un enfant devant son père. Dois-je ajouter que ces classes là ne peuvent guère être en progrès? Tenir un homme en lisière jusqu'à sa cinquantième année, ce n'est pas le moyen de le rendre agile et fort dans le combat de la vie! C'est le

forcer à la timidité, à la défiance de soi-même ; c'est en faire un
inutile, et en vérité ce n'est que dans les castes où l'on a le moyen
de ne rien faire et de ne rien produire, que l'on trouve cette
soumission dont l'hypocrisie est le seul palliatif. Dans d'autres
familles, on tient avec une sévérité de fer les enfants jusqu'à l'âge
d'homme, et tout d'un coup on leur lâche la bride. Heureusement
pour ces familles que le ressort individuel s'est prodigieusement
affaibli et que les passions, ces moteurs de la vie, ne trouvent
guère de secours dans nos organismes épuisés. Comme c'est le
cas pour la généralité des jeunes gens, ils arrivent à la ville où
est située la Faculté, et y trouvent une liberté absolue, pas même
contrôlée par l'opinion publique qui ne les connaît pas, au sortir de la discipline de fer qui est la douce règle de notre mère
l'Université. La constatation la plus désolante, c'est que peu font de
grandes folies. Ils se contentent d'oublier ce qu'ils savent dans
les longues journées oisives, d'affaiblir encore leur corps et leur
esprit dans des débauches bêtes, de ne jamais ennoblir leur cerveau par un peu de cet idéal qui est la grandeur de notre race,
et de compléter ce système d'entraînement par l'absorption en
masse, vers la fin de l'année scolaire, des manuels expressément
composés pour faire des licenciés en droit avec les plus belles
nullités de notre beau pays. Lorsqu'ils reviennent chez eux, cette
liberté à outrance a effacé l'empreinte mauvaise laissée par la
torture universitaire. Ceci a annulé cela ; de ces deux systèmes
d'éducation contraires il reste... rien du tout. Lorsqu'ils sont
déjà notaires, avocats, architectes, souvent époux et pères de
famille, ces messieurs commencent à apprendre leur métier
d'homme, à moins qu'ils ne se bornent à rester toute leur vie des
imbéciles. Bien peu de pères ont eu le courage, la témérité de se
confier davantage aux enfants qu'ils avaient créés et qu'ils ne
pouvaient se résoudre à croire pourvus de mauvais instincts. Dès

que la première enfance fut passée, ils en firent leurs confidents et leurs amis. C'est, d'ordinaire, moins un principe ou une théorie qu'une question de commodité personnelle qui empêche cet exemple d'être suivi. C'est si ennuyeux de répondre aux mille questions puériles qu'un gamin, ainsi élevé, ne cesse de poser ! Ces pères, dont je parle pour les louer, ne reculaient pas devant cet ennui-là ; ils firent de leurs fils leurs jeunes associés ; ils ne gardèrent que le droit de conseil. Ils ne se bornèrent pas, par exemple, aux instructions et aux avis contenus dans la morale en action. Ils prirent la peine d'enseigner à leur fils que boire immodérément du vin, c'est mal d'abord, mais c'est dégradant et dangereux ensuite. Pour leur recommander la chasteté, ils ne firent pas intervenir la mémoire de saint Louis de Gonzague ; ils expliquèrent à ceux qui porteraient leur nom qu'il n'était guère possible de se départir de la sagesse qu'ils leur recommandaient, sans déshonorer une femme jusque-là peut-être aussi respectable que leur mère, sans pervertir une jeune fille qui, en somme, était la sœur d'un brave garçon qui les valait bien, ou sans se résigner au contact de femmes dont le cœur était aussi banal que le corps, et entre les mains desquelles ils laisseraient ces bienfaisantes illusions et ces nobles enthousiasmes qui donnent l'éternelle jeunesse à qui sait les conserver. Lorsque le moment des devoirs virils arriva, ces parents donnèrent au fils dont ils allaient se séparer de larges moyens de travail, et lui montrant l'horizon, ils lui dirent : « Marche, nous sommes là pour panser tes blessures si tu es atteint, pour t'applaudir si tu triomphes, pour te donner un abri si tu dois fuir, pour te conseiller si tu le demandes », et ces parents-là n'ont peut-être pas fait des députés, des ambassadeurs, ils ont faits des hommes forts, honnêtes et humainement vertueux.

Une majorité bien plus grande encore des pères de famille

agit sans principes déterminés et sans théories assurées. Ils
cherchent des systèmes d'éducation qui s'appliquent à la nature
de leurs enfants. Ils paraissent ainsi admettre la doctrine de la
prédestination. Que veut dire, en effet, cette nature de l'enfant ?
Est-ce qu'elle ne résulte pas, et toute entière, de l'éducation, des
habitudes, des exemples et de l'hérédité ? Nous voyons l'Angleterre appliquer indistinctement à tous les jeunes citoyens le
même système de confiance, de liberté, de ménagements de la
dignité personnelle. En France, sauf les exceptions, nous con-
damnons nos fils à une incarcération de huit ans. On voit donc que
le système de l'éducation adaptée au tempérament n'est guère
plus conforme à la pratique qu'elle ne l'est à la raison. Mais
c'est surtout avec cette dernière qu'elle fait mauvais ménage.
Vous admettez que votre fils naît avec des instincts bons ou mauvais. S'ils sont bons, vous n'avez qu'à les cultiver et à les développer chez vous. S'ils sont mauvais, croyez-vous que l'internement
dans un lycée où l'on ne fera que le bourrer de mathématiques ou
de latin, puisse beaucoup pour les réprimer ? Sous prétexte qu'il
n'est pas assez fort pour supporter la liberté, vous l'emprisonnez.
Ne trouvez-vous pas qu'il vaudrait mieux tâcher de lui donner
cette force qui lui manque ?

L'éducation, d'ailleurs, est pleine de ces manques de réflexions.
Nous sommes faits pour vivre avec la femme, pour trouver en
elle la force et le charme de notre vie. Dans notre existence,
nous la rencontrerons sans cesse. Et l'on commence par nous
faire vivre huit ou dix ans entièrement séparés d'elle ! Le résultat, on le connaît ! Le jeune homme qui sort du lycée voit
dans tout le sexe opposé au sien des êtres d'une autre nature ;
il ne peut s'approcher de l'une d'elles sans trouble et sans
émoi. Sa pensée en fait autant de divinités, s'il est bon, ou de
courtisanes, s'il est mauvais. Il en vient même, et c'est le comble,

à voir une femme dans sa sœur, quelquefois dans sa mère !

Et c'est lorsqu'on a ainsi séparé les deux moitiés de l'humanité, lorsqu'on les a rendues inconnues l'une à l'autre, que l'on espère les réunir pour le plus grand bien social ! La femme ignore tout de l'homme, ses forces et ses faiblesses, ses qualités et ses défauts. On lui en a fait l'ennemi toujours à craindre et, tout d'un coup, on la donne pour compagne et pour aide à un de ces hommes et l'on croit qu'elle s'acquittera, probablement par la grâce divine, d'un double rôle qu'il lui a toujours été défendu d'envisager.

Laissons donc jouer ensemble nos petits garçons et nos petites filles ! Supprimons la barrière entre les lycéens et les pension-naires. Ne traitons pas toujours nos enfants comme s'ils étaient de précoces débauchés, mais puisque la nature a mis en nous des instincts toujours redoutés, ne les exaspérons pas par une claus-tration cruelle et, surtout, faisons appel à la loyauté toujours prête de ce petit peuple qui ne commettra jamais de vilenies, lorsqu'il ne verra pas en elles le seul moyen d'affirmer son entrée dans l'âge viril.

CHAPITRE III

I

L'éducation des hommes leur apprend une partie de ce qu'ils doivent savoir. Bien qu'elle soit prodigieusement incomplète, elle agit, du moins, dans le sens indiqué par la raison. L'éducation des filles offre, au contraire, un curieux phénomène ; elle consiste à les empêcher d'apprendre, et une jeune fille n'est réputée bien élevée qu'à la condition de ne rien savoir de la vie. Le mystère sacré de la maternité est réputé honteux et ce n'est qu'au moment où elle va en exercer les devoirs que, dans un entretien de quelques minutes, sa mère essaie de lui apprendre ce qu'elle a mis vingt ans à l'empêcher de savoir.

Si c'était seulement les nécessités matérielles de l'espèce humaine qu'on lui cachât, le mal serait moindre ; mais ce sont toutes les conditions morales de l'existence féminine auxquelles on se refuse à l'initier. Elle est appelée à jouer, dans le ménage et dans la famille, un rôle au moins égal à celui de l'homme et il serait assez naturel qu'elle l'étudiât. On se garde bien de lui en donner la possibilité, et si les mœurs étaient, en réalité, ce qu'on prétend qu'elles sont, il ne serait guère plus sage de se marier que de monter dans une voiture conduite par un aveugle.

Et encore si cette ignorance était réelle, le système pourrait être mauvais, absurde, pernicieux, mais il serait complet ! Il donnerait des fruits, funestes peut-être au début, mais qui finiraient, étant un élément vrai de la vie sociale, par s'accommoder à celle-ci. Mais, point du tout. Les jeunes filles ne sont pas tenues dans un tel esclavage qu'elles ignorent ce que l'on prend tant de peines pour leur cacher. Elles le savent mal. C'est tout le résultat que l'on obtient. Au lieu de connaître cette union des sexes dont on leur fait un mystère sans savoir pourquoi, elles la devinent. Elles y joignent l'attrait de l'inconnu. Leur imagination la pare, ou la défigure, de toutes ces inventions dont est fertile un cerveau de vierge. Leur tête s'excite dans une sorte de mysticisme sexuel. Il serait si simple de les élever pour la fonction qui leur est dévolue, de leur dévoiler les conséquences de l'instinct reproductif, de leur décrire le rôle qu'elles joueront comme compagne, comme associée, comme épouse de l'homme. On s'en garde. Elles en sont réduites aux conjectures, aux enseignements pervers de camarades plus âgées. Ces jeunes âmes, qui devraient être faites de lumière et de pureté, en arrivent à voir dans cet acte qui les a créées, dans cet acte qui les fera mères, ou la satisfaction d'un instinct vicieux ou une bassesse dégradante.

II

Si l'on supposait atteint cet idéal d'innocence que l'on paraît avoir en vue, les bases de la société seraient absolument changées. Il n'y aurait plus de chasteté féminine à moins d'en revenir à la réclusion des femmes. Nos filles seraient livrées à la discrétion des hommes. On ne se défend pas contre un danger dont on ignore l'existence. Vous les voyez tous les jours permettre qu'on enlace leur taille, qu'on leur baise la main. Pourquoi réserveraient-elles d'autres parties d'elles-mêmes, si elles ne savaient pas qu'il existe un acte grave, respectable et qui, précisément pour cela, doit être précédé d'une union solennelle et éternelle entre ceux qui l'accomplissent. Elle se gardera elle-même si vous lui dites les conséquences de cet abandon. Elle se livrera sans défense si elle ignore en quoi elle peut succomber.

Cette fausse loi sociale, comme toutes les mauvaises lois, a pour palliatif le peu de respect qu'elles inspirent. Très heureusement, nos filles savent, au moins, qu'entre elles et un homme, il peut se passer un je ne sais quoi de mystérieux, de prestigieux qui est un gros péché devant Dieu et un gros crime devant la morale. Elles ne connaissent pas la nature exacte du péril qu'elles courent près d'un homme, mais elles savent qu'il y en a un. Si elles sont attachées à leur devoir, elles se mettent à l'abri de ce danger en fuyant les hommes. Le beau résultat que nous obtenons là ! Cette femme, qui devrait donner à un homme toute la partie élevée, noble, divine de son existence, passe la première fraction de sa vie à voir en lui comme une sorte de bête fauve qu'il faut craindre, de bête immonde qu'il faut fuir. Et encore je suppose là qu'elle respecte ces devoirs qu'on lui crée ! Mais alors que la curiosité est le propre de ces créatures toutes d'imagination, vous dérobez derrière un voile ces lois naturelles si grandes et si respectables. Il ne vous sert à rien de vous rappeler l'histoire d'Ève et la légende de Barbe-Bleue. Vous ajoutez l'attrait du mystère à l'impulsion des sens qui viennent d'éclore et vous croyez qu'elle aura du repos jusqu'au moment où elle saura ou croira savoir. Point ! Son imagination, sans cesse en travail, mettra quelque chose de monstrueux à la place de la vérité et c'est souvent à l'instant même où cesse la virginité matérielle que renaît l'innocence morale.

L'on trouve une preuve de cela dans le degré de moralité d'un jeune collégien et celui d'un viveur à outrance. Il est un fait certain aux yeux de tout observateur : c'est que, si l'on peut impunément confier une jeune fille au galant homme déjà mûr pour lequel les amours libres n'ont plus de secret, il serait plus que téméraire de la confier à un adolescent de quinze ou seize ans, qui verrait en elle la personnification des rêves malsains du dor-

toir. Et pourquoi cela ? Parce que le viveur connaît le prix de la
vertu des femmes, qu'il voit dans cette vertu la base nécessaire
de toute famille et de toute société, qu'il voit dans ces femmes les
égales de sa mère, de sa sœur, de ses filles; surtout parce qu'il sait
qu'abuser de cette enfant serait commettre une action par tous
jugée honteuse, qu'il ne saurait avouer sans honte, et qu'un
honnête homme ne consent pas plus à rougir de ce qu'il cache
que de ce qu'il avoue. Et ce qui s'applique aux hommes s'applique aux femmes. Comment peut-on espérer qu'elles respecteront cette loi de chasteté alors que bien loin d'en connaître la
nécessité, elles en ignorent la nature exacte ? L'on craint, dit-on,
de fournir des aliments à leur imagination débordante. En quoi
l'enseignement chaste et grave que donnerait une mère peut-il
exciter les jeunes esprits ? *Perversion*, je crois, par son étymo-
logie, signifie une erreur de voie, et c'est ce que l'on crée comme
à dessein. Leur intelligence chercheuse ne peut que s'égarer.
Et, de même que ce sont les pays inconnus qui nous attirent,
dont le nom seul éveille en nous des idées troublantes, de même
l'obscurité qu'on entretient sur cet ordre de nécessités naturelles
les présente à l'œil des jeunes filles comme d'un ordre différent
de celles auxquelles elles obéissent tous les jours, et grise leur
conscience lorsqu'il s'agit de les juger.

III

Une autre sorte de péril en dérive, sur laquelle nous aurons à
revenir en parlant du mariage. Volontairement, à tous ces inconnus qui troublent la jeune épouse, lorsqu'elle cesse d'être une
enfant, lorsqu'elle quitte la maison d'un père pour diriger celle
d'un époux, lorsqu'en un mot elle abandonne le nid paternel pour
s'en construire un à soi et le défendre contre les rigueurs de la
vie, on en ajoute un autre plus troublant parce qu'il est plus

immédiat. Alors que du premier baiser dépendent l'existence de ces deux êtres qui s'unissent à la face du monde, l'avenir des enfants que Dieu leur donnera, la manière dont ils accompliront leurs devoirs envers cette société qui préside à leur union, vous y soumettez la jeune fille pleine de terreurs, le jeune homme plein de timidité. Ils s'ignorent mutuellement. Le malentendu est aussi aisé qu'une erreur de route dans un pays inconnu, mais il est irremédiable. Ce n'est pas assez de l'émotion, de la souffrance que la nature a placées au seuil de la vie conjugale, vous y ajoutez l'étonnement. Combien de fois n'y avez-vous pas ajouté la répulsion? Le préjugé sur ces matières est tellement fort qu'il m'enchaîne à présent même. Je ne connais pas de sujet plus important. Il n'en est aucun qui doive tenter davantage le physiologiste, que des circonstances particulières ont mis à même de joindre à cet égard la réflexion et l'observation. Pourtant, je dois couper court à cette étude.

Je n'y ajouterai qu'un mot. C'est un lieu commun que d'appeler chaste pureté, pudeur exquise, adorable innocence, l'ignorance d'une jeune fille qui se figure, à dix-sept ans, être née sous un chou. Cette pudeur, cette pureté et cette innocence lorsque, par hasard, elles sont sincères amènent les réflexions les plus choquantes du monde. Il faut être un libertin ou un imbécile pour trouver plaisants les propos d'une jeune fille lorsqu'elle s'émerveille que sa chatte ait fait des chats ou que l'on accuse le valet de chambre de l'engraissement maladif de la cuisinière. Qu'il me soit permis d'avouer que je n'entends ces phrases qu'avec une profonde indignation, si ce sont des artifices de prudes, avec une douleur plus profonde si celle qui les dit les pense. Je songe alors que cette niaise sera femme dans quelques semaines, mère dans quelques mois, je plains le mari qui confiera son honneur à cette caisse sans serrure, je plains les enfants qui

devront tout apprendre de celle qui saura le vice avant de
connaître la nature.

IV

Il est très probable que si la Société tout entière avait adopté
les idées et les mœurs des classes qu'on appelle supérieures, elle
aurait été, depuis longtemps, secouée par des convulsions qui
auraient fort ressemblé à un écroulement. Grâce au ciel, l'immense majorité vit d'une existence moins factice et n'a pas pu
s'éloigner aussi audacieusement des vœux de la nature. Toutes
les classes laborieuses honorent et pratiquent la pudeur et la
chasteté. Elles ne sont pas arrivées jusqu'à leur confondre l'ignorance. Dans le monde paysan, l'homme vit avec la nature ; il ne
peut lui venir à l'idée de la dénoncer comme immorale. Chez les
ouvriers des villes, le cœur est trop simple et l'âme trop droite
pour admettre ces dissimulations qui ne trompent personne. Ici
et là, les enfants des deux sexes croissent librement ensemble, ils
savent d'où ils viennent et n'en respectent pas moins ceux qui
les ont engendrés. Le résultat ne se fait pas attendre. Je n'entends
pas parler du plus ou moins de chasteté, car c'est une question
fort difficile de savoir si cette vertu éclôt mieux dans les salons
que dans les ateliers, mais je pense au rôle social de la femme,
et, il n'est pas douteux que l'ouvrière ou la paysanne est autrement utile à son mari, aux siens, à ses semblables que l'élève du
Sacré-Cœur, mariée aux sons du grand orgue. L'époux et sa
femme dans le « peuple », — puisque les inutiles ont laissé ce grand
titre à l'ensemble des producteurs — forment réellement un
individu complet qui ne peut se scinder. L'homme ne peut y vivre
seul. La femme seule y est un rare phénomène. Cela tout simplement, en vertu de ce principe terre-à-terre qu'on ne fait bien un
métier que lorsqu'on l'a appris et qu'être la compagne et la ser-

vante d'un homme est un métier aussi difficile que beaucoup
d'autres.

Voyez donc cette vaillante paysanne qui vient de prendre ses
seize ans ! On lui fiance un jeune homme des environs. Mon Dieu !
Elle ne doit pas chercher en lui des qualités poétiques, des
sujets à rêveries. Elle l'aime tout d'un coup, un peu comme son
maître, beaucoup comme un inséparable compagnon de travail et
aussi, parce qu'il sera... je voudrais bien employer un mot, noble
à mon avis comme tout ce qui est naturel, qui exprimerait la part
d'animalité qui très heureusement est au fond de nous..., mettons :
son « homme ».

Elle sait très bien les devoirs qui vont lui incomber. C'en est
fini des coquetteries plus ou moins conscientes ; il va falloir faire
sa maison agréable, veiller à sa nourriture, le soigner s'il est
malade, l'encourager s'il est las, le consoler s'il souffre. Dans cette
vie de rudes labeurs, elle va mettre l'indispensable grain d'idéal.
Elle lui donnera les seuls plaisirs sensuels que puisse connaître
ce travailleur pour lequel le chant des oiseaux n'est qu'un pré-
sage atmosphérique et la lune, brillant dans un ciel sans nuage,
qu'une menace de gelée. Elle n'en rougit pas. Elle prend au
sérieux, naïve créature, l'union civile et la bénédiction du prêtre.
Elle ne reconnaîtra jamais que c'est une action honteuse que
celle pour laquelle Dieu et les hommes l'ont mise aux bras de
son mari. Elle sait très bien que ses flancs robustes sont faits
pour engendrer, sa gorge féconde pour allaiter ses enfants. Elle
le sait et déjà avant le mariage elle en prévoit l'avenir. Voyez-là,
au lendemain de ses noces, comme elle est calme, comme elle
est sereine.

Si l'on compare cette histoire de tous les jours au petit roman
du mariage mondain, à qui restera l'avantage ? Si tant d'unions
dans les classes élevées sont pleines de désillusions, n'est-ce pas

parce que les illusions préalables ont été soigneusement entretenues ? Nos filles se marient pour être libres. Ce n'est pas à elles qu'il faut rappeler que la femme doit servir son mari. Elles l'épousent tout justement pour le contraire.

On m'objectera les unions déterminées par l'amour entre deux êtres d'esprit cultivés et de mœurs raffinées. Je sais bien, certes, que lorsque l'éducation nous rend capables de sentir mieux, que lorsque l'habitude des pensées hautes et sereines a perfectionné notre nature, ce bonheur de l'amour partagé en est bien plus complet. Je sais aussi que si deux fiancés doués des supériorités de l'intelligence, dégagés des nécessités matérielles qui nous rabaissent, en viennent à s'aimer, un tel amour aplanit tous les obstacles et que les étonnements, redoutables dans d'autres cas, se transforment ici en enchanteresses surprises. Mais parce qu'il existe quelquefois de ces mariages où le ciel corrige les résultats de l'éducation, cette éducation n'en est pas moins dangereuse. Les étoiles n'empêchent pas la nuit.

V

Notre nature morale est formée très évidemment de trois facteurs : l'éducation, l'hérédité et les instincts inhérents à tout être organisé. Ces derniers sont immodifiables. Nous venons de voir que l'éducation reçue par nos filles va directement contre les intérêts sociaux. Malheureusement, en se reproduisant à travers les générations, cette erreur fait de l'hérédité une source plus puissante encore de dangers, ou du moins d'obstacles. Ce n'est pas assez dire que d'appeler l'habitude une seconde nature. Elle est la nature elle-même, car où donc en prendrions-nous une autre ? Tout ce qui, en nous, paraît inné est le fruit de l'hérédité et, si l'on veut, de l'éducation reçue par les générations qui nous ont précédés. Je regrette très sincèrement que la nature de ce livre m'interdise toute incursion dans le domaine physiologique. Mais, tout en restant dans le champ qui lui est assigné, nous pouvons trouver, avec Lamark et Darwin, dans l'hérédité le fondement de certaines forces que nous appelons instincts et qui seraient inexplicables sans elle. Nous pouvons emprunter au dernier, pour éclaircir notre pensée, un de ses exemples les plus frappants.

Il s'agit de ce don singulier, mais irréfutable, que possèdent les femmes et que l'on appelle intuition. Souvent, il arrive que nos compagnes jugent ou, pour mieux parler, devinent que telle affaire est mauvaise, que tel homme est indigne de confiance, et cela sans qu'elles puissent en donner une raison, comme si elles en étaient prévenues par une sorte de voix intérieure.

Le savant anglais trouve l'origine de cette faculté exclusive à l'autre sexe dans les nécessités de la période barbare. A cet âge de l'humanité, dit-il, la vie humaine était sans valeur. La raison la plus futile déterminait un meurtre. Au retour du guerrier, son épouse devait deviner à l'expression de son regard, à l'attitude de sa démarche, si les chances de la guerre ou de la chasse lui avaient été favorables, si sa jalousie n'avait point été excitée, en un mot, quelles étaient ses dispositions lorsqu'il franchissait le seuil conjugal. Gare à celle qui se trompait ! Un coup de hache l'étendait sans vie, avant qu'elle eut pu transmettre à ses enfants et la férocité de leur père et sa faiblesse à elle. Celles-là seulement survécurent qui possédaient ce don précieux. Affiné par la culture, il s'est transmis de génération, s'appliquant de moins en moins aux dangers qui menacent la vie, pour prévoir de plus en plus ce qui menace nos biens, nos aises et notre situation sociale.

Cette explication de l'indiscutable privilège prouve, jusqu'à l'évidence, la puissance de l'hérédité. Elle démontre combien sont funestes les habitudes d'esprit qu'une éducation toujours pareille transmet à nos filles. Il ne suffirait plus aujourd'hui de la remplacer par une éducation saine, intrinsèquement bonne. Nous avons, non pas seulement à dresser, à entraîner pour le combat de la vie celles qui seront des femmes, mais encore à détruire les ferments mauvais dont elles ont hérité. Elles naissent coquettes, et ce vice s'augmente suivant la progression géométrique qui préside à toute chute. Pour elles l'homme est l'ennemi, à moins qu'il ne soit la proie. Quelle folie de rêver l'union parfaite, harmonique entre deux êtres habitués à se redouter mutuellement, aux yeux desquels l'amour est un combat, une lutte, tout au moins, dont doivent sortir un vainqueur, un vaincu.

Dans la société actuelle, et sans rechercher s'il est mieux qu'il en soit ainsi, la femme a autre chose à faire que d'assouvir le besoin sensuel et l'instinct de reproduction de son mari. Elle doit le seconder dans cette fameuse lutte pour la vie, dont le champ s'est tellement élargi. Lorsque le moment d'endosser cette grave responsabilité sonne pour elle, elle y est préparée par deux ou trois ans passés seulement à *pêcher un mari*, comme disent nos voisins les Anglais; de chasse à l'homme, dirions-nous nous-mêmes.

L'effet de cet entraînement est décuplé par ce fait que depuis cinq ou six générations, les mères et aïeules de la jeune fille ont cultivé cet art, le plus essentiel si l'on veut se marier; que celles qui étaient inhabiles sont restées sans postérité. A quel point peut-on espérer qu'une habileté si longtemps cultivée, que l'héritage a fait un don de nature, va, tout d'un coup, renoncer à s'exercer? La vérité est qu'elle n'y renonce pas du tout et que c'est presque une vérité de M. de La Palisse que de dire: que nos femmes veulent plaire, plaire à tous, et qu'elles s'occupent fort peu du suffrage de leur mari, lorsqu'elles le comparent au suffrage presque universel du public qu'elles coudoient.

L'existence toute personnelle qu'avant leur mariage elles

croient possible, est toute différente de celle que la nature leur
assigne. Rien ne les prépare à cette fonction d'épouse et de mère
qu'elles auront à remplir. On leur cache ce qu'elles devront faire
pour répondre à l'amour de leur mari, elles seraient presque
montrées au doigt si elles avouaient connaître comment on devient
mère. Elles en arrivent à ce fait monstrueux qu'elles sont orgueil-
leuses du bel enfant qu'elles allaitent et qu'elles rougissent, non
pas seulement si l'on fait allusion aux lois naturelles qui l'ont
fait naître, mais encore d'embrasser devant des tiers le père de
cet enfant, celui que la société leur a donné pour guide, pour
maître, pour amant sacré.

De là, naissent ces fausses délicatesses, ces impudiques prude-
ries fécondes en malentendus, sources de périls et dont le résultat le plus clair est que, lorsqu'elles s'en affranchissent, les
femmes croient avoir accompli un pas irrémédiable, après lequel
tout est permis. Parce qu'elles ont franchi les bornes des conve-
nances, elles jugent que leur culpabilité ne peut être dépassée et
nous voyons que, lorsqu'une femme ose aimer son mari en public,
il est très probable qu'elle aime un amant en secret.

Tout cela, nous le savons. Nous sommes tous d'accord pour
convenir que l'innocence de nos filles n'est supportable que
parce qu'elle est factice. En attendant qu'un homme courageux
ait le mérite d'élever ses filles d'accord avec les vrais principes
de la morale sociale qui est la morale éternelle, il faut du moins
que ceux qui ont l'audace d'écrire sur ces questions aient l'honnêteté d'en affirmer la nécessité. Un état social fondé sur l'hypocrisie ne peut subsister que s'il admet le vice comme palliatif de
ces mensonges.

VI

Il est absolument oiseux d'affirmer la nécessité de la famille, puisque la société ne peut se maintenir sans elle. L'homme, tel qu'il est, tel que l'ont fait les siècles écoulés, ne peut vivre qu'avec le secours de cet être moral qui est la famille. Les liens qui attachent le père et le fils sont aussi sacrés, aussi au-dessus de toute attaque que le droit de tout homme sur ce qu'il a créé, sur ce qui ne pourrait exister sans lui, et dérivent de la même source. L'homme a sur ses enfants un droit de propriété. Les fils ont sur leur père le droit qui naît du besoin. À tout cela viennent se joindre des droits spéciaux qui ne sont plus, il est vrai, antérieurs à toute société, mais que la société a engendrés et qu'elle ne pourrait méconnaître sans violer l'engagement qu'elle a pris. Il est hors de question de discuter si les sentiments paternels et filiaux sont, oui ou non, des instincts innés. Le fait est qu'ils existent, qu'ils sont inséparables de la nature humaine, et que vouloir les détruire, ce serait essayer de démolir une des parties les plus essentielles de l'homme d'aujourd'hui.

Sans même se prévaloir de ce fait que la famille est parce qu'elle est, qu'elle est indestructible, en un mot sans se baser sur le fait accompli, nous pouvons établir la parfaite équité de cette institution.

Matériellement l'enfant ne peut subsister sans mère. Socialement il a besoin, constamment, de son père. Ce ne sont plus seulement les aliments qui sont nécessaires à celui qui arrive dans la société. La civilisation lui a donné des besoins nouveaux. À côté de son rôle naturel, vient se placer son rôle social. De ce dernier, il ne peut s'acquitter qu'en recevant la tradition, l'enseignement de ces générations passées qui lui ont créé ce devoir. Ses parents en sont dépositaires. Eux seuls peuvent les lui transmettre et seulement à l'âge où sa raison pourra les accueillir. Mais alors, à côté des liens naturels, vient se placer la dette matérielle de celui qui a été nourri envers celui qui l'a nourri. De là, dette morale de celui qui est un homme pour ceux qui l'ont fait un homme. De plus, par une obéissance à la raison, peut-être unique dans la société, nous accordons aux lois de l'hérédité une valeur considérable. Nous jugeons, jusqu'à un certain point, que d'un père malhonnête il peut aussi peu sortir d'honnêtes gens que de bons fruits d'un arbre mal greffé ; et nous sommes tout prêts à reporter sur les enfants la considération qu'ont su mériter les parents. Que ce soit juste, que ce ne le soit pas, là n'est pas la question. Cependant, au point de vue moral il me semble assez naturel de solidariser ceux qui ont donné les exemples et les enseignements et ceux qui les ont reçus. Des matérialistes mêmes n'auraient guère d'objections à y faire, lorsqu'ils laissent l'Etat payer un prix énorme un cheval dont le seul mérite est d'être le fils d'un cheval connu. Tout en réservant son opinion, il n'en est pas moins certain que nous recevons, dès notre entrée dans l'âge viril, cette sorte d'héritage.

Je veux me rappeler ici un fait qui, dans une existence bien agitée, m'a donné la sensation la plus douce et la plus inoubliable. Appelé un jour de l'année 1881 dans un village voisin de ma propriété, pour y soigner des typhoïques, je hélai un mendiant qui se reposait au bord de la route et le priai de tenir la bride de mon cheval. Un peu dérouté par mon accent différent de celui du pays, il me demanda qui j'étais. Je le lui dis. Avec une stupéfaction qui m'eût paru comique sans la phrase qui la suivit : « Vous êtes donc le fils de M. Edmond? s'écria-t-il. — Oui, dis-je. — Oh ! Monsieur, permettez-moi d'aller vous voir, un de ces dimanches. — Certainement, et, j'ai un tas d'habits que vous emporterez »

Et ce brave mendiant me répondit :

— Oh ! Monsieur, pas la première fois, laissez-moi aller chez vous seulement pour y voir le fils de votre père.

VII

Ce sont là les héritages les plus nobles, les plus saints. Tant que la justice ordonnera qu'un fils puisse recueillir les écus mis de côté par celui qui l'a engendré, elle exigera qu'il puisse aussi recevoir les témoignages de reconnaissance et d'estime que la vie de son père a été assez longue pour mériter, si elle a été trop courte pour les recevoir. Toutes les théories contraires n'auraient pas empêché ce mendiant de me dire cette phrase naïve et moi de ne l'entendre qu'avec des yeux pleins de larmes.

Que l'organisation actuelle de la famille soit profondément modifiable, rien de plus juste. Les droits des pères sur leurs enfants, les obligations des parents envers ceux qui le procréent ont été diversement réglés par tous les âges. L'origine même de la famille, c'est-à-dire l'union de l'homme et de la femme a passé par bien des modalités différentes. Mais l'essence de la famille, c'est-à-dire le lien entre les pères et les fils, le droit et le devoir absolus des premiers de former les seconds à leur métier d'homme, l'autorité de l'ancêtre sur ceux auxquels il a transmis son nom sont des faits que la collectivité ne saurait détruire, puisqu'ils sont indispensables à son existence. Plus nous allons et plus la nécessité de la famille s'accentue, à mesure que s'efface le dogme de la souveraineté du prince ou de l'Etat. Chaque progrès de la science, en prouvant le rôle que joue l'hérédité dans l'évolution du corps social, démontre le bien fondé de la solidarité familiale. Une simple transposition de mots rendrait valables, dans le domaine sociologique, en faveur de la famille, les arguments avec lesquels les économistes établissent la nécessité de l'héritage.

Les sociétés, ou les fractions de sociétés que l'on nomme les
Etats, pourront disparaître. Il restera toujours cette forme d'association qui se compose du père, de la mère et des enfants. La
collectivité peut intervenir pour en modifier les règles, pour les
assouplir à l'intérêt général, elle ne peut en détruire l'essence.
Elle existe en dehors d'elle, à tel point que si des cataclysmes
que l'on peut prévoir démolissaient toutes ces institutions que
l'humanité a été si longue à conquérir, la famille subsisterait
encore sur les ruines de la société ensevelie.

Le fondement de la famille, c'est, nous l'avons dit plus haut,
l'union de l'homme et de la femme, c'est-à-dire le mariage. Il est,
intéressant de l'étudier longuement. Par les différences de forme
et de nature auxquelles il peut se prêter, nous verrons non pas
seulement les divers modes de famille qui ont existé dans le
passé, mais aussi les formes multiples avec lesquelles la famille
pourra exister, lorsque la société renoncera à n'obéir qu'aux traditions et apportera dans le domaine personnel cet esprit d'innovation dont elle fait un si grand usage dans le domaine collectif.

CHAPITRE IV

LE MARIAGE

I

On peut se poser une question : Le mariage est-il une institution sociale indispensable ? Pour mieux dire, l'existence de la société dépend-elle du maintien du mariage ?

Pour la discuter il faut, bien entendu, se mettre d'accord sur la signification de ce mot de mariage. Nous entendons ici l'union telle qu'elle existe chez les peuples chrétiens : l'union à vie de l'homme et de la femme, d'un seul homme avec une seule femme,

On voudra bien croire, j'espère, que j'ai lu et relu tous les plaidoyers en faveur du mariage ainsi compris. Je dois avouer que les arguments invoqués ne m'ont point paru irréfutables.

Que le nombre des femmes soit sensiblement égal à celui des hommes, soit ! Qu'est-ce que cela prouve ? Il en a été de même, j'imagine, depuis l'apparition de l'homme sur la terre et, cependant la monogamie est un fait nouveau. Chez les musulmans, la même proportion doit exister et la polygamie y fleurit. Ainsi...?

Que le mariage perpétuel et monogame existe précisément chez les peuples les plus civilisés, j'en conviens ; mais ce n'est pas ici seulement qu'il faut se garder de prendre deux faits concomitants pour deux faits connexes. Il se peut très bien qu'ils n'aient aucun rapport. Et d'ailleurs, en admettant même que le mariage ait servi à la civilisation, il resterait à démontrer qu'il ne lui est pas un obstacle à notre époque.

Tout sociologiste doit abandonner aux théologiens et aux jurisconsultes le soin de discuter à coups de textes. Ses idées et ses convictions doivent venir de lui-même. Il serait fort sot de railler la révélation religieuse, si l'on venait à admettre la révélation philosophique.

Il faut donc étudier cette question, d'une importance si grande, en dehors de tout ce qu'on a écrit sur elle. L'érudition ici n'a rien à faire ; c'est la conscience et la raison qui doivent présider aux recherches de notre science, parce que c'est ainsi seulement qu'elle pourra pénétrer dans ces masses vaillantes qui n'ont pas le temps d'étudier, mais qui savent penser.

L'homme et la femme ont deux natures parfaitement distinctes. Physiquement d'abord, intellectuellement ensuite. En ce qui concerne les conditions physiques de la femme, il est inutile d'ergoter et de rechercher si elles dérivent ou non d'une adaptation au rôle qu'elle a joué, dès que l'homme s'est distingué des autres animaux. D'où qu'elle provienne, cette nature existe. Quant à sa nature intellectuelle, on peut ne pas accepter sans réserve, la condamnation des femmes à n'être que les compagnes de l'homme. Dans un état social où la force matérielle diminue tous les jours d'importance, où la puissance cérébrale devient la seule qui vaille, la femme voit sa sphère d'action s'agrandir et elle peut jouer un rôle personnel et actif. Je sais les conditions d'infériorité où elle se trouve, et j'apprécie combien sa vie ultra-nerveuse la gêne dans la lutte, mais ces conditions disparaissent lorsqu'il le faut. Dans les capitales, où les audaces sont moins rares, vous voyez des femmes diplomates, des femmes d'affaires, et elles ne sont pas les moins dangereux adversaires. Elles sont l'exception. Il ne faut pas raisonner sur les femmes de courtisans ou sur les courtisanes. Admettons donc cette différence parfaitement tranchée.

Dans cette différence, dans l'attrait réciproque des sexes, dans le besoin que, pour procréer, chacun d'eux a de l'autre, réside la raison d'être du mariage ; l'homme et la femme sont incomplets et Saint-Simon disait très justement : « C'est le couple qui forme l'individu social ». Mais c'est la raison de l'union, cela. Pas du tout celle de l'union perpétuelle.

Comme nous n'avons aucun penchant qui doive et qui puisse être étouffé, comme toutes les aspirations de nos êtres ont leur rôle dans l'harmonie sociale, il est bien clair que nos instincts affectifs ne peuvent rester sans satisfaction. Il est bien évident que nous ne saurions revenir à la période où le mâle ne demande à la femelle que la satisfaction de besoins matériels.

II

L'homme a besoin d'aimer. Il éprouve une inéluctable nécessité d'aide et d'encouragement. La femme veut être protégée, dominée. Seule, elle se croit perdue. Songez que depuis des siècles elle est en tutelle et rappelez-vous l'embarras du jeune homme émancipé de la veille. La férule lui manque.

Enfin, l'ordre social est basé, dit-on, sur la famille et tant que le phalanstère ne sera pas établi, il faudra que les géniteurs veillent au berceau des jeunes.

Mais, dans tout cela, où voyez-vous le mariage ? Est-ce que ces nécessités n'existent pas en Arabie ? Est-ce qu'elles y restent sans satisfaction ? Voilà pour le principe monogame. A Paris, dans cet admirable peuple qui possède tant de vertus sociales, combien comptez-vous d'unions libres ? Les naissances naturelles atteignent le tiers du nombre total et si vous tenez compte de la rigidité des classes bourgeoises, vous verrez que, dans la classe ouvrière, les enfants légitimes ne sont pas en plus grand nombre que les autres. Attendez : les faux ménages sont beaucoup moins prolifiques que les unions légales. Convenez-en, et vous devrez avouer que dans les classes laborieuses les unions libres et temporaires sont *deux fois* plus nombreuses que les autres.

Que l'on fasse comme l'auteur : que l'on aille souvent dans les faubourgs causer avec les femmes d'ouvriers, et l'on verra que ces unions sont pour le moins aussi heureuses que les autres. Voyez, à la Préfecture, les rapports sur les enfants abandonnés ou maltraités, sur les filles vendues : *8 sur 10* sont légitimes, alors que d'après la proportion, à égalité de condition ce devrait être 5 sur 10. Vous voyez que les *jeunes* sont mieux protégés par les couples temporaires. Voilà pour la perpétuité. Nous examinons non pas tant si le mariage est bon intrinséquement que s'il est nécessaire au maintien de l'ordre social. Passons condamnation sur la polygamie... Oh! non pas sans peine. Nous la trouvous, en soi, comme disait Victor Cousin, plus logique que le mariage.

Au point de vue naturel, elle est tout indiquée... n'insistons pas. Elle existe en fait et ce n'est pas une des moindres hypocrisies du temps présent, que de ne pas vouloir l'admettre en droit. Elle est la conséquence forcée de l'assujettissement de la femme. Sans elle, cet assujettissement n'est qu'une fiction. L'autorité du mari n'est réelle que si elle a une sanction. Celle-ci n'existe pas dans le système monogame.

La femme devant se borner dans l'état de mariage à être la servante, l'intendante si vous voulez, de son mari et n'avoir aucun rôle extérieur, pourquoi établir la parité des droits en ce qui concerne les tendresses et les épanchements conjugaux? Le nom de la mère ne passant pas aux fils, quel inconvénient voyez-vous à ce qu'un père ait, la même année, des enfants de diverses femmes?

De plus, vous mettez l'honneur d'un homme dans la chasteté de sa femme. Cet homme étant le maître doit souvent la contrarier, gêner ses caprices, se refuser à ses désirs et il la laisse

sortir seule, après une lutte domestique, emportant avec elle
toute l'honorabilité de la maison, de la famille !... Notez que si,
étant au club, il apprenait que sa femme se promène seule, sur
une route dangereuse, avec cent mille francs dans sa poche, il ne
trouverait pas de véhicule assez rapide pour aller la chercher et
la ramener chez elle ; mais il la laisse seule aller au bal. Elle y
apporte l'irritation de la scène du matin, l'ennui du tête-à-tête, un
désir latent de vengeance ; elle y trouve l'excitation de la musique,
des lumières, du souper. Cette créature fragile valse avec des
gens qui la désirent. Son corps se laisse étreindre par des bras
qui frémissent. Et, tout le temps des flatteries, des mots grisants
sussurent à son oreille... et voilà d'où dépend l'honneur des
hommes.

Soyons donc conséquents avec nous-mêmes. Nous gardons le
préjugé du vieux temps. Conservons donc aussi les précautions
que l'on n'y négligeait pas. Dans les pays et aux époques où les
castes existaient, la chasteté de la femme était le seul garant de
la dignité de la race. Notre Europe et notre siècle qui n'ont plus
d'aristocratie ont pourtant maintenu ce vestige de l'ancien temps.
C'est donner la puissance aux femmes, mais ne laissons pas
courir sur les grands chemins le trésor et la trésorière. Le
harem n'est pas une sotte invention.

Si nous enfermons les femmes, elles nous respecteront. Si nous
en prenons plusieurs, leur grande affaire sera de devenir la
préférée. Et, fussions-nous vieux, sots et cacochymes, nous
serons choyés, adulés, adorés. Souffriront-elles ? Beaucoup
moins qu'elles ne souffrent souvent, en rencontrant celui qui,
d'après elles, leur aurait donné le bonheur, alors qu'elles sont au
bras d'un être vil que la loi a fait leur maître.

III

Mais nous avons dit que nous passions condamnation. Notre état social, les nécessités matérielles de notre époque, sont incompatibles en effet avec la polygamie. Venons-en à la perpétuité.

Qu'un homme, être *fini*, puisse prendre un engagement *infini*, cela surpasse l'intelligence. Les lois politiques, le droit civil, la religion l'ont prohibé tour à tour. Les unes ont interdit les vœux perpétuels, le second a édicté l'article 1780 du code Napoléon et a interdit le louage de la personne autrement qu'à temps ou pour un ouvrage déterminé. La dernière a fait du suicide le seul crime qui soit sans rémission, et qu'est le suicide sinon une renonciation irrévocable à la vie terrestre ?

Et les Constitutions, les lois, la religion, se sont mises d'accord pour autoriser, encourager, consacrer ce suicide qui est le mariage ! Que l'on ne croie pas à une tentative d'esprit, mais le mariage est un suicide dans son essence, puisqu'en le contractant l'homme et la femme annihilent leur existence individuelle, disparaissent pour revivre en couple comme celui qui se tue annihile son existence humaine pour revivre ailleurs.

Qui donc, de plus, sortirait de ce dilemme : ou l'union est heureuse, et elle durerait sans coercition, ou elle est malheureuse, et la loi est bien cruelle qui la perpétue ?

Allons plus loin. Si le mariage était soluble, non pas seulement par la loi du divorce, mais devant l'opinion, les ménages heureux seraient plus heureux encore, chacun des conjoints sachant gré à l'autre d'une affection que prouverait la durée de l'union, se sachant gré à soi-même de sa constance. Les couples malheureux seraient plus rares, car devant cette menace perpétuelle de la rupture, chacun ferait des sacrifices, tout au moins des concessions.

Dans ce faux ménage du peuple de Paris, on trouve la confirmation de ce que je dis. On ne saurait croire les prévenances dont l'homme entoure la femme, la galanterie avec laquelle il la traite. Si vous comparez à cela les ménages réguliers de la même classe, vous êtes frappé du contraste : chez le vrai mari, la brutalité, l'arrogance, l'infidélité avouée ; chez l'amant, l'affection, la tendresse, la gratitude pour celle qui n'est déchue que parce qu'elle l'aime.

Et puis enfin, ou l'amour persévère et l'union dure comme si elle avait été consacrée par la loi, ou il cesse. Dans ce cas, chacun reprend sa liberté fièrement, sans discorde, sans qu'une lutte vienne effacer jusqu'au souvenir des jours heureux. Aucun ne déchoit en contractant une liaison nouvelle.

Avec le système en vigueur, qu'arrive-t-il ? Le mari prend une maîtresse, la femme un amant, mais tous les deux se cachent, mentent, font un chose qu'ils croient mal, donc font mal.

Que l'on ne me parle pas des enfants ! Les générations futures ont droit à notre prévoyance, rien de plus juste, mais que la vie des parents soit rendue pire que l'existence du bagne, que l'enfer, par les exigences des enfants, cent fois non ! Les époux temporaires se diviseront les enfants et le partage sera d'autant mieux fait que la loi n'y interviendra pas.

Le divorce n'est pas un remède, pas même un palliatif.

Avant lui, deux choses étaient éternelles : le mariage, la mort. Toutes deux emplissaient l'âme d'un émoi profond. En en approchant, la notion de l'irréparable arrivait. Dans ces rares cas, mais enfin possibles, où les deux vies qui s'unissaient étaient harmoniques, le bonheur naissait ineffable, divin, par cette conscience que rien au monde ne pouvait vous séparer de l'être qui vous chérissait. En le pressant contre soi, en sentant que les âmes étaient unes, que cette fusion de deux êtres se prolongerait dans

la vie future comme elle se démontrerait ici-bas dans ces anges
aux cheveux blonds, nés d'un long baiser.

Et alors même que les êtres réunis n'avaient pas cette exqui-
sité de sensibilité morale qui est nécessaire pour ressentir un
certain degré de bonheur, l'irréparable leur donnait cette quiétude
mentale qui pour eux remplaçait le bonheur vrai. Aujourd'hui, le
mariage n'est plus ce temple clos d'où l'on ne sortait que pour
rentrer dans le sein de Dieu, d'où l'on entrevoyait l'éternité.
Le mur en est ébréché, on en peut sortir, la fragilité de toutes
choses y étend son empire. Mais cette brèche est ouverte seulement à ceux qui bravent honte et ridicule. A ceux qui sentent
profondément, elle enlève cet apaisement qui provenait de la
certitude que les regrets étaient vains. Elle les expose aux
tourments de l'air ambiant sans leur donner la liberté. Ils ne
voudraient pas la payer en mettant leurs plaies à nu.

Le divorce répond à des cas désespérés. Il ne peut entrer en
ligne de compte dans les matériaux dont la société est bâtie, de
même que les poisons qui, quelquefois, sont des remèdes, ne peuvent figurer sur la liste des aliments qui soutiennent et récon-
fortent l'homme producteur.

IV

Dès à présent, nous trouvons une preuve convaincante de la
complexité des questions sociales. Nous venons d'étudier en
toute conscience l'institution du mariage, et, si nous ne nous abu-
sons pas, nous avons démontré qu'elle n'est indispensable ni pour
la morale ni pour la satisfaction des besoins humains. Si l'on
suppose qu'au lieu de traiter un problème où la société est intéressée, il s'agisse ici d'une question scientifique ou d'une réforme
à apporter dans une administration quelconque, les arguments
invoqués suffiraient, croyons-nous, à justifier la condamnation

d'une institution qui non seulement est superflue, mais qui,
de plus, attente à la logique et à la liberté.

Mais, dès ce premier pas dans l'étude de la sociologie, nous
voyons que ce n'est pas précisément du côté où l'entraînent
ses intérêts matériels que l'homme va toujours. C'est un premier
avertissement qui doit nous empêcher de tomber dans le piège
facile, de l'assimiler à la bête. On ne réfléchit pas assez en effet
que les siècles et l'hérédité lui ont constitué une nature et des
besoins absolument particuliers, qu'il n'envisage pas seulement,
comme les carnassiers, la satisfaction immédiate de ses instincts
primordiaux ; qu'il n'imite ni les fourmis ni les abeilles en immolant ses appétits individuels aux nécessités de la République.
L'homme tel qu'il est aujourd'hui est entraîné au mariage mono
game et perpétuel par deux raisons également puissantes : la première est le dévouement à l'espèce ; nous en parlerons plus loin ;
— la seconde est la nécessité de mettre dans la vie reproductive
un peu de cet idéal, de cette poésie, de cet *au-delà* qui lui sont
aussi indispensables que le pain qu'il mange et que l'air qu'il
respire. Sans craindre de me tromper, je pourrais rappeler une
autre considération également puissante : le souci de transmettre
les biens qu'il possède, mais nous la retrouverons en étudiant la
famille.

L'amour de l'idéal ou, tout simplement, le culte de l'idée est en
effet la caractéristique de l'espèce humaine et s'affirme d'autant
plus que les races, devenant plus civilisées, s'éloignent davantage de l'animalité. Nous le retrouvons partout. Le patriotisme,
l'honneur, la religion sont bien des forces sociales dont nul ne
peut nier l'existence et la force et, en même temps, des victoires
de l'idée sur la matière, du lien social sur l'intérêt individuel. Il
ne serait pas difficile de démontrer qu'il est plus avantageux
pour l'homme de conserver tous ses biens et de ne pas exposer

sa vie et nous voyons tous les jours que les meilleurs d'entre
nous sacrifient leur fortune, et risquent dix fois la mort pour ces
entités sociales qu'on appelle la Patrie, la Science, ou même une
opinion. De même, nous croyons avoir prouvé que l'état de
mariage était loin de servir avantageusement les intérêts matériels ou physiques de ceux qui s'y engageaient. Nous le verrons
pourtant être l'indice du progrès, à un tel point que le plus ou
moins de respect professé pour lui nous indiquera exactement le
degré de civilisation qu'elle a atteint, que tous les peuples qui
ont conservé la polygamie, ou chez lesquels l'opinion publique ne
flétrit pas l'adultère, sont incapables de progrès ou près de tomber
en dégénérescence. Le type de l'humanité n'était peut-être pas
monogame à son origine; elle l'est devenue et rien ne saurait
attaquer la monogamie qui ne tende à nous faire retourner vers
cette époque où nos ancêtres ont hésité entre le titre d'homme
et les joies animales.

V

Qu'est le mariage? Un homme et une femme s'unissent. Chacun
d'eux renonce à tous les goûts que lui avait donnés la vie individuelle. Ils ne veulent plus vivre qu'au bénéfice de cet être nouveau qui s'appelle le couple. A l'instant même, un monde inconnu
se révèle à l'épouse. Tout ce manège attractif, propre aux femelles
de toutes les espèces, n'a plus de raison d'être. Elle a conquis le
mâle qu'elle cherchait. Toutes les tendances de son être, morales
ou physiques, trouvent leur satisfaction. Il y a, ce jour-là, cette
grande chose qui s'appelle un accomplissement. Elle assume sa
véritable fonction. La mariée est aussi différente de la fiancée que
le papillon l'est de la larve; au lieu de cette existence anormale
où ses instincts les plus puissants devaient être réprimés, tenus
sans aliments, elle a aujourd'hui la vie complète où toutes les

facultés de son être trouvent à s'exercer et à se développer.

Mais c'est presque injurier le jeune couple, c'est surtout attenter à la vérité que de chercher seulement dans la nature physique de la femme les points dont le développement suit le mariage. Il y a en elle une nature adventice qui n'est pas moins forte que celle qu'eurent ses mères dès les premiers âges. Des siècles sans nombre se sont passés où la femme s'est plue à voir dans le mari l'amant, le soutien et le maître. Elle s'est façonnée à s'appuyer à lui comme... la vieille comparaison est toujours la meilleure... comme le lierre sur le chêne. C'est un besoin pour elle que la soumission. Elle veut s'annihiler. Le sacrifice est son essence. Cette volonté, cette obstination que l'on observait chez la jeune fille, tout cela disparaît et nous avons à la place, non pas un être complet, mais une fraction de l'être social qu'elle constitue avec son mari.

Et ce mari, lui-même, éprouve dans le mariage presque autant de révélations, d'étonnement, que sa femme, quoique d'un autre genre. Certes il peut avoir, il a toujours l'habitude des plaisirs, mais il a pour la première fois la sensation... non... le sentiment du baiser fécond. Ce qui était une faute la veille devient un sacerdoce. Au milieu de l'étreinte, il peut penser, sans rougir, à ces générations passées dont il va transmettre l'héritage d'honneur aux générations qu'il prépare. Sa responsabilité commence. Lui dont le cœur et l'estomac se sont nourris aux tables banales, il est chef de maison aujourd'hui, chef de famille bientôt. De plus il ressent cette impression indéfinissable, mais qui dérive si directement des nécessités, des habitudes sociales : la notion de la légitimité du plaisir.

Et, pour tous les deux, à l'ivresse des sensations et des sentiments nouveaux s'ajoute ce délire qui les croit, les sent perpétuels. Ce baiser d'aujourd'hui que des fêtes ont précédées, échangé au milieu du bruit encore persistant des cris de joie et des souhaits de bonheur, se renouvellera quelques heures avant la séparation suprême, devant des enfants en pleurs et dans une chambre remplie de suprêmes sanglots. Dans cette idée entre toute la majesté de l'irréparable. Le spiritualiste, — et qui ne l'est pas à de telles heures? — oublie la fragilité de nos corps pour ne se rappeler que l'éternité de nos âmes et espérer en un séjour bienheureux où se continuera cet amour qui régénère. Le matérialiste lui-même ne peut pas s'empêcher de songer que, du jour où il a mis sa main dans celle de la créature qui se fie à lui, une famille est née qui portera bien loin le souvenir, la trace de toutes ses actions bonnes ou mauvaises, le lustre ou la honte de son nom. Il est à plaindre, celui qui, en de pareils moments n'est pas fier et glorieux d'exercer le rôle sublime de créateur, et reconnaissant à Dieu ou à la nature de lui en avoir donné la conscience.

Cet instant, unique dans la vie, suppose essentiellement la perpétuité du mariage et la monogamie. Cela est si évident que l'on ne peut le prouver sans recourir à des arguments inutiles et rebattus. Et l'homme a besoin, et besoin absolu, de renoncer ainsi à sa personnalité pour se vouer à la constitution de ce couple d'où sort la société et par lequel se perpétue l'espèce. Et par espèce, il faut entendre non pas seulement une race d'animaux ayant leurs instincts et leurs facultés héréditaires, mais encore, mais surtout un peuple d'hommes héritant des traditions du passé, profitant de ce que les siècles ont accumulé.

Si, dans un pays neuf, privé de communications avec le reste du globe, l'on discutait l'adoption de tel ou tel mode d'union entre les sexes, l'on pourrait invoquer, à l'appui du mariage perpétuel et monogame, les raisons que nous venons de rappeler. Dans les réjions que nous habitons, il vient s'y ajouter des raisons autrement puissantes. Ce n'est pas en développant des théories par-

faitement logiques, en exposant des systèmes parfaitement spécieux que l'on peut arrêter sur sa voie une partie de l'humanité
et, du jour au lendemain, faire renoncer une fraction considérable
du genre humain à ce qu'elle a toujours considéré comme l'article premier du Credo social. Nous sommes habitués, tous tant
que nous sommes, à adorer notre mère et il serait malaisé de
nous accoutumer à n'aimer que notre père, à voir à son foyer
plusieurs femmes ayant toutes les mêmes droits, ou pour mieux
dire, n'ayant toutes aucun droit. Nos frères, nous les aimons parce
qu'ils ont reçu les mêmes baisers que nous, aussi bien que le
même nom. Ce qui s'applique ici à la polygamie s'appliquerait à
la polyandrie. Ce n'est pas sans horreur que nous verrions notre
mère avoir plusieurs maris. Nos yeux se seraient à peine ouverts
qu'ils seraient terriblement choqués par cette immonde communauté. On invoquerait en vain l'exemple des sociétés d'Orient.
Ce n'est pas la nôtre. Nous n'adopterons leurs mœurs qu'en
perdant tout ce qui constitue notre individualité sociale, nos
qualités et nos défauts. Par le temps que nous avons mis à les
acquérir, l'on aura une idée du temps qui sera nécessaire pour la
perdre, en tenant compte qu'il est plus long de se débarrasser
d'un rouage que de l'instituer et en n'oubliant pas que toutes nos
lois civiles, que les habitudes même de nos instincts sont fondées
sur cette perpétuité et cette unité de l'amour d'où dérive le
mariage.

CHAPITRE V

I

Il est impossible d'étudier l'union sexuelle sans étudier aussi
la question des droits de la femme et un peu son rôle dans la
société. C'est là un problème fort à la mode. Il nous semble que
ceux qui s'en occupent le font à la fois avec un parti pris évident
et une méconnaissance complète de ce grand principe que, seul,
l'esprit public prépare des réformes viables. Que l'homme et la
femme soient deux êtres distincts appelés à se compléter, mais
dont les aptitudes et les fonctions possibles sont profondément
différentes, personne ne pourrait le contester. Pour si grandes
que soient les différences de leurs organisations physiques, elles
sont moins grandes encore que les divergences profondes dont
l'hérédité, cette seconde nature, les a séparées. Depuis que l'humanité est sortie de ses limbes, l'homme et la femme jouent des
rôles divers. Avant même cette époque, si reculée soit-elle, le
mâle et la femelle avaient une sphère d'activité si grandement
différente que de cette différence dérivent leurs attributs physiques tels que nous les voyons. Ces rôles divers, remplis par
conséquent depuis l'infinité des siècles, ont dû laisser des traces.
L'idée ne peut pas venir à l'homme de science de demander à
deux organismes, adaptés à des besoins absolument spécialisés, de
s'acquitter des mêmes fonctions. Et, certainement, il se garderait bien de désirer une pareille réforme qui violerait l'indiscutable loi de la division du travail et laisserait sans emploi des

facultés acquises, privant ainsi d'aliment le besoin qu'en a l'humanité.

Même si l'on fait abstraction des intérêts de l'espèce et si l'on suppose un instant que l'homme peut n'envisager que son intérêt propre, limité à son existence, il n'en est pas moins vrai que la mission de chacun des deux sexes reste différente. Il n'est pas de maison de commerce où les deux associés s'occupent tous les deux et simultanément des affaires du dedans et de celles du dehors. Sans exception, ils se divisent la tâche. Et, sur ce point, l'association domestique ne diffère en rien d'une association commerciale. C'est un vieux proverbe que « l'homme doit acquérir et la femme conserver ». Sur cette base repose l'économie domestique et il n'est de bons ménages que ceux qui s'y conforment.

Comme il en a été ainsi de tout temps, la femme a vu se développer en elle toutes les qualités qui concouraient à l'accomplissement de ce rôle, tandis que s'atrophiaient toutes celles qui auraient pu l'en distraire. De même, chez l'homme. Aujourd'hui leurs facultés sont complémentaires, pour emprunter une expression à la géométrie. Elles s'emboîtent, s'additionnent pour former un tout. Leur spécialisation prévient toute rivalité, tout conflit. Quand les rivalités naissent, quand les conflits éclatent, c'est, neuf fois sur dix, parce que l'on s'est départi de cette règle prudente que formule le bon sens populaire en disant : « A chacun son métier ».

II

Ce sont autant les facultés d'intérieur que les facultés de lutte qui ne peuvent être du même genre dans les deux sexes. Sans prétendre que la femme soit un être incomplet, il est certain que plus que l'homme, elle se rapproche de l'enfant et, par conséquent,

du degré antérieur d'évolution. Elle sent davantage et plus justement que nous. Elle a conservé, presque intacte, la grande force
d'instinct. Elle n'a pu acquérir qu'à un degré moindre la force de
la raison. L'intérêt personnel domine presque toujours en elle
l'intérêt social. Elle a, de plus, ces grandes qualités si nécessaires
à la durée de toute société, qui sont l'enthousiasme, la foi, le
dévouement aveugle ; en un mot, ce que l'on pourrait appeler les
qualités spiritualistes. L'homme, qui en est dépourvu, a le besoin
absolu d'en ressentir les bienfaisants effets. Le grand poète a
exprimé cette nécessité avec la splendeur de son langage sans
rival :

> *Puisqu'il* est vrai que Dieu, par un prodige étrange,
> En nous donnant l'amour voulut mêler en nous
> Ce qui fait l'homme grand à ce qui le fait doux.

Là est la vérité. La société où nous vivons s'est constituée en
tenant compte des forces produites par l'association des sexes,
ainsi comprises. Elle a besoin de toutes les forces que cette association développe. Il lui faut, surtout, ne pas être menacée dans
son équilibre, par les forces antisociales que cette association
réprime. Du reste, peut-on concevoir la majorité des mariages unis-
sant deux êtres également actifs ? Voit-on, par exemple, un avocat
épousant une doctoresse, un banquier se mariant à une femme
ingénieur ? Ce serait peut-être très *pratique*. L'humanité en tant
que machine deviendrait peut-être plus productive. Seulement,
l'humanité est une machine d'une nature toute spéciale : elle ne
travaille absolument que pour nourrir ses rouages, pour leur
donner la plus grande somme de bonheur possible. Comme elle
est le *Tout*, elle ne peut produire, en effet, pour un client en
dehors d'elle. La grande quantité de travail développée par l'entrée des femmes dans l'atelier social, ou bien n'amènerait pas une

production plus grande — et cela est parfaitement sûr pour tous
les économistes, — ou bien le surcroît de production ne servirait
à rien faute de consommateurs. Dans les deux cas, il manquerait
un ouvrier à cette place dans l'usine qui leur est réellement assignée.

Ces multiples fonctions, dont seules elles peuvent s'acquitter,
qui donc les remplirait? Qui donc conseillerait le mari aux
heures d'hésitation ? Qui donc le soutiendrait aux jours de
défaillance ? Ce ne serait pas assurément la femme, tout occupée
de sa plaidoirie de demain, ou de l'autopsie de la veille. Tout
ceci est tellement évident, d'ailleurs, que les partisans de ce
qu'ils appellent l'émancipation de la femme abandonnent volontiers les femmes mariées à leur triste sort. Ils se rabattent sur les
célibataires.

S'il est un problème pénible à l'heure actuelle, c'est certainement celui des jeunes filles qui, dans la route de la vie, trouvent
encombrés tous les chemins qui conduisent au port, et côtoient
sans cesse le vice attrayant qui les appelle et leur promet un
refuge. Il est bien possible que cette difficile question ait été
engendrée par ceux-là mêmes qui s'en font une arme. On s'appuie
sur l'existence de ces malheureuses filles pour demander l'égalité
des fonctions de l'homme et de la femme et cette égalité même,
prise à petite dose a, sinon engendré, du moins singulièrement
aggravé le problème.

Un exemple : Pour remédier à cette situation, pour donner à
la jeune femme le moyen de vivre par son travail personnel, on
a inventé les brevets d'institutrice et on leur a ouvert certains
services publics, tels que les postes et les banques. Le résultat de
ces créations a été absolument celui que devinaient les sociologistes, c'est-à-dire diamétralement opposé à ce qu'espérait le
public. Pour dix places que l'on pouvait donner, cent jeunes

filles se sont préparées, renonçant résolument à cette carrière
modeste et démodée qui s'appelle le mariage. Le résultat, c'est
quatre-vingt-dix jeunes filles de plus aussi dépourvues de moyens
d'existence que des qualités féminines qu'elles répriment. Si l'on
applique cet exemple au Conservatoire, aux maisons de commerce,
à tous ces innombrables pièges qu'une fausse philanthropie sème
sous les pas des filles, l'on verra que ce sont tous ces remèdes qui
accroissent le mal et ne tarderont pas à en faire un danger. On a
perdu de vue que tout emploi donné à un homme ne l'empêche pas
de se marier, au contraire, le met à même, par conséquent, de
remplir les multiples rôles qui lui incombent et dont le premier
est d'être l'époux, le protecteur d'une femme qui se charge de
donner la portion de bonheur qui lui est dévolue. Inversement,
en ouvrant à cette femme la sphère de l'activité extérieure, vous
l'enlevez à ses fonctions naturelles, vous la rendez impropre à la
plus noble part du mariage. Bien plus, ce n'est pas seulement
elle que vous stérilisez, moralement du moins, mais encore le
mari qu'elle aurait pu avoir, et je n'ajoute pas qu'elle prend le
gagne-pain d'un homme à qui il aurait mieux convenu ; que sous
prétexte d'ennoblir la destinée de cette femme, vous la lancez
au milieu de tant de convoitises qu'elle forme pour la débauche
une proie assurée. Si vous voulez savoir ce que devient la chasteté des femmes, lorsqu'elles adoptent des professions pareilles à
celles des hommes, rappelez-vous les élèves du Conservatoire,
étudiez les employées de nos grands établissements de crédit et
de nos grandes administrations. Et puisque nous ne pouvons
cacher les plaies de notre société, songez à l'immoralité imposée à
l'ouvrière, l'ouvrière, « ce mot qui est une honte pour la nation
qui l'emploie ».

III

Si l'on est d'accord pour assigner à la femme un rôle spécial en dehors des nécessités de l'espèce, comment ne le serait-on pas pour reconnaître que ces nécessités, et celles, plus nobles mais non moins impérieuses, de la famille, exigent sans rémission cette distinction entre les sexes. Nous trouvons, en premier lieu, l'argument qui termine la page précédente. Tant que la famille subsistera, ce n'est pas sans difficulté que le mari enverra sa femme passer douze heures par jour au milieu d'autres hommes. De plus, l'enfant a des exigences. Puisque l'on en est venu à faire allaiter son fils par une nourrice mercenaire, il faut du moins que la mère s'acquitte des soins que réclame la seconde enfance. Plus tard, et même si l'on s'est déchargé sur un collège quelconque du devoir de cultiver les intelligences que l'on a engendrées, il faut, lorsque ce collège vous rend vos fils, ou le couvent vos filles, se résoudre à s'occuper d'eux. Même au point de vue matériel, il faut leur créer des moyens d'existence.

Mais, au degré de civilisation où nous en sommes, tout cela ne suffit pas, il faut dresser ces jeunes âmes, leur transmettre les leçons que l'on a reçues, les instruire de ces mille choses que l'on n'apprend que de sa mère, les mettre en garde contre ces périls contre lesquels un professeur ou une sous-maîtresse les prémuniraient mal. Puisqu'ils apportent dans la vie la charge ou la fierté des générations qui les ont précédées, il faut pourtant bien leur enseigner ce qu'ont été ces pères, dont ils sont solidaires. Et c'est là une tâche qui ne finit jamais. A tout âge nous avons besoin de ceux qui nous ont mis au monde. Tant que nos forces nous permettent de faire le mal ou le bien, nous nous retournons pour demander avis vers ceux qui sont dépositaires

de la sagesse du passé, que des passions amorties ne viennent
plus troubler. Une des lois les plus sages de la nature est qu'en
général nous ne sommes privés de cet appui ou de ce frein que
lorsque c'est à notre tour d'exercer ce rôle, vis-à-vis de ceux
auprès desquels nous les remplaçons.

Peut-on raisonnablement espérer qu'une mère sera vraiment
mère, si elle est en même temps avocat, médecin ou ingénieur?
J'ai connu pas mal d'Américaines qui avaient courageusement
entrepris ces carrières hérissées, en somme, de difficultés. Elles
avaient sagement renoncé à la maternité, sinon au mariage, et
l'on conviendra que, tout en leur accordant l'estime que méritent
leurs travaux et leur énergie, il est assez difficile de concevoir
une société où le grand nombre les imiterait. En France même,
ne voyons-nous pas presque constamment la stérilité accompagner chez les femmes l'aptitude aux travaux virils. Si j'en excepte
les ouvrières qui, malheureusement, ne portent pas la responsabilité du choix qu'elles ont fait d'une carrière, combien connaît-on
de femmes qui joignent le mérite de travailler comme un homme
et de faire des enfants comme une femme.

Les revendications s'exercent mieux lorsqu'elles se limitent à la
sphère des lois civiles. Notre code a fait de la femme une éternelle mineure. A la vérité, ils sont malvenus à en prêcher la réforme,
ceux qui conseillent aux femmes de ne pas se marier puisque, si
elles suivaient leurs conseils, elles seraient aussi libres que
l'homme, en ayant moins de responsabilités que les mœurs en
imposent à celui-ci. Sans s'appesantir sur cette contradiction,
l'on peut dire que la loi devait forcément décider comme elle l'a
fait. Entre deux associés, liés à tout jamais, il faut bien que la
volonté de l'un des deux soit prépondérante. Sans cela, comment
se résoudraient les conflits éventuels? Et, puisque l'homme est
seul à engager son nom dans les chances de l'association, puis-

qu'il en est le seul représentant aux yeux de ses concitoyens, il n'est que juste de lui accorder cette autorité.

Les mœurs interviennent, d'ailleurs, pour corriger ce que la loi aurait de trop absolu, et ce n'est pas sans rire que l'on peut affirmer que, dans nos pays occidentaux, la femme qui a le goût de la liberté s'en trouve dépourvue. Les quelques réformes que l'on demande, en ce qui touche, par exemple, la législation sur les biens des époux, l'administration des biens de la femme séparée, sont de menus détails comparés à la largeur de la question.

CHAPITRE VI

NÉCESSITÉ SOCIOLOGIQUE DE LA FAMILLE

I

Bien avant que les nécessités de la lutte, que les rivalités de voisinage eussent amené l'homme à ne plus se contenter de la famille et à recourir à une fédération plus large et plus puissante, la famille existait. On peut dire qu'elle est à l'espèce ce que l'humanité est au règne animal. Elle en participe, certes, mais elle s'en distingue, la dépasse de toute la hauteur de notre nature morale. Si la mère de jeunes animaux croit avoir assez fait lorsqu'elle les a rendus, comme elle, capables de lutter dans la sphère d'action qui lui est assignée, la femme-mère a un devoir identique. Elle doit faire que ses fils devenus adultes se trouvent aussi armés pour le combat vital que l'a été leur père ou qu'elle le fut elle-même. La civilisation a produit ce fait, que les nécessités matérielles ne sont plus seules à s'imposer à nous, que ce n'est pas seulement la partie bestiale de nos individus qui doit être entraînée, si nous voulons être au moins égaux à nos parents. Ceux-ci ne peuvent donc nous abandonner dès le moment où nous suffirions à nos besoins physiques.

Mais, du reste, dans la société actuelle, ces besoins physiques eux-mêmes ne trouvent leur pâture qu'au prix d'une lutte que l'âge viril peut seul soutenir. Ce n'est guère avant quinze ou seize ans que l'enfant pourrait se suffire à lui-même, toujours en n'envisageant que les besoins naturels. Voilà donc une période minima pendant laquelle les parents sont forcés de veiller sur ceux qu'ils ont mis au monde. Ils contractent envers ceux-ci une dette parfaitement déterminée. Rien ne les obligeait à les procréer. L'ayant fait, ils doivent les nourrir et, dès lors, il se trouve que chaque paiement partiel de cette dette en accroît l'étendue ; que, vivant constamment avec ces jeunes êtres, ils n'ont pas le droit de ne pas cultiver leur intelligence et leur âme. Plus tard, la plus stricte justice leur commande de leur donner au moins la faculté de conserver les habitudes que leur a créées cette cohabitation.

Les enfants, à leur tour, ne sauraient renier la dette qui provient de soins aussi longuement prolongés. Ce serait un faux raisonnement que d'affirmer que les parents ayant uniquement accompli une obligation, ils ne sauraient avoir droit à la gratitude. En tout cas, ils pouvaient ne pas créer ces fils et, ensuite, quelle est donc la mère qui s'est bornée à accomplir son devoir ?

Ici, comme dans toutes les questions sociologiques, il convient de ne pas trop s'appesantir sur ces questions d'équité pour lesquelles nous ne pourrions pas trouver d'étalon. Il est, d'ailleurs, certain que, sans la famille, sans l'éducation qu'elle donne aux nouveaux membres du corps social, l'œuvre des siècles serait à peu près à recommencer à chaque génération. Et, si les fils méconnaissaient leurs devoirs spéciaux, cette famille et l'éducation qu'elle donne ne tarderaient pas à périr.

Donc, outre la nécessité matérielle, cette institution est indispensable au progrès moral de la société. Nous verrons plus loin qu'elle contribue puissamment à l'équilibre des États en spécialisant, pour ainsi dire, la fonction assignée à chacun dès sa naissance. Il est certain, en tout cas, qu'en nous faisant grandir dans ces idées d'honneur et de devoir qui sont évidemment des idées acquises, qu'en nous donnant un nom, c'est-à-dire la solidarité avec ceux dont nous provenons et ceux qui proviennent de nous, elle nous force, pour ainsi dire, à l'observance de la loi morale.

Ceux qui l'attaquent ne pourraient pas la détruire toute seule.
Elle a d'inextricables rapports avec la propriété et non pas même
avec cette propriété transmise dont on discute aujourd'hui la
légitimité, mais avec cette propriété acquise, conquise, que l'on
doit bien respecter puisqu'elle est la justification de tous les
moyens d'existence. Si l'on reconnaît que j'ai sur mon salaire un
droit absolu, si l'on prétend que j'ai une sorte de droit sur
l'objet fabriqué par mes mains, sur l'idée conçue par mon cerveau, comment pourrait-on nier mon droit sur cet enfant que j'ai
engendré, dont la chair vient de ma chair, dont l'âme continuera
mon âme ? Qui donc restreindra la propriété au produit matériel
que je n'ai pu achever, en somme, qu'avec l'aide de mille ressources qui m'ont été fournies par mes semblables ? Et qui donc
me dira que ce fils, qui ne tient rien que de moi, ne m'appartient
pas exclusivement ? Certainement, il sera bientôt forcé de puiser au
patrimoine commun de la société et, à ce moment, commenceront
ses devoirs envers elle. Mais à présent il est tout entier à moi.
Au spiritualiste qui le contesterait, je répondrais que Dieu me l'a
donné. A tout autre, qu'en plus de l'équité, l'instinct, cet instinct
tout puissant, inséparable de l'homme me fait le posséder sans
que personne puisse troubler cette possession.

II

L'agrégat social a forcément été bâti sur ces bases que nul ne
pouvait laisser méconnaître. La famille a été le fondement de la
société, non pas seulement de la société primitive, mais encore
de celle que l'évolution nous a faite. La solidarité entre le père et
le fils, entre deux frères, peut sembler très rigoureuse à un
esprit équitable, elle n'en est pas moins un fait indiscutable. Et
plus la science fait de progrès, et plus apparaît la justice de cette
loi ; l'hérédité n'est pas un vain mot, et il serait singulier, à

l'heure même où la valeur d'un cheval se juge par la valeur de ses ascendants, que l'on se refusât à reconnaître l'influence d'un homme sur les générations qui naissent de lui. Alors surtout que cette influence est multipliée à l'infini par l'obligation qui lui incombe de former l'esprit de ceux dont il a créé le corps. Nous arrivons à l'âge d'homme avec les qualités et les défauts que nous avons reçus. Si les qualités prédominent, nous luttons avec avantage, nous avons chance de durer assez longtemps pour les transmettre à d'autres, fortifiées et accrues ; si les défauts l'emportent, la lutte nous terrassera et, en supposant même que nous devenions pères à notre tour, la lignée qui naîtra de nous sera vite supprimée par des défauts que leur continuité accroîtra.

C'est la loi du progrès animal et c'est aussi celle du progrès social.

Intimement liée à la question du mariage, l'idée de famille a été combattue par les esprits les plus puissants de notre époque, j'entends Saint-Simon et Fourier. J'ai pour le dernier, surtout, une admiration profonde. De tous les penseurs qui, dans les derniers siècles, ont laissé des traces, il est le seul dont le génie ait su concevoir un état social entièrement différent du nôtre et qui n'ait pas commis cette erreur d'oublier que tout s'enchaîne et que si on laisse subsister un fragment de l'organisme actuel, tout le reste en dérivera par d'infrangibles lois naturelles. Et c'est précisément pour cela, parce que la réforme que Fourier préconisait dans la famille est d'une impossibilité évidente, que le reste de son système, intimement lié à cette portion, rentre dans l'utopie.

Supposer que les pères, les mères surtout, vont renoncer à leur propriété sur leur enfant et qu'un instinct commun à tous les êtres organisés, mais renforcé par des siècles de culture, va s'annihiler tout à coup ; ne pas voir que placer ses enfants sous la seule éducation d'un état impersonnel, c'est faire recommencer chaque génération à gravir l'échelle du progrès moral; supprimer cette force énorme que donnent à chaque individu l'appui qu'il retire des générations passées et la responsabilité qu'il a devant les générations futures, voilà l'essence du *fouriérisme*. Anéantir la propriété privée, l'amour exclusif d'un homme pour une femme, les sacrifices et les efforts que dicte l'instinct paternel ou, ce qui est la même chose, effacer de cette terre tout ce qui fait la grandeur de la société humaine, voilà son but.

Il y aurait bien une autre raison à opposer aux contempteurs de la famille, tellement puissante, en vérité, qu'on résiste à s'en servir, comme d'une massue trop lourde qui écrase l'adversaire : C'est qu'elle existe, la famille! C'est qu'une poignée de novateurs ne pourraient guère y faire renoncer la masse des braves gens qui en tirent leur seules joies et leurs seuls orgueils. Si la réforme qu'ils prêchent est jamais possible, c'est que le cours des âges aura tellement modifié l'humanité que tous nos arguments se tourneront contre nous. Nos très arrière-petits-fils alors, que l'hérédité aura, nous l'espérons, imbus de nos doctrines, devront se ranger à l'avis des leurs, non moins fidèles, nous en sommes sûrs, aux convictions de leurs ancêtres. Ce ne sera pas la première fois que les résultats de l'hérédité serviront à en combattre la doctrine.

III

Nous venons de voir, et il est de toute évidence, que les obligations réciproques des pères et des enfants ne sont pas basées seulement sur le don de la vie que ceux-ci reçoivent de ceux-là, mais encore sur les soins échangés, sur l'existence sociale transmise après l'existence naturelle. Cela étant, il en dérive que ces droits et ces devoirs seront modifiés en même temps que la nature de cette existence sociale. Si, par exemple, un enfant est conçu dans des conditions telles qu'il succède seulement à son père et non plus à toute une lignée ; si sa naissance, au lieu d'être le résultat de l'exercice d'une sorte de magistrature sociale, provient, au contraire, du triomphe passager des passions physiques, ses rapports avec ses parents devront s'en ressentir.

Ainsi se pose la question des enfants naturels. Elle est complexe à l'excès. On y mêle les idées de justice qui ne font que la rendre plus difficile, parce que c'est toujours la justice abstraite que l'on invoque, en oubliant que nul n'est qualifié pour nous dicter ses arrêts. La justice sociale se confond très évidemment avec l'intérêt social et le bon sens public ne s'y est pas trompé lorsqu'il a créé cette démarcation entre les enfants naturels et les enfants légitimes. Je laisse de côté le droit à la recherche de la paternité. Elle n'intéresse pas la famille et soulève plutôt des controverses de jurisprudence que des discussions sociologiques. Circonscrivons le problème des enfants [naturels à ceci: convient-il de leur accorder les mêmes droits qu'à leurs frères légaux? L'opinion générale, qui leur est sévère, est-elle justifiée?

C'est un argument trop facile que de s'indigner contre la réprobation qui les frappe sous prétexte qu'ils sont innocents de la faute qui les a engendrés. Si nous sommes fiers de porter un nom que nos ancêtres ont rendu glorieux, il est assez légitime que l'on nous fasse solidaires de leurs faiblesses. Lorsque, par le seul fait que nous existons, nous témoignons contre l'honneur de notre mère, il est fort naturel que nous heurtions une société qui a fait de la chasteté de ses femmes un des facteurs de sa continuité. Que cela paraisse rigoureux, c'est possible, mais l'est-ce davantage que cette inéluctable loi qui condamne les faibles à la mort sans s'occuper de leur mérite? Cette sévérité de l'opinion est-elle utile à la conservation de l'espèce, au progrès de l'humanité? Voilà la question !

Il est très évident que les liens sociaux sont souvent lourds à porter comme tous les liens d'ailleurs. Lorsqu'un homme et une femme en viennent à s'aimer, ils sont toujours enclins à croire que, pour durer indéfiniment, leur union n'aurait nul besoin de la sanction légale qui exige d'ailleurs d'ennuyeuses formalités et la recherche de conditions souvent difficiles à remplir.

Sans l'état de l'opinion en ce qui touche les enfants naturels, l'on verrait bien vite les mariages se raréfier. Qu'arriverait-il ? Que la fragilité humaine dissoudrait bien vite ces unions nées d'une erreur, et que les enfants procréés seraient en si grand nombre que la société en deviendrait sans équilibre et sans bases.

Mais, lorsqu'un enfant naturel est reconnu, que plus tard celui de ses parents qui s'en est chargé se marie et lui donne des frères légitimes, pourquoi n'est-il pas admis avec eux sur un pied d'égalité, tout en portant le même nom ? Pourquoi la loi défend-elle, au père qui ne conteste pas sa paternité, de laisser à ce fils plus qu'une certaine part de ses biens ? La même réponse suffit à ces deux questions. Plus d'une loi, dans notre code, juge plutôt la portée sociale d'un acte que cet acte lui-même, telle que celle qui punit le faux. Dans la question qui nous occupe, le législateur s'est inspiré de la même préoccupation. Sans la démarcation qu'il a judicieusement imposée entre les droits des bâtards reconnus, et ceux des fils légitimes, quelle est donc la jeune fille qui consentirait à épouser un homme déjà père naturel ? Et il en résulterait, ou bien que celui-ci ne pourrait faire succéder une vie sérieuse, productive, familiale à une jeunesse aventureuse, ou qu'il se garderait de reconnaître son enfant illégitime pour ne pas compromettre son propre avenir. Cette loi, si sévère en apparence, est au contraire pleine de charitables prévisions. De même pour la disposition qui prohibe dans une certaine mesure les héritages laissés aux enfants naturels. C'est d'abord une prime au mariage, et c'est la reconnaissance de la solidarité dans la famille légitime. Ou les parents qui laissent les biens sont libres de s'épouser, ou ils ne le sont pas. S'ils le sont et qu'ils ne le fassent pas, c'est que les raisons qui s'y opposent empêcheraient également leurs fils de bien remplir les devoirs sociaux qui accompagnent l'héritage. Un exemple éclaircira ma pensée : Un vieux garçon a des enfants de sa bonne, il pourrait leur transmettre sa fortune, mais ni cette considération ni cette capacité héréditaire qui leur permettraient d'en faire un usage profitable. Et si les parents ne sont pas libres, la loi ayant sagement prohibé la reconnaissance, la controverse est sans objet.

La loi s'est donc inspirée de motifs strictement conformes aux règles sociologiques en plaçant dans un état d'infériorité les fils naturels. En agissant autrement, elle aurait reconnu elle-même l'inutilité du mariage, et par suite de la famille. Que cette justice distributive, dont certaines écoles prêchent le dogme, en soit blessée, c'est possible, mais nous n'en trouvons jamais trace dans l'arrangement social. Elle est sortie toute faite des cerveaux qui ne veulent considérer que l'homme, jamais la société et les générations, tout en se disant socialistes et partisans de l'évolution.

L'opinion, dans ses arrêts, est moins tenue que la loi à se préoccuper exclusivement de l'intérêt commun. Elle est plus personnelle, chacun des individus qui la partagent étant dénué de toute espèce de magistrature. Aussi est-elle moins sévère que notre code et nous ne trouvons plus, nulle part, de mépris pour les enfants nés d'une faute. Nous en faisons nos amis, nous les envoyons au Parlement défendre nos intérêts, nous les voyons à la tête de nos armées. Le seul point où nous les tenons comme inférieurs, c'est lorsqu'il s'agit de leur donner nos enfants en mariage, c'est-à-dire d'avoir pour petits-fils des descendants d'une faute.

IV

L'on voit ici un exemple de l'accord presque constant entre la théorie raisonnée et le sens commun. Ils proviennent, ces fils naturels, d'une violation des lois de la morale sexuelle. Aussi ne les tenons-nous pas en suspicion pour toutes les autres règles sociales. Nous les estimons aussi patriotes, aussi probes que n'importe qui. Mais nous craignons que le peu de chasteté de l'aïeule ne se propage aux petites-filles. Nous pensons que les enseignements d'une mère coupable n'ont pu être pareils à ceux que distribue la mère-épouse, honorée, respectée, qui fait sa gloire de ses enfants, alors qu'ils font la honte de l'autre. Comme individu, le bâtard a toute notre estime. Nous le redoutons comme chaînon social, comme reproducteur, si j'ose dire. Si nous consentons à ce que l'obscurité empêche notre fils de connaître ses aïeux après la troisième génération, il nous déplaît que sa généalogie s'arrête brusquement à une faute trop évidente.

Il y avait un écueil à éviter. En condamnant trop sévèrement les filles-mères, l'opinion aurait pu les déterminer à recourir à d'horribles pratiques ou à se débarrasser des nouveaux-nés. Dans les sphères où ces naissances se produisent avec une certaine fréquence, on les juge avec une mansuétude assez grande pour éviter ce gros danger. Rien n'est plus périlleux au bon ordre social que les êtres dépourvus de toute responsabilité familiale, comme le sont les enfants abandonnés. Nous allons les retrouver dans notre dernier chapitre, conclusion de cette étude sur la famille.

V

L'on s'est plaint souvent, depuis le commencement du siècle, que la destruction des corporations et des maîtrises ait absolument isolé l'individu. On a rappelé, non sans apparence de raison, que le fait de faire partie d'un agrégat évitait à l'homme bien des dangers, multipliait sa puissance de production en lui donnant un guide permanent, le faisait profiter du bénéfice des traditions, le contraignait enfin à une certaine tenue morale par le contrôle que ses camarades exerçaient sur lui. Tout cela est si vrai que les efforts incessants des ouvriers, conseillés en cela par leurs amis les plus sincères, sont d'arriver à la constitution de groupes qui leur donnent, de nouveau, tout ou partie de ces avantages.

Pour tous les individus quelle que soit leur profession, à quelque degré qu'ils soient placés sur l'échelle sociale, la famille rend les mêmes services, en les centuplant, que rendaient autrefois ces institutions que l'on regrette. La supprimer, nous l'avons vu, ce serait renoncer à cette accumulation de connaissances qui ne sauraient exister sans la transmission héréditaire. L'homme appartenant à l'animalité par ses instincts, doit les réprimer par les vertus sociales. Il n'apprendra celles-ci que si, dès le berceau, on les lui enseigne, et ne les exercera que s'il y est contraint par une responsabilité plus large que ne le serait le souci de sa réputation individuelle. Sans revenir sur le besoin absolu qu'il a de protecteurs dans la première période de sa vie, nous trouverons peu de contradicteurs en affirmant que c'est seulement vers la trentième année que la majorité des êtres sociaux peuvent se suffire à eux-mêmes et que, pendant toute la durée de l'activité virile, le secours, ne fût-ce que le secours moral, de la famille, est d'une incontestable utilité. Combien de défaillances ont été prévenues par l'idée de la solidarité familiale? Qui donc pourrait le dire ? Et ce qui est une nécessité pour l'enfant, une force pour l'homme mûr, devient une consolation pour le vieillard. Il y trouve soit la récompense d'une vie d'efforts, soit le dédommagement de labeurs que la chance n'a point servis.

Pour le bien-être général, la famille n'agit pas moins. Lorsque nous voyons un octogénaire comblé d'honneurs, chargé de gloire, déployer une dévorante activité et de gigantesques travaux, nous savons que le mobile de cette activité, dont l'univers profite, c'est d'accroître la fortune des enfants qu'il a engendrés. Nous pouvons lui comparer l'égoïste oisiveté des vieux célibataires qui limitent la durée de leur travail aux besoins diminués de leur sensualité sénile. Mais, sans même parler de cette dernière période de notre existence, est-ce que le motif le plus puissant de notre ardeur au travail n'est pas l'amour de nos enfants, nés ou à naître ? Et ne trouvons-nous pas souvent, surtout dans les professions libérales, ce désir fécond de créer une famille ?

Et ici, la question s'élargit. Ce n'est plus à son bénéfice ou à ceux de ses fils que l'homme travaille. Il envisage, il sert une entité sociale qui mérite le respect de tous, mais surtout de ceux qui ont pour la Révolution française un culte filial. Victor Hugo, en parlant d'un héros mort en 1851 pour la défense du droit, Scipion Dumas, dit, dans son *Histoire d'un crime*.

« Il était le produit de cette magnifique loi d'ascension que la Révolution a déterminée et qui veut que le fils soit plus que le père... »

Cette loi contient le secret de tous ces obscurs héroïsmes paternels qui sont l'honneur de notre démocratie. Les bénéfices qu'en retire la société sont de deux sortes : En ajournant d'abord le recouvrement des bénéfices de leur travail, en en faisant crédit à l'agrégat social, les pères accroissent ainsi presque sans limite le capital productif. Soit dit entre parenthèses, c'est là l'origine de ce fameux bas de laine qui a payé la rançon de la France après 1870. Les fils, en jouant dans la société un rôle plus large pour lequel ils sont mieux armés, lui apportent des forces intellectuelles infiniment plus fécondes. Or, cette loi aux merveilleux effets, qu'est-elle, sinon l'essence même de la famille au xix⁰ siècle ?

On ne croit plus de nos jours que le génie soit un bienfait providentiel. Tous les biologistes sont à peu près d'accord pour reconnaître qu'il est un fruit de la culture héréditaire. Un Newton ou un Napoléon Bonaparte ne sont pas indépendants des générations qui les ont précédés. Or, s'il est très aisé de voir comment ces générations peuvent transmettre leurs mérites à celui auquel elles lèguent leurs souvenirs, comment des facultés d'exceptions que l'hérédité affine jusqu'à les exagérer peuvent faire éclore le génie, il est très difficile de croire qu'elles ne seraient pas détruites par la suppression de l'hérédité morale, par la destruction du foyer de famille, en un mot par la mise en commun des enfants.

Spencer, dans un des premiers chapitres de sa *Sociologie*, nous montre par les exemples les plus ingénieux et le raisonnement le plus irréfutable que : « Le caractère de l'agrégat est déterminé par les caractères des unités qui le composent ».

Or, l'Etat n'est pas seulement composé d'individus isolés. Il l'est aussi, il l'est surtout de familles, et parce que nos lois constitutionnelles ont méconnu cette vérité, il ne s'ensuit pas qu'elle soit discutable. Le respect du bien social sera donc exactement mesuré à celui du lien familial. C'est là un principe dont la démonstration est aisée.

Dès notre naissance, nous trouvons deux principes qui ne sont peut-être pas opposés, mais qui correspondent cependant à des besoins opposés : L'indépendance et la soumission, autrement dit l'égoïsme et l'altruisme. La famille ne peut se former que lorsque ces deux principes vivent en harmonie, que la collectivité tient compte de l'individualité, qu'elle lui rend vraiment ces services en échange desquels elle lui impose des devoirs. L'individu veille sur ces droits et sacrifie une partie de son indépendance pour être en état d'abord de recevoir les soins nécessaires à la première enfance, plus tard de profiter des avantages que lui donne une parenté estimée et enfin, de transmettre à des descendants respectueux et soumis son héritage matériel et moral. Sans qu'il soit besoin d'insister davantage, nous trouvons là un premier exemple de l'analogie complète entre les devoirs respectifs de la famille et de l'individu, et ceux de la nation et du citoyen. Celui-ci ne peut exister sans celle-là. Ce point acquis, le membre cède à l'agrégat une partie de ses droits personnels pour mieux exercer les autres. Toutes les conditions qui président à ces relations dans le groupe simple, s'appliquent aux rapports dans l'Etat. Il est donc bien évident que si les vertus familiales, c'est-à-dire l'esprit de solidarité morale, la soumission aux nécessités collectives, etc..., sont développées dans un peuple, les vertus sociales ne lui feront point défaut, puisqu'elles sont exactement les mêmes. Le patriotisme est, dans l'état présent des choses, un sentiment nécessaire à l'intérêt général. C'est en vain qu'on pourrait l'espérer d'un peuple où l'esprit de famille aurait disparu. Celui qui laisse derrière lui la femme qu'il a librement choisie et les enfants qu'elle lui a donnés, n'émigre pas sans esprit de retour, et il est bien peu attaché au sol natal, celui qui n'y peut voir la patrie de ses fils. Enfin, l'intérêt général n'étant que la somme des intérêts individuels, la société sera d'autant mieux servie que chacun luttera avec plus d'ardeur pour augmenter sa production, et que chaque nouvel arrivant apportera plus de ressources le dispensant de recourir au fonds social. La famille est la seule institution qui réalise tout cela.

VI

La loi civile et pénale ne peut guère s'occuper que de faits matériels. S'il est un fait admis par tous les criminalistes, c'est l'iniquité et l'inutilité des peines préventives. La famille a un autre champ d'action. Elle entraîne ses membres dans la pratique du bien, et punit par ses censures qui précèdent et déterminent les délits sociaux. Sa mission moralisatrice est donc bien évidente. Combien ne le devient-elle pas davantage, si l'on réfléchit qu'elle est la seule gardienne de ces qualités tellement hautes que la loi coactive n'a pas pu les prescrire, la chasteté, par exemple, l'honneur, dans le sens subtil et exquis de ce mot, la dignité de la vie..... A la vérité, l'existence punit bien vite les infractions à tous ces principes, mais ne vaut-il pas mieux les empêcher avant qu'elles n'aient produit la ruine, tout au moins morale de ceux qui les commettent, et les dommages pour la société qui les subit. Répétons-le une fois encore : dans l'organisme social, tout se tient. Il n'est pas d'institution, sauf celles qui seraient imposées par un despotisme politique ou religieux, qui ne procède d'autres institutions, et qui ne les serve puissamment. La famille a engendré toutes ces qualités négatives ou positives, sur lesquelles s'est basé l'arrangement social. La supprimer, si c'était possible, ce serait supprimer la société. Autant vaut avouer franchement qu'il s'écoulera bien des siècles avant que ce soit un problème dont la discussion soit opportune.

Elle a, en outre, des avantages d'une nature moins passive. Nous pouvons en donner la preuve au moyen d'un exemple :

Prenons, pour cela, ces trop nombreux enfants abandonnés, produits de cette épouvantable soi-disant morale. Dès leur naissance, ils sont remis à la charge de la ville ou de l'État. Leurs premières années reçoivent des soins mercenaires, uniformes, qui sont aux prévenances maternelles ce qu'est, à un habit fait sur mesure, un costume acheté à la grosse. Puis, on les enregimente dans un atelier quelconque, sans se préoccuper — et comment le pourrait-on? — du penchant qui les entraînait vers telle profession ou tel art, et que l'on ne pourrait connaître que par une observation constante, bien difficile à demander aux braves sous-officiers transformés en bonnes d'enfants. Ils suivent ainsi leur chemin, et s'ils tournent mal, nous avons la naïveté de nous en étonner. Nous jugerions donc cela pourtant bien naturel, si nous examinions un peu cette éducation nationale sous divers points de vue.

L'intérêt général matériel d'abord en est lésé, puisque la production est privée de cette force de la maîtrise paternelle. Enfants, nous jouons dans l'atelier de notre père ou, assis près du foyer, nous écoutons ses discours et nous recueillons une somme de connaissance qui, pour ne pas pouvoir se chiffrer, n'en est pas moins très considérable. Toujours en prenant la question sous le même aspect, il se produit une déperdition de forces appréciable par ce fait que ces pupilles de la charité publique sont envoyés dans des carrières pour lesquelles ils n'ont aucune faculté héréditaire. Même en supposant que la société puisse négliger cette sorte de coulage, les inconvénients moraux qui dérivent de cette classe spéciale ne sont pas loin de lui constituer un véritable et sérieux danger. Il est d'abord évident que ces enfants arrivent à l'adolescence absolument privés des traditions et de l'enseignement que peuvent donner les parents, soit par leurs leçons, soit par leurs exemples. De plus, l'État ou

la ville ne peut leur interdire que les faits légalement coupables,
et nous savons que ce ne sont pas les plus dangereux. Par conséquent, quel frein trouvent-ils pour s'opposer à l'irruption
d'instincts que la promiscuité a aiguisés? La morale? On ne la
leur a pas enseignée. Les exemples? Ils n'en ont pas eus. L'amour-
propre? Ils sont perdus au milieu d'une société qu'ils ignorent.
L'intérêt? Oui, mais entre seize et vingt ans, quel est donc l'homme
qui comprendra que l'intérêt bien entendu consiste à sacrifier
l'intérêt immédiat. De plus, sa conscience est tranquille ; il est le
maître absolu, et s'il lui convient de renoncer aux joies de la
considération pour goûter celles de l'imprudence et de l'oisiveté,
n'en a-t-il pas le droit? A qui donc fait-il tort? A cette entité
morale qu'on appelle la société, mais sur les trente-huit millions
de Français, cent mille à peine la connaissent de nom. Oh ! si
vous pouviez lui représenter qu'en prenant cette voie mésesti-
mée, il y entraîne tous les siens, que cette mère qui l'a nourrie,
que ce père qui l'a créé vont perdre à cause de lui toute une
vie de labeurs, et la considération, l'estime de leurs semblables; si vous pouviez lui dire qu'une longue file de générations, où tous se sont sacrifiés aux générations qui suivaient, va
se trouver brusquement terminée, parce qu'il ne lui plaît pas
d'endosser ces devoirs auxquels il doit la vie, ce ne serait plus à
une abstraction que vous lui demanderiez d'immoler la réalité
de ses besoins et de ses goûts. Cela est si vrai, c'est tellement
autre chose que de la vaine déclamation, que cet abandonné est
moralement sauvé lorsque vous lui constituez une solidarité et
des devoirs qui ressemblent à la solidarité et aux devoirs de la
famille. Mettez-le dans un régiment, et le vagabond de la veille
deviendra honnête et fier, parce qu'en plus de son nom banal il
portera ce titre de chasseur ou de hussard, qu'il aura à cœur de
le faire respecter sinon par vertu, du moins pour ne pas encourir

le mépris et la colère de ses camarades intéressés à ce qu'on ne le compromette pas.

On aurait grand tort de vouloir étendre cet argument et de dire que cette solidarité peut s'élargir encore, et qu'elle ne serait pas moins efficace si, au lieu de lier le jeune homme à sa famille ou à un corps particulier, elle l'attachait à sa patrie ou à l'humanité. Ce serait méconnaître la vraie nature du sentiment de dignité qui n'existe que lorsqu'il est relatif, comparatif.

Dans un salon du faubourg Saint-Germain, on n'est fier d'être noble que si l'on se rappelle qu'en dehors de cette enceinte privilégiée, des gens existent qui ne le sont pas. Ce n'est pas entre officiers du même régiment que l'on s'enorgueillit des hauts faits accomplis par cette famille militaire. Si nous sommes seulement avec des Français, l'orgueil du drapeau ne nous transporte qu'en songeant à ceux qui le jalousent. Enfin, lequel de nous, sauf dans les abstractions scientifiques, a senti sa vanité contente de notre titre d'homme? Puisque tout le monde l'est, pourquoi serions-nous fiers de l'être?

Voilà, surabondamment prouvée, l'erreur que l'on commettrait en voulant remplacer l'esprit de famille par l'esprit national ou de mutualité. Ils visent des buts différents, ne peuvent se suppléer; et, en brisant le premier, l'on enlèverait un ressort à l'humanité qui n'en a déjà pas trop. Une dernière considération en faveur d'un principe dont la nécessité est déjà trop prouvée : La vie sociale a deux pôles : la tradition et le progrès, la masse et le mouvement. Supprimer la famille, réduire tous les enfants qui naissent à la situation qu'ont aujourd'hui ceux que l'on abandonne, c'est anéantir le premier de ces éléments, faire de cette vie sociale un piétinement perpétuel. Aujourd'hui chaque génération trouve en arrivant au jour, comme base, le point où s'est arrêtée la génération précédente, y prend son appui pour monter plus haut, aller plus loin jusqu'à l'instant où ces progrès consolidés servent à leur tour de plateforme. Chacun de nous, outre sa part du patrimoine social, hérite d'aptitudes qui ne sont énergiques que parce qu'elles sont spéciales, en augmentent l'action par l'héritage moral ou matériel qu'il reçoit. D'ailleurs, si l'on ouvrait un plébiscite sur cette question de famille, même en ne faisant voter que ceux qui l'attaquent aujourd'hui, est-on bien sûr que l'unanimité des voix ne lui décréterait pas son maintien?

LIVRE III

LA LIBERTÉ

I

Ce n'est pas sans une véritable timidité que j'aborde un tel
sujet. Que l'on ne voie pas, dans cet aveu, une précaution oratoire! Lorsque je songe à la complexité de cette question, que je
me rappelle les grandes actions que ce seul nom a inspirées, je
crois ressentir encore ces généreux battements qui agitaient mon
cœur d'adolescent. J'ai beau me souvenir que j'ai écrit des bro-
chures et prononcé des discours sur la Liberté, je ne puis arriver
à voir dans ce grand mot une simple tête de chapitre. Sont-ce
des réminiscences de poètes? Est-ce un sentiment inné? mais ce
nom semble un symbole. Et pourtant, il faut y porter le scalpel
de la dissection. Un ouvrage sociologique serait mort-né s'il évitait d'en parler et deviendrait mésestimable s'il n'en parlait avec
l'impartialité, l'absence de parti-pris qui conviennent à la science.

Prenons cent bacheliers, parmi ceux qui admirent la devise
gravée sur nos monuments : Liberté, Égalité, Fraternité. Deman-
dons-leur, non pas le sens de ces trois mots sonores, ce serait
trop, mais simplement ce qu'ils voient dans le premier. C'est être
complaisant que de supposer qu'un seul répondra de façon satis-
faisante. Il n'est pas de principe plus invoqué que celui de liberté.
Mais surtout aucun n'est plus ignoré, plus méconnu, plus tra-
vesti.

Ceux qui le demandent dans un programme de revendications politiques supposent probablement que la liberté politique est seule en jeu. Ils perdent constamment de vue que les liens qui rattachent l'homme au pouvoir gouvernemental ne sont qu'une fraction des entraves qui l'enserrent. Ils oublient que la liberté, la vraie, celle qui s'écrit par une L majuscule pour en démontrer la généralité, est la somme des libertés de détail et qu'elle ne saurait être complète si une seule de ces petites libertés est violée ou amoindrie. Que m'importe que le gouvernement me permette de discuter son essence, que les gouvernants m'accordent la faculté de les insulter, si un juge d'instruction peut me faire incarcérer à son aise, si je ne puis placer mon argent comme il me plaît, si les traités de commerce me ruinent ou si la protection me fait payer toutes choses à un prix absurde, si mes pairs me frappent d'ostracisme parce que je ne vis pas comme eux? Croit-on que je serai très satisfait de voir cette déesse moderne honorée sur tous nos drapeaux, alors que, dès ma naissance, je deviens une roue, une dent au moins, de l'engrenage social, obligé de tourner avec les autres si je ne veux me briser. Dans la liberté, que vois-je? Instruction obligatoire, service obligatoire, prestations obligatoires, jurys obligatoires... que sais-je? On soumet mon temps, mon argent, l'esprit de mes enfants à ces corvées obligatoires et il est, dit-on, démontré que c'est là le principe de liberté dans son épanouissement.

C'est la péroraison de tout manifeste électoral que d'invoquer ce principe. Nous avons tous en mémoire les vers de Barbier : « C'est que la liberté n'est pas une comtesse du noble faubourg Saint-Germain, etc. » Que signifient-ils? Exactement rien. C'est peut-être pour cela qu'ils sont si populaires. Nul ne s'est demandé pourquoi la liberté devait être farouche, pourquoi il était nécessaire de se la représenter terrible, et surtout en vertu de quel concept bizarre on en faisait une femme des classes inférieures. A ce compte, Théroigne de Méricourt ne la figurerait pas mal. Mais tout cela, c'est la liberté de 93 ou celle de 1830. L'homme de science sourit lorsqu'il voit tout un peuple se convaincre qu'il est devenu libre, tout simplement en mettant aux Tuileries un vieillard pour remplacer un autre vieillard et au Palais-Bourbon, des députés pour tenir la place de gens qui les valaient bien. Le nouveau roi avait juré la Charte. L'autre l'avait octroyée. On a élevé une colonne, tout exprès pour célébrer ce grand progrès.

Si, au lieu de causer avec un des soixante mille politiciens français, on avait été interroger un des dix millions de braves paysans, si on lui avait demandé : « Vous sentez-vous plus libre? » je crains bien qu'il n'eût pas compris la question.

Le paysan, être simple, ramène la question sociale à des termes que nous avons oubliés. Il croit que la société est une sorte de coopération pour lutter contre les obstacles naturels, pour asservir à la puissance humaine les forces productives de l'univers. Sauf les voleurs, il ne voit pas qu'il doive combattre ses pareils. Son ignorance est telle qu'il se jugera plus libre sous un gouvernement qui lui donnera de bonnes routes sans trop de centimes additionnels que sous un'autre qui l'appellera à ce sacerdoce d'élire tous les fonctionnaires et de voter (par le privilège *ad referendum*), sur l'abolition de la peine de mort.

La science sociologique a-t-elle pour but d'étudier quelles sont les meilleures conditions d'existence pour les quelques théoriciens qui peuplent les grandes villes? Son objet est-il au contraire d'éclaircir autant que possible les lois qui président à l'existence des millions de travailleurs qui forment le vrai peuple? N'est-il pas juste qu'elle laisse de côté ces byzantins qui, à force de chercher comment vit une nation, arrivent à la tuer?

Se pourrait-il — comment avouer ce doute — qu'il y eut des libertés horriblement tyranniques et — proh pudor! — des tyrannies fécondes en liberté? C'est une grave question qu'il est permis de traiter si on la joint à celle-ci: Les tyrannies qu'engendre la liberté ne proviennent-elles pas précisément de ce que l'on méconnaît absolument les lois de la liberté?

Oui, disons-le avec la conviction raisonnée que donnent la perte fatale de tout enthousiasme et l'étude sérieuse et longue des conditions sociales en Europe, oui, la liberté est bien vraiment un principe, et en elle se trouve l'accomplissement des fins de l'humanité. Mais ce principe est un. Elle est indivisible, la liberté! Portée dans un des segments de la sphère humaine, elle est loin de remédier aux oppressions d'un autre segment. Elle y sert moins de contrepoids que ne le ferait une intelligente oppression symétrique. Le but le plus noble que puisse se proposer le sociologiste, c'est de travailler à l'avènement lointain de la liberté. Mais qu'il brise sa plume, celui qui travaillera seulement à la liberté politique! Qu'il interroge sa conscience, l'économiste que satisfait la liberté des échanges, lorsqu'il voit une compagnie affamer un pays. Surtout, qu'il hésite, le législateur, au moment de remplacer une croyance, fausse, surannée, mais consolante aux humbles, féconde pour tous, par une incroyance officielle, sèche, stérile, mettant le vide dans ces cieux où l'humble regardait. Les lois sont le produit des mœurs. C'est ou jamais le cas de renoncer à notre système de mandarinat. Que les apôtres de la liberté, au lieu de devenir législateurs à 25 francs par jour et de l'inscrire dans notre code, restent conférenciers, publicistes, et qu'ils la mettent dans nos coutumes. Il n'est pire oppression que d'imposer à une nation ce que l'on nomme la liberté et que l'on veut créer en un jour en lui enlevant ses règles séculaires. On n'y parvient jamais. On ne fait que témoigner d'une ignorance absolue des lois de l'évolution. Mais on agite, on trouble. L'on s'imagine que mouvement veut dire progrès.

Une étude abstraite de la liberté est d'autant moins aisée que ce mot est pris dans dix sens divers. Elle ressortira d'ailleurs de l'examen de ce que l'on appelle les libertés. Examinons la liberté politique, la liberté civile, la liberté économique et la liberté morale. Nous joindrons à cela l'examen de la liberté matérielle, et il en dérivera une théorie naturelle de la liberté sans épithète, et peut-être aurons-nous la chance de formuler sa règle, comme de la discussion d'un théorème on déduit la loi géométrique qu'il démontre.

II

La liberté politique n'est pas, si restreint que soit ainsi notre champ d'études, un dogme entier qui se puisse d'un trait ou nier ou admettre. Elle peut se définir l'indépendance de l'individu vis-à-vis de l'État et plus exactement, de l'individu vis-à-vis du pouvoir de l'État.

Au début des organisations politiques, alors que le gouvernement direct s'exerçait sans contrepoids, il y avait pour cette liberté, une sorte de mesure assez aisée à trouver. Il s'agissait pour le citoyen d'arriver à ce que la portion de ses droits naturels dont il se privait fût équivalente à l'accroissement de biens que lui donnait la vie sociale. Bien entendu, on n'a à envisager que les droits sacrifiés, les véritables droits, puisque le fait même d'être en société implique le renoncement à l'usage de toutes les facultés nuisibles, hors du droit. Chaque fois que cette limite restait sans être atteinte, la société manquait à son objet. Toutes les fois que l'individu donnait plus qu'il ne recevait, la société se viciait. Il est évident que l'affaiblissement de tous les individus produit celui de la masse, comme leur spoliation entraîne la pauvreté générale. A quoi bon répéter qu'il n'est ni bien social, ni progrès social en dehors de la somme des biens et des progrès individuels?

Mais cette forme rudimentaire d'organisation civique dura peu. Les membres de l'Etat adoptèrent vite, ou volontairement ou sans le savoir, par la force des choses, le système de la délégation des pouvoirs. De ce jour naquit cette division entre gouvernants et gouvernés qui dure encore, et c'est l'indépendance de ceux-ci envers ceux-là que l'on a le plus communément nommé la liberté politique. Comme corollaire, on a réclamé, au nom de cette liberté, l'assujettissement de ceux-là à ceux-ci.

Dans un système politique basé sur la force, comme tous ceux qui ont dirigé l'humanité dans ses premiers pas, ou qui l'ont aidée à se relever, au sortir de ces effroyables naufrages de la civilisation, c'est toute entière dans la plus large indépendance possible du peuple envers le pouvoir, que consiste cette liberté. Il y a là, en effet, un rapport simple de dominants à dominés, de maître à esclave. La liberté et l'autorité sont sans mélange : La première, c'est l'émancipation de ceux qui obéissent, la seconde la toute-puissance de ceux qui commandent. Mais ces deux classes, ces deux sortes d'acteurs sociaux sont nettement séparées. Dans l'agrégat, pas un être qui soit à la fois maître et sujet. Cette dualité de rôle n'existera que plus tard.

Et c'est, selon moi, dans cet état natif qu'il faut étudier ces deux bases, ces deux systèmes, ces deux principes, qui plus tard se partageront le monde, dont on fera des vérités objectives, des êtres presque. Je voudrais qu'il me fût permis d'exprimer ma pensée au sujet de ce fameux mot : *Principes*, et du respect qu'il détermine. Au lieu de lui laisser son sens vrai, celui de commencement, de base, on en a fait l'équivalent de loi incréée et indiscutable. Dans la langue courante, chaque jour, nous invoquons les *principes* comme nous ferions appel à de mystérieuses divinités. Si l'on voulait se rappeler qu'un principe est tout simplement le fondement, le point de départ d'un système ou d'une théorie, qu'il vaut autant que ce système ou cette théorie, mais n'est pas plus absolu dans le vrai ou dans le faux ! Si l'on convenait qu'il n'y a pas un seul principe absolument juste et qu'en tous cas, il le deviendra seulement si ses conséquences le sont, à condition encore qu'elles n'aient pas été amendées par un tiers-facteur ! Comment proclamer la vérité d'un principe, pris en soi, de façon abstraite ? Où est la pierre de touche? Comment ne pas voir que c'est admettre une sorte de révélation, alors qu'on la nie ? On ne fait, et là est la vérité et le danger, on ne fait que congeler en dogme l'expérience du passé ou les illusions du présent, en élaguant tout ce qui les pourrait rendre perfectibles. L'on arrive à transformer notre corps social en un pauvre Balthazar Claës gaspillant ses biens et son génie, méprisant les vraies richesses pour se lancer dans cette recherche de l'absolu qui lui apporte la ruine, l'épuisement et la folie.

C'est une bien grande ambition que la mienne et je veux l'avouer : je serais trop récompensé d'avoir écrit ce livre si chacun de ses lecteurs prenait l'habitude de substituer mentalement le mot « système » au mot « principe », chaque fois qu'il lira ou prononcera celui-ci. Ce changement de forme n'offre pas d'avantages cabalistiques, mais c'est un pas vers la conformité du langage et du bon sens.

Et cela dit, je suis bien plus à l'aise pour étudier parallèlement l'autorité et la liberté, dépouillées de tout ce qui les atténue, telles qu'elles se présentaient, par exemple, dans ces hordes franques qui envahirent les Gaules à la fin du IV° siècle, ou qu'en peut les envisager encore chez les peuplades océaniennes.

« La société n'est pas seulement un bien pour l'homme. Elle est

la condition même de son existence. Il faut, dans l'intérêt individuel, qu'elle puisse subsister elle-même. Tant que les siècles
n'ont pas transformé en instincts les facultés sociales, tant que
l'agrégat n'a pas à la fois la capacité et la puissance de se protéger contre les membres insociables, il faut que la force remplace
ces instincts, encore à venir et qu'un chef ou une famille protège l'agrégat. Sans cela, de deux choses l'une : Ou dissolution
temporaire de la société, souffrances individuelles et générales,
perte du patrimoine social et retour à cette sujétion dont on a
voulu se débarrasser, ou remplacement de cette autorité par une
autre plus mauvaise ou meilleure suivant que la révolution était
ou non motivée par un perfectionnement des citoyens.

Si, — pour prendre un exemple imaginaire — l'on suppose une
agglomération d'hommes absolument dépourvus de raison, ne
parvenant pas à comprendre les leçons les plus simples de l'expérience la plus rudimentaire, évidemment l'autorité sera d'autant meilleure qu'elle sera plus absolue. Admettons que faisant
un pas en avant, ces malheureux en viennent à voir qu'ils doivent
s'abstenir de tuer, pour pouvoir vaguer sans crainte d'être assas-
sinés eux-mêmes, l'autorité n'aura plus le droit de leur enlever
l'usage de ces outils homicides hier, mais qu'ils emploient
aujourd'hui à une chasse ou à des travaux nourriciers. Ainsi de
suite et à mesure que l'homme est plus en mesure d'employer ses
facultés à son propre avantage, qui se confond nécessairement
avec l'avantage social, la nécessité de l'autorité décroît et avec
elle sa justification. L'autorité porte en soi, en effet, ce vice de
substituer la volonté et la raison d'un tiers à la volonté et à la
raison du principal intéressé. L'administration d'un tuteur vaut-
elle la gestion du vrai propriétaire, si bienfaisante qu'elle soit si le
pupille est mineur ou incapable ?

De plus, la société doit non seulement vivre, mais progresser, ou pour mieux dire, aider au progrès des hommes. Et c'est un fait constant, dont les motifs sont trop clairs pour avoir besoin d'être exposés, que la civilisation d'un peuple barbare vient toujours d'un homme ou d'une caste restreinte ; que la masse représente le principe de continuité, alors que c'est une individualité ou une minorité qui incarne, sans exception, le principe d'initiative et d'évolution. Comme le dit excellemment M. Dupont-White, cela s'explique de soi. Aux plus élevés, la culture ; aux plus cultivés, la lumière.

La limite de cette autorité se joint à celle des services qu'elle rend. Elle se rétrécit à mesure que les gouvernés en ont moins besoin, que la différence est moindre entre eux et les gouvernants. Mais nous ne pouvons la suivre jusqu'à sa disparition. Bien auparavant, des facteurs complexes viennent s'y mêler.

III

Les gouvernés n'attendent pas l'heure où toute autorité serait superflue pour se débarrasser de ces gouvernants, pris en dehors d'eux, les dirigeant en vertu d'une force passée. Un moment vient où, parmi les facultés acquises, se placent celles de se gouverner eux-mêmes ou, du moins, de choisir leurs gouvernants.

Par exemple, les Francs donnant leur trône à Hugues Capet ou les Français à Napoléon Ier (1).

Le raisonnement inexprimé qui préside à ces élections est évidemment celui-ci : nous avons à la fois des intérêts individuels et des intérêts sociaux. Tout entiers au soin des premiers, nous nous déchargeons sur vous, Hugues ou Bonaparte, de la gestion des autres. Comme nous savons les troubles qui nous ont conduits à la possibilité de vous choisir, nous voulons les éviter à nos descen-

(1) Je fais abstraction des Chartes et contrats qui ne changent rien à la thèse.

dants, dans la mesure du possible, et nous nous engageons pour eux à ce qu'ils reconnaissent l'autorité des vôtres sur cette portion de nos facultés que nous leur abandonnons.

Il y a très certainement entre l'élu et le peuple un contrat, tout au moins, et de là viennent deux théories :

Cet homme nous représente tous. Il est notre délégué, notre agent. Lorsqu'il porte atteinte à la libre activité d'une de nos facultés, il ne le fait qu'en vertu du pouvoir que nous lui avons confié. Nous sommes ausssi mal venus de nous en plaindre ou même de le regretter que moi, membre du X... Club, d'une mesure gênante peut-être, mais prise en vue d'augmenter l'éclat ou la vitalité de ce cercle. Nous devons rester dans les termes du contrat. Enrichissons-nous, jouissons, mais laissons à ceux qui peuvent mieux juger des nécessités générales dont l'ensemble nous échappe le soin de conformer notre vie civique à ces nécessités. Il est évident que nous ne pouvons tout faire par nous-mêmes. Nous prenons notre pain chez le boulanger, nous confions nos procès à un avocat. Nous en croyons-nous moins libres ? L'administration de la rue de Grenelle envoie mes télégrammes au lieu de me laisser établir une ligne dont le premier kilomètre me ruinerait. Est-ce là une lésion de mes droits ? De même, ce gouvernement qui est sorti du choix de mes ascendants, qu'ils m'ont légué. L'actionnaire de la Cie de Suez intervient-il dans les marchés que passent M. de Lesseps et ses collaborateurs ? Se croit-il tyrannisé ? Le sommes-nous, nous autres, si nous touchons nos dividendes en paix et en sécurité ?

A ces arguments, d'autres répondent. Au lieu de les défigurer, j'aime mieux citer ceux que produit en les combattant, le traducteur de J. Stuart-Mill.

« On connaît d'ailleurs votre idéal, dit-il ; il fut en son temps « une institution, on l'a vu à l'œuvre pendant le moyen âge.

« Reculez de quelques siècles et regardez cette abbaye : les
« moines commencent par élire leur abbé, mais continuent et
« finissent par la plus servile obéissance, soumis jusqu'à l'*in pace*
« à des caprices souverains.

« *Semel jussit, semper paret* : cela est bon à dire de la divi-
« nité..... Ici-bas, dans cette imperfection de l'homme et de ses
« œuvres, il ne faut pas lui demander, contre la souveraineté d'un
« jour, une obéissance perpétuelle. Il ferait un marché de dupe.
« Sa loi, encore qu'elle remonte à lui, peut être mauvaise. A
« peine est-ce un remède que l'homme fasse ses lois ; le plus sûr,
« c'est qu'il y en ait peu ou point et que, dans cette incertitude
« de leur valeur, nous gardions un bien certain et naturel, la
« liberté. »

Tout en faisant mes réserves sur ce titre de bien naturel donné
à la liberté, je partage cette façon de voir. Parce qu'un chef a
été élu par nous, son autorité n'en est ni meilleure ni pire. Les
coups de verge n'en sont pas moins désagréables si nous nous les
donnons nous-mêmes, comme les moines. Prenons seulement en
mémoire ce fait que le despotisme n'est pas meilleur parce qu'il
est consenti. Nous l'appliquerons avant peu.

IV

Dès l'apaisement des tempêtes politiques qui avaient conduit
les nations à prendre un maître comme on prend un pilote, les
esprits élevés cherchèrent à mettre une limite au pouvoir ainsi
délégué. Il s'en offrit de deux sortes : ou l'engagement pris par
le souverain d'observer certaines règles, de respecter certaines
libertés stipulées dans un acte généralement appelé charte, ou de
ne pouvoir décider en certaines matières qu'avec le concours de
représentants plus ou moins directs de la nation. C'est à ce
moment que le dogme libéral fut abandonné par beaucoup de ses

fanatiques. Le contrôle incessant de la nation ou de ses manda-
taires amovibles supprimait la possibilité d'une oppression et
lorsque l'on eut diminué ou supprimé le pouvoir héréditaire,
élargi le mode d'élection des délégués, plus tard fait de ceux-ci
les vrais gouvernants, il semble que les revendications libérales
fussent sans raison d'être. Il n'y a plus, disait-on, cette antithèse
du pouvoir et du peuple, tous gouvernants, tous gouvernés.
Comment parler de tyrannie? La nation se tyranniserait-elle elle-
même ? Et l'on disait aux travailleurs: Vous êtes tous souverains.
Et les travailleurs le croyaient. Puis, on s'apercevait que les fils de
ces souverains allaient périr du choléra en Crimée parce que
leur mandataire n'aimait pas le Czar, allaient prendre la fièvre
jaune au Mexique parce que l'agent de la nation avait eu une
grande pensée. On fut bien forcé de voir ce qu'il y avait de vrai
dans ces grandes phrases-là et l'on s'aperçut que la liberté,
même politique (1), n'est pas plus grande lorsque la tyrannie,
s'exerce au nom de dix millions de personnes.

L'on peut prendre d'autres exemples. La Convention était une
assemblée de géants. Je n'en parle jamais qu'avec admiration.
Etait-on libre sous son gouvernement ? Sous le régime parlemen-
taire, même avec le gouvernement direct, un peuple peut être
libre ou ne pas l'être. Cela dépend de ses lois, de ses mœurs, de
sa constitution. Mais la république de Lacédémone peut exister à
côté de celle d'Athènes. La question s'élargit ici. L'antithèse entre
le pouvoir et le peuple n'existe plus, en effet, et il reste à étudier
seulement les droits de la communauté sur l'individu, de la
majorité sur la minorité, de ceux qui votent sur celui qui ne
vote pas. Là est le problème aujourd'hui et il n'est guère moins
important. Il le serait peut-être davantage, étant admise cette

____

(1) Nous reviendrons là-dessus en parlant de la liberté sans adjectif.

sorte de légitimité que l'on accorde à la tyrannie, lorsqu'être tyran devient accessible à tous.

V

Non seulement, la question s'élargit, mais elle prend cette grandeur d'être éternelle. Si ce n'est qu'au début des sociétés que l'on a à se demander quelle est la limite des droits d'un tyran, c'est pendant toute leur existence que l'on peut s'enquérir où finit le pouvoir légitime de ces sociétés elles-mêmes sur leurs membres. Mais la réponse ne change pas. La légitimité de ce pouvoir cesse lorsque l'existence du corps social n'y est plus attachée.

Que l'on ne réponde pas par le droit des hommes à s'imposer à eux-mêmes des lois tyranniques. C'est un abus de mots et rien de plus. En principe, d'abord, il ne s'agit pas de la puissance d'un homme sur lui-même, mais de la puissance des autres hommes sur lui. En fait, ce ne sont pas les mêmes qui gouvernent et qui obéissent. Le sens commun le sait et le vulgaire raisonnable se sent aussi bien enchaîné par un gouvernement auquel il a donné son vote que par un souverain héréditaire.

Si nous dégageons le problème des facteurs particuliers à une période ou à un pays, nous trouvons en lui la même simplicité que dans celui du début. D'un côté le gouvernement, de l'autre les gouvernés. Ils ont changé de nom : le premier est devenu peuple, société ou état, les seconds sont les individus.

Chose étrange, ceux mêmes qui dans le premier cas faisaient de la liberté une déesse que nul ne saurait blasphémer, qui l'appelaient « fille du ciel », qui la décrétaient « le premier bien de l'homme », qui auraient sacrifié à ce principe non pas seulement les colonies mais la nation elle-même, ceux-là cessent de l'adorer lorsque l'autorité cesse d'être personnelle. La liberté y perd son

nom. On l'appelle individualisme et, sous ce déguisement, elle est
bafouée et décriée par ses dévots de la veille. L'autorité, la vieille
ennemie, n'a eu qu'à prendre le nom de guerre de « socialisme »
pour voir se ranger sous ses drapeaux ceux qui l'ont combattue
toute leur vie, quand elle allait à visage découvert.

Il est absolument faux de dire que l'intérêt personnel explique
ces changements, et d'affirmer qu'un autoritaire est un libéral au
pouvoir. Tous les partis en France et surtout ceux qui s'occupent
de questions sociales, ont donné les preuves du désintéressement
de leurs adeptes. Le socialisme et le communisme ont eu trop
de martyrs et en comptent trop tous les jours, que la misère tue
comme faisaient les balles en 48 et en 71, pour que je puisse
avoir recours à un argument qui, même vrai, ne prouverait rien.
Cette erreur provient de la marche naturelle des choses. A
mesure que l'homme a trouvé dans la société de plus grands
biens, il a moins su s'en passer, ses facultés individuelles se
sont émoussées. De moins en moins, il est resté une entité pour
devenir un fragment du corps social. La collectivité s'en est forti-
fiée d'autant et il n'est pas rare de voir des hommes intelligents
proposer d'accentuer ce mouvement, de tout collectiviser, sans
se douter que la société est une somme, que son travail est un
produit et qu'elle serait frappée d'inertie et de mort, si on atro-
phiait ses composants.

Si l'autorité exagérée, le refus de libertés possibles sont utiles,
c'est-à-dire justes, c'est précisément lorsque c'est un homme ou un
petit nombre d'hommes qui détiennent le pouvoir. Il y a alors une
justification possible: La supériorité du chef sur la masse, le besoin
de laisser à un seul la force coactive pour permettre aux autres
de vaquer à une nécessité momentanée, l'impossibilité de régir
par la discussion un empire trop vaste, dont les provinces sont
mal fondues encore. Une autre raison sort de la nature des

choses : la meilleure preuve que les millions de sujets tirent leur avantage de leur sujétion, c'est qu'ils ne s'en délivrent pas, et ils sont les meilleurs juges.

Au contraire, dans le régime démocratique, il n'est plus possible d'attribuer à une partie du peuple une supériorité intellectuelle quelconque, pas plus qu'une fraction de l'état ne délègue sa fonction gouvernementale à un autre. En admettant, dans un pays, cet assujettissement de quelques-uns à tous, on prêche une véritable iniquité, qui soulèverait notre esprit de justice si nous la voyions se produire dans une assemblée quelconque. Autant l'on comprend l'autorité du président, autant l'on refuse à la majorité d'une chambre le droit d'opprimer ses collègues de la minorité.

Sans même insister sur cette différence, reconnaissons que le droit individuel est pareil, que l'oppresseur soit un ou nation, que l'opprimé soit un peuple ou le plus faible des citoyens.

Dans tous les cas, deux éléments sont en présence : le pouvoir et l'individu. Les droits de ce dernier sont bien clairs. Ils sont sans autre limite que le sacrifice qu'il en fait pour assurer l'existence de la Société ou des corps qui la représentent. Donc, impossible d'énumérer les droits individuels.

Ceux du pouvoir sont plus simples. Ils sont les corollaires absolus des devoirs du pouvoir envers l'individu. L'état a le droit général de demander à ses administrés de lui rendre possible l'acquit de la dette qu'il a envers eux. Rien de plus. Rien de moins.

L'homme a droit à voir sa sécurité assurée. Il doit évidemment reconnaître le pouvoir judiciaire et le salarier. La société lui doit la possibilité de circulation. Il ne peut s'opposer à ce qu'elle fasse des routes, si celles-ci dépassent les ressources privées. Ainsi de suite.

Puis, à ces apparentes restrictions aux droits individuels, vient s'en joindre une autre. Si, chaque fois que l'on fait un contrat, que l'on traite une affaire, il fallait débattre et stipuler toutes les conditions de cette affaire ou de ce contrat, en dehors des particularités; si, pour prendre un exemple grossissant, il fallait mettre dans la vente d'une maison que le vendeur s'oblige à ne pas la reprendre par force après en avoir touché le prix, la transaction la plus minime exigerait l'habileté d'un avoué ou l'imprudence d'un enfant. De même, pour cette transaction qui est le mariage, etc. On a donc établi des règles connues de tous et qui sont à l'homme ce que les phares sont aux navigateurs, les rails aux locomotives. On pourrait se passer de phares, qui quelquefois sont des causes de sinistre, de rails qui ne permettent pas de courbes à court rayon; mais il faut s'y résoudre à peine de ne plus voyager qu'en Océanie. De même pour nos lois. Elles existent et nous devons nous résigner à être des gens policés. Elles ne sont guère le fruit du consentement mutuel, et ce serait un abus du raisonnement que de persuader à un brave vigneron du Languedoc qu'il est pour quelque chose dans la loi sur les successions. La vérité, c'est qu'une fraction du pays, la partie cérébrale de ce pays, formée des législateurs et des publicistes, ceux-ci à voix consultative, votent ces règles et que le pays n'a pas plus à se blesser de cet oubli de la souveraineté qu'un voyageur de l'initiative du guide qui lui montre le chemin.

Quelquefois, ces jalons deviennent des barrières et l'on voit s'ameuter devant elles tous ceux à qui elles barrent le passage. C'est surtout dans ce que l'on appelle les lois politiques. — La liberté de la presse, par exemple. — Et nous pouvons la prendre comme type, les autres, comme la liberté de réunion, en étant un dérivé ou un succédané.

VI

De quel droit imposer silence à une opinion ? Vous ne pouvez la condamner parce qu'elle est fausse, sans vous décerner un brevet d'infaillibilité ! D'ailleurs, pourquoi la craindre ? La fausseté éclatera. Bien plus, là est la seule preuve que votre opinion est vraie. Rien n'est sûr qui n'a pas été discuté. La loi de Newton ne possède son caractère de certitude mathématique que parce qu'il est loisible à chacun d'essayer de la détruire.

Ces arguments irréfutables n'ont qu'un tort, c'est de s'appliquer à la liberté de la pensée et de la parole. Celle de la presse est beaucoup plus concrète, si je puis dire, et l'on peut répondre.

Je n'ai pas besoin d'affirmer la supériorité de ma morale à moi, mais je sais que mes filles sont atteintes douloureusement quand elles voient une gravure obscène. Fruit d'une éducation stupide, c'est possible. Ce n'est pas à vous de le juger. Or, vous blessez mon droit et le leur en jetant, dans un journal qui traîne partout, un immonde feuilleton, qui corrompra leur esprit, en affichant ce que vous appelez des pornographies. Et ne répondez pas, comme Stuart Mill, que vous avez autant à vous plaindre de moi, qui enseigne ce que vous croyez des erreurs, que j'ai à me plaindre de vous, qui combattez mes prédications. C'est faux. Vous n'avez jamais été irrité de voir une gravure dépourvue d'indécences.

Au point de vue politique, tel écrivain prêche les doctrines les plus subversives. Je le respecte, les lis et, si j'en suis capable, je tâche de les réfuter. Il déclare que le vol devrait être une institution sociale. Sais-je s'il a tort ? Je le crois. Je donnerais ma vie pour empêcher le règne de cette institution-là, mais s'il expose la sienne pour l'amener, il faut bien convenir que parmi nos deux

convictions il y en a une qui est fausse. Je ne puis donc demander au pouvoir d'imposer silence à ce publiciste. Mais si je sais
que cet homme a mes idées, mais qu'il se fait le courtisan des
instincts les plus vils, des passions les plus anti-sociales pour
acquérir de l'argent ou une méprisable notoriété ; si je vois ses
détestables prédications porter leurs fruits, ajouter la haine aux
maux dont souffrent les laborieux, rendre impossibles les rapports entre les divers agents de production, menacer la sécurité
de mon foyer, guider à la mort ces esprits où il a semé son
venin dans le sillon creusé par la misère, suis-je obligé d'assister,
inerte, à cet écroulement ? Puisque la société s'est substituée à
moi dans les fonctions préservatrices et justicières, ne doit-elle
pas lui mettre sa main sur la bouche, à ce drôle, sinon au collet ?
Pourquoi non ? L'intérêt de tous, individuel et collectif, est menacé. Vous ne pouvez lui prouver qu'il ment. Il le sait mieux
que vous, et vous lui laisserez continuer son œuvre, tout simplement pour ne pas porter atteinte à ce dogme nouveau, la liberté
de la Presse. Notre pauvre humanité a donc bien besoin d'entraves qu'elle s'en crée d'autres, alors que ses membres ne sont
pas encore délivrés des meurtrissures de l'ignorance et de la
superstition ? Et s'il est de bonne foi ? dira-t-on. Il ne l'est pas !
Le subversif honnête c'est ce vieillard illustre qui, là-bas, en
Russie, sacrifie toutes les aises de la vie à pratiquer les chimères.
Ce n'est pas le pamphlétaire qui excite les bas-fonds de nos âmes,
déchaîne une crise, cause les meurtres, jette à la faim trois mille
ouvriers et écrit ensuite, sur une table du Café de Paris, des
lamentations sur la férocité des exploiteurs. Pourquoi va-t-il tous
les jours aux courses profiter de ses relations mondaines pour
gagner l'argent des pauvres diables qui ont de moins brillantes
amitiés ?

Et lorsque le même homme insulte dans leur personne ceux

qui ont l'honneur, plus ou moins mérité de représenter la France? Lorsqu'un journal, qui soutient le sceptre en portant une marotte, jette la boue à pleines mains sur un vieillard et sur sa fille, et que nous, voyageurs, nous nous trouvons à l'étranger abaissés au niveau auquel ces feuilles mettent nos plus hauts magistrats, en présence de ce tort énorme porté à tout ce qui est Français, sommes-nous autorisés à nous réclamer de notre droit au respect? Peut-on nous objecter que toute opinion doit pouvoir se produire pour pouvoir être discutée? Comment discuter des appétits? Toute liberté est respectable, dit-on. En tous cas, la mienne aussi, de vivre paisible, de laisser à mes enfants une existence tranquille et laborieuse, de ne pas rougir comme sous un affront en voyant un Allemand lire les journaux de France, et le droit à l'insulte ne figure pas dans les Droits de l'homme.

L'on peut affirmer sans grande témérité que les gouvernements n'ont pas une bien large influence sur l'évolution de l'humanité, depuis surtout que l'individu est à la fois plus ou moins sujet et souverain. La liberté politique n'intéressant guère que les rapports entre les citoyens et le pouvoir, ne peut agir que faiblement sur cette évolution. Les lois civiles, en revanche, en sont un facteur d'autant plus considérable, qu'elles concourent avec les mœurs ou servent à les modifier. L'avenir social peut donc différer profondément suivant que la communauté intervient ou non dans les rapports privés et selon la façon dont elle intervient.

Elle ne peut se dispenser d'y jouer un rôle puisque là est sa raison d'être. Nous nous sommes déchargés sur elle d'une foule de soins qui auraient pris nos journées et le meilleur de notre activité. Au lieu de n'avoir qu'une sauvegarde aussi inégale que le sont nos forces respectives, nous avons une protection égale pour tous et irrésistible. Comme nous l'avons vu plus haut, on a en outre reconnu l'avantage d'avoir des règles simples afin de prévenir les conflits des droits individuels. Les codes viennent de là et chacun de nous peut aujourd'hui exiger qu'on lui obéisse en raison de la peine qu'il prend de s'y soumettre lui-même.

C'est le rôle conservateur de la loi. Nulle discussion ne peut s'élever lorsqu'elle ne fait qu'enregistrer, formuler ce qui est admis par tous, ou ce à quoi tous se soumettent tacitement depuis longtemps. On peut avoir des avis différents sur l'opportunité de donner à une coutume le caractère légal, de soumettre les justiciables à telle ou telle règle de forme. Il y a des tâtonnements, des erreurs, mais l'avenir n'en est que médiocrement influencé, sinon pas du tout.

Mais si la loi dépasse cette sphère d'action, bienfaisante et modeste, si elle veut perfectionner, les difficultés commencent. Herbert Spencer a pris le soin de longuement démontrer ceci : L'humanité est une chose tellement complexe que nul ne peut prévoir l'effet de la mesure la plus simple. C'est peut-être quand la loi paraît devoir produire le plus grand bien immédiat qu'elle a les conséquences lointaines les plus funestes. Cette évidence doit faire réfléchir tous ceux qui attendent le progrès de la loi, autrement que par la sanction des progrès accomplis sans elle.

VII

Un des cas les plus cités où les lois ont une prétention sociologique est l'obligation imposée au père de léguer à chacun de ses enfants une part déterminée de sa fortune. C'est une atteinte sinon à la propriété, du moins à la liberté. Dans la discussion qui a précédé le vote, et aussi dans les traités scientifiques qui s'en occupent, l'on a souvent invoqué l'espèce de créance, la sorte d'hypothèque que consent le père à ses fils par le fait de les mettre *socialement* au monde ; j'entends en leur donnant un nom, des habitudes, des goûts et des instincts particuliers. L'argument ne me semble pas irréfutable. On pourrait trop aisément l'étendre au vivant du père et, cette créance étant admise, accorder aux créanciers des garanties que personne n'a osé réclamer pour eux. D'ailleurs, ces considérations existaient avant le droit actuel, à un plus haut degré encore. Elles n'échappent certainement pas aux publicistes des nations anglo-saxonnes ou slaves. D'où vient que cette quasi-égalité de partage est spéciale au code Napoléon ?

Il n'y a pas là un effet d'équité abstraite. La loi n'a pas voulu faire le fils créancier du père, comme les enfants prodigues qui sont toujours enclins à ne voir qu'un usufruitier dans celui qui jouit du patrimoine. Elle a visé plus haut, à l'intérêt de l'espèce, d'abord, au bien national ensuite.

Que la société, faite pour servir l'individu, s'incline toujours devant les droits imprescriptibles de celui-ci, c'est naturel et nul n'oserait demander que l'on privât un citoyen de jouir de ses biens comme il l'entend. Mais, après sa mort, il n'a plus ni droits ni intérêts que comme chaînon de l'espèce ou membre de l'agrégat, celui-ci protecteur de celle-là. S'il répudie l'idée de famille, s'il laisse ses biens à un étranger, il vient un moment où le droit de ce tiers sur cet héritage n'existe pas encore. La société, qui a respecté l'omnipotence du propriétaire sur des biens par lui créés ou conservés, peut se demander si les laisser passer à un autre possesseur, qui ne peut les avoir que par le fait de son consentement à elle, ce n'est pas porter atteinte à son propre intérêt et perdre de vue son propre but.

Elle estime que laisser les richesses changer de main constamment, sans être accompagnées de l'héritage de traditions et d'instincts, c'est supprimer toute stabilité sociale. Elle pense que le travail de l'usine sociale en souffrira, autant que si l'on confiait une charrue au graveur et un burin au laboureur ; que ces enfants, élevés pour une fonction, seront impropres à une autre, je ne dirai pas moindre, mais différente, alors que le légataire pourra très mal disposer d'une fortune inaccoutumée. Les déclassés violemment sont une plaie. Si nous ne savons y remédier, du moins ne l'accroissons pas. Elle se rappelle de plus ce qu'elle doit à la famille. L'héritage en est-il séparable? Ce qui précise, en la matérialisant, la différence entre le mariage et le concubinage, n'est-ce pas précisément cela? Une raison morale intervient. Lorsqu'on fait des enfants, c'est pour les aimer. Si plus tard, une brouille survient, qu'est-ce à côté de ce lien infrangible de père à fils? Elle ne veut pas admettre l'effet d'une irritation passagère. Elle décrète la dévolution aux enfants des biens paternels.

Elle en a le droit cent fois. Il n'y a plus ici d'antagonisme entre un propriétaire et la communauté. Je suis médiocre juriste et j'explique mal ma pensée. Je voudrais dire: On lèse un droit conçu, mais point né. Par exemple, certains Etats défendent à leurs citoyens de laisser leurs héritages à des étrangers. C'est une prohibition identique. Ce n'est pas me spolier de mes biens que de m'empêcher d'en recueillir d'autres à titre gratuit. On ne vole pas les diocèses en les empêchant de recueillir des legs. Le légataire ne peut donc se réclamer du droit individuel. Le testateur n'est plus et la société est dégagée à son égard. Elle conserve cette forme abstraite: une famille, et sert les intérêts collectifs.

Que la répartition ordonnée soit bonne, là n'est pas la question. Le partage égal est une conséquence de notre vie démocratique et le législateur a eu cette très louable pensée de ne pas voir anéantir l'œuvre coûteuse de la Révolution. Il n'avait pas prévu le développement de la fortune mobilière et ne pouvait deviner qu'il préparait l'avènement d'une féodalité trois fois détestable. Mais son droit d'intervenir est incontestable.

VIII

Une liberté qu'on entend rarement citer dans les déclamations des *meetings*, c'est la liberté individuelle, le respect de notre corps. Il semble qu'elle soit si assurée en France que ce soit devenu oiseux que d'en parler. Les Anglais la réclament sans cesse et ils l'ont. Nous ne la demandons jamais et nous ne l'avons pas.

Je ne m'attaquerai jamais à des abus qui viennent des fonctionnaires. La loi me vengerait. Mais lorsque je me vois victime d'un abus légal, je puis me demander où est cette liberté qu'on a mise au fronton de toutes nos administrations et qu'on y a laissée.

Un banquier de la rue..... est arrêté sous la prévention d'attentat sur la petite fille de son concierge. Il passe un mois en prison, perd naturellement des sommes folles, ne pouvant ni liquider ni diriger ses affaires. On examine l'enfant. Elle était intacte.

Un malveillant dénonce mon lecteur comme coupable d'escroquerie. Le commissaire fait appeler ce lecteur qui est notoirement en voyage. A son retour, il va au commissariat. On le met en arrestation. Il passe la nuit au dépôt et le lendemain reçoit des excuses d'un substitut, à moins que ce ne soit que trois jours après.

Et si nous avons donné lieu à la moindre présomption, après le Dépôt vient Mazas, cette chambre de torture avec le juge d'instruction pour bourreau. L'ordonnance de non-lieu sert d'indemnité pour les pertes matérielles, de baume pour les blessures morales.

Un gardien de la paix est grossier envers une dame. Vous le lui représentez. C'est vous exposer à passer la nuit au poste. Ces braves gens, illettrés et généralement assez stupides, sont les vrais

maîtres de Paris. Ils portent un uniforme et cela suffit. C'est le
sceptre actuel. Pourvu qu'un homme ait des fils d'argent sur ses
manches ou se tienne derrière un guichet, il devient notre seigneur et maître. A la gare du N..., dans un différend avec le chef
de gare, il appelle en témoignage le sergent de ville qui est
là en permanence depuis plusieurs années. Je lui fais observer
que ce gardien est un témoin suspect entre la Compagnie qui le
paie et moi qu'il ne connaît pas. Aussitôt, insurrection générale,
levée de boucliers. Il paraît que j'avais suspecté des fonctionnaires
publics. De quoi ne m'a-t-on pas menacé? Si j'avais eu la même
aventure au Creuzot ou chez tout gros industriel, jamais on
n'aurait eu l'idée de traiter un client mécontent en gibier de
cour d'assises. Tout simplement parce que M. Schneider n'a pas
de galons... et qu'il a de l'esprit.

IX

H. Spencer parle longuement de la loi sur les prostituées. Mais,
en France, elle est encore bien plus horriblement draconienne. Je
m'arrêterai dans un autre chapitre sur le fait qu'elle réglemente.
Je ne veux ici envisager que la faculté, donnée à un agent exé-
cutif, de priver de leur liberté des malheureuses qui ont violé de
simples règlements préfectoraux, et cela pour un temps relative-
ment long. C'est le seul exemple que nous ayons dans notre pays
de cette confusion entre l'agent qui constate et celui qui punit,
entre le témoin et le juge, entre le ministère public et le tribunal.
Cette juridiction a un nom plus exact. Elle s'appelle l'arbitraire.

Nous voyons là la liberté individuelle complètement supprimée,
toute une classe de personnes dépouillée de toute sauvegarde.
L'on invoque la santé publique, mais oserait-on déclarer que le
brasseur frappé d'un procès-verbal pour salicylage de sa bière
pourra être condamné par le même agent à trois mois de prison

sans jugement? Et cependant, on pourrait alléguer l'intérêt de consommateurs parfaitement innocents alors que, dans l'autre cas, ceux que l'on protège en sont bien peu dignes. Enfin, si le pouvoir veut envisager les intérêts particuliers, nous en revenons aux règlements.

Mais cette loi ne me semble pas condamnable parce qu'elle viole un prototype d'équité. Seulement, elle est inutile et malfaisante ; inutile, parce que faite dans l'intérêt de l'espèce, elle ne nous a pas donné des générations plus fortes que chez nos voisins qui ne la connaissent pas. J'ai ouï dire qu'en vérité la débauche y gagne en sécurité. Malfaisante, parce qu'en s'emparant de la malheureuse que le besoin ou l'égarement fait faillir, elle en fait la proie éternelle du vice ; que cette classe d'ilotes, qui a ses mâles, devient la plèbe affamée, hideuse et qu'elle contribue puissamment à créer ces funestes bas-fonds sociaux, d'où pourrait bien venir la peste finale.

Ce n'est pas au nom de la déesse Liberté que je blâme ce système et si peu que je voudrais que des législateurs avisés et patients se missent à élaborer un règlement plus draconien encore contre ces prostituées de haut vol qui se nomment les courtisanes ou, plus élégamment, les demi-mondaines. Elle sont le phylloxéra social. Que le remède contre ce fléau soit rapide, radical et il sera bon. Peu importe s'il lèse les droits individuels de femmes qui respectent la santé pour épuiser les vices, anéantir les capitaux, engloutir les talents, ruiner les honnêtetés et obscurcir à tel point la conscience publique que j'ai vu un négociant de Paris, juge consulaire, traiter durement ses ouvrières tant qu'elles étaient honnêtes et les accompagner à la portière de leur voiture, plus tard, quand elles étaient devenues des drôlesses riches.

X

A mesure que décroît la domination du pouvoir sur l'individu, celui-ci trouve un lien nouveau qui se renforce et que l'on nomme l'opinion. Ce nouvel élément sociologique a une genèse régulière. Faible au début, il se compose du jugement que portent sur nous ceux qui ont affaire à nous, jugement qui ne dépasse guère la sphère de nos relations. Mais à mesure que le peuple s'incarne moins dans un chef, la solidarité devient plus grande entre les citoyens. Chacun d'eux est intéressé à ce que tous agissent en vue du bien commun et, comme chacun se figure agir mieux que les autres, il s'ensuit qu'il se croit intéressé à les contraindre d'agir comme lui. Il y a là un tyran plus puissant que tout autre et que nul sanctuaire n'arrête. C'est de celui-là surtout que la sociologie doit s'occuper. Les oppressions politiques sont fugaces et précisément pour cela la servitude de l'opinion est plus à craindre. Une loi existe dont la démonstration va suivre, que l'on peut prévoir de l'exposé qui précède et dont voici la formule, un peu mathématique. « *L'autorité qui asservit l'homme est une constante. Elle est le produit de son assujettissement au pouvoir constitué et de sa domination par l'esprit public, les mœurs, l'opinion. Celle-ci est donc inversement proportionnelle à celle-là.* »

Cette loi, qu'enseigne l'observation et que démontre le raisonnement, est naturellement un peu moins rigoureuse qu'une loi géométrique, mais elle l'est absolument si l'on prend des moyennes. Elle est ici présentée sous une forme simplifiée, mais elle se généralise et, en y faisant entrer l'assujettissement aux obstacles naturels, on la vérifierait dans les mers polaires.

C'est, en effet, une chose évidente que la solidarisation des intérêts, suivant leur émancipation. Dès le collège nous voyons que, si le professeur est très sévère, nous nous en rapportons à lui du soin de nous délimiter notre tâche. S'il est, au contraire, très bienveillant, nous exerçons sur nos camarades une sorte de surveillance afin de produire une somme de travail que nous croyons utile pour que le professeur continue sa bienveillance.

Mais, à toutes les périodes de notre vie, nous retrouvons cette tendance de la majorité qui lui fait contrôler des actes individuels, avec une rigueur qui s'accroît suivant que les actes sont plus ou moins libres. Il semble qu'entre la Société et l'individu, il doive exister toujours un lien d'une force déterminée, que le public se charge de renforcer si le pouvoir consent à en diminuer la force.

Si l'on parcourt l'Europe, si l'on divise les Etats en une sorte d'échelle dont le gouvernement despotique occuperait le sommet, l'on voit la tyrannie publique grandir en sens inverse. Je ne connais pas par exemple de pays où les mœurs soient aussi tolérantes qu'en Russie. Il n'en est pas, certainement, où l'originalité soit aussi respectée : depuis l'écrivain de génie, se vouant à des occupations manuelles avec une excentricité si grande que, dans d'autres contrées, elle le ferait conduire tout droit dans une maison de santé, jusqu'au débauché qui soutient la liberté de son vice contre nature, tous les excentriques y sont respectés s'ils prennent la peine de démontrer qu'aucune règle d'équité ne condamne leurs excentricités.

La politique mise à part, il n'est pas de pays où la liberté soit aussi grande. La sujétion de l'individu au public y atteint son minimum. Si notre loi est vraie, celle du citoyen vis-à-vis du pouvoir devra y être à son maximum. La réalité confirme l'hypothèse. Si nous en venons aux pays où les lois respectent presque absolument la liberté individuelle, je veux dire l'Angleterre, nous

trouvons que les mœurs y sont plus tyranniques que dans aucune
autre contrée. Si nous restons dans une nation où le gouvernement et les lois laissent une demi-liberté à leurs sujets, les
mœurs et l'opinion n'exercent qu'une demi-tyrannie. Il est inutile de s'attarder à des démonstration de ce qui deviendra, et
vite, un axiome pour qui prendra la peine de l'étudier. De même,
pourquoi tenter de prouver que dans les pays encore barbares, ou
dans les régions désertes, la tyrannie des forces naturelles compense précisément l'absence d'opinion ou de gouvernement ?

Cette loi admise, il reste à découvrir quelle est, de ces puissances, celle dont le joug est le plus insupportable. Il se trouve
que c'est justement celle dont les conséquences sont le plus
funestes et, en même temps, celles dont on pourrait le plus
aisément diminuer l'action. Nous ne sommes soumis au pouvoir
légal que pendant une faible, très faible portion de notre existence. Il limite notre essor individuel et ne nous empêche pas de
le prendre. S'il arrive à nous couper les ailes, il ne peut du
moins éviter qu'elles ne poussent. L'opinion, au contraire, a cette
conséquence que, non seulement notre action est bornée, mais
que notre essence est modifiée. Si la tyrannie du gouvernement
nous fait accumuler des forces dont profiteront nos descendants
et qui la balaieront en un jour d'émeute, la toute-puissance de
l'esprit public détruit ces forces en leur germe, les stérilise et
brise l'essor qui lancerait l'humanité vers des destinées plus
hautes. Que la collectivité doive imposer à l'individu des règles
de conduite, en dehors de celles qu'impose la loi, rien de plus
juste. La loi, en effet, peut nous empêcher d'accomplir des actes
directement dommageables à autrui. Nos actions ont des conséquences médiates si étendues qu'il faut bien qu'une force quelconque nous interdise les actes préjudiciables, fût-ce d'une façon
indirecte, au développement de nos contemporains. Tel est le

rôle de l'opinion. Lorsqu'elle le dépasse, lorsqu'elle vient nous interdire sans motif le libre exercice de notre activité personnelle, elle excède son droit et, en détruisant des forces, elle porte atteinte au patrimoine commun.

Par exemple, lorsqu'elle limite en quoi que ce soit notre liberté de pensée. S'il est une liberté essentielle à l'âme humaine dont les générations aient tiré leur dignité, c'est certainement celle-là. En empêchant son libre essor, on a tenu pendant des siècles l'espèce humaine dans l'erreur. Deux hommes se sont trouvés qui ont sacrifié leur vie à la prédication de ce qu'ils croyaient être la vérité et qu'ils étaient seuls à juger telle. Leurs noms sont restés grands parmi les plus grands et la reconnaissance envers le dernier, ne trouvant pas de limite, y reconnaît un Dieu. L'un s'appelait Socrate et l'autre Jésus. C'est alors que l'humanité toute entière bénit leur mémoire, qu'elle s'enorgueillit de les compter parmi les gloires de l'espèce humaine, c'est alors que nous la voyons régenter impérieusement tous les élans de la pensée humaine et courber sous un niveau impérieux tout ce qui paraît dépasser la commune mesure qu'elle a imposée à tous. Les leçons du passé ne servent de rien. On a beau leur montrer que ce qu'aujourd'hui nous croyons être la vérité est sorti d'un seul cerveau, en opposition avec la croyance de tous, leur rappeler que le monothéisme de Socrate, la religion de Jésus, la réforme de Luther, la cosmogonie de Newton ont été d'abord des opinions isolées, avant d'éclairer le monde en le réformant, ils ne s'obstinent pas moins à condamner toute pensée individuelle et ils font de l'opinion générale une sorte de règle qui tire ses motifs d'une sorte de révélation et qui n'admet pas d'appel contre ses jugements.

Tout individu qui abandonne les sentiers battus pour explorer les voies nouvelles s'expose aux soupçons s'il réussit, au mépris s'il échoue. Nous assistons tous les jours à des ostracismes inexplicables ; par exemple : un savant dont la France s'honore, et dont l'honneur est au-dessus de la discussion, fait contracter à ses deux filles cette sorte d'union que l'on appelle le mariage libre. Il serait assez explicable que les croyants n'eussent pour lui que des paroles de blâme. Mais qui donc pourra comprendre que ceux qui s'intitulent libre-penseurs aient pu partager cette indignation? Et cependant il n'a été soutenu, excusé que par la fraction qui aurait voulu faire de ce nouveau mode de mariage une règle générale. Et, par conséquent, des deux côtés, on a méconnu le droit évident qu'a tout homme de faire ce qui lui plaît, sans imiter ses concitoyens et surtout sans prétendre leur servir d'exemple. Nous en sommes arrivés, dans ce genre d'oppression, à un tel degré que nous pardonnons assez aisément à ceux qui violent la loi, à ceux qui méconnaissent les prescriptions religieuses, mais que nous sommes impitoyables pour ceux qui agissent en dehors des coutumes. Sans nous apercevoir que ce sont les mœurs qui font les lois et que, donc, le meilleur moyen d'arriver à une réforme de celles-là, c'est de coopérer à une modification de celles-ci, nous demandons tous les jours un amendement de notre code sans permettre que l'on touche à nos coutumes. Qu'il s'agisse de religion, de politique, de morale, nous ne prêtons aucune attention à ce que nous enseigne le raisonnement. La convention est tout ; nous en sommes les esclaves. Jamais autorité ne fut plus incontestée.

Il y a déjà quelques années, j'assistais dans un théâtre de Londres à la représentation d'une pièce où les libres-penseurs étaient grossièrement injuriés. A mes côtés, un spectateur se leva, fils d'un pair d'Angleterre, et déclara à haute voix qu'il ne supporterait pas les injures que la justice n'aurait pas tolérées si elles s'étaient adressées au membre d'une communion reconnue. Je n'ai pas trouvé parmi les esprits libres auxquels j'ai raconté

le fait un seul homme de bonne éducation qui ne l'ait blâmé. Il y
a ici un parti pris de trouver admirable toutes les audaces qui
affermissent les opinions de la majorité et de trouver absolument
inconvenantes celles qui affirment des opinions nouvelles. Suivant
que nous changeons de milieu, nous trouvons au faubourg Saint-
Germain le mépris profond pour ceux qui meurent au service du
parti communiste, au faubourg Saint-Antoine, la raillerie inguérissable envers ceux qui apportent leur existence pour servir la
religion chrétienne dans les pays lointains. Ni ici, ni là on ne
veut comprendre ce qu'il y a de sublime dans un homme immolant sa vie à ce qu'il croit être le bien de ses semblables. Ici et là,
il y a une idée qu'aucune opinion n'est respectable, sinon la
nôtre. Des deux côtés, la conviction absolue qu'un homme doit
accepter aveuglément les croyances du milieu ou il vit. Partout
la suppression de toute originalité; l'assujettissement de l'homme
à la médiocrité courante; comme résultat, la civilisation jetant
l'être sur un lit de Procuste, imposant à tous un maximum de
dimensions et nous emprisonnant dans un uniforme physique et
intellectuel qui fait que le despotisme deviendra avant peu le
seul régime sous lequel pourront fleurir les personnalités.

On s'est beaucoup moqué de cette idée d'un révolutionnaire
demandant que les clochers fussent abattus, parce qu'ils blessaient le principe d'égalité. Mais c'est là la théorie courante. Tout
ce qui nous dépasse, bien plus, tout ce qui nous est inégal nous
déplaît. Les catholiques admettent volontiers la sincérité d'un
musulman qui reçoit le baptême, ils ne peuvent croire à la bonne
foi d'un chrétien qui se fait circoncire. Tous les jours et dans
tous les partis nous donnons l'exemple d'une aberration pareille. Nous nous refusons à admettre l'honnêteté des gens qui ne
pensent pas comme nous, sans réfléchir que si l'opinion régnante
était inattaquable, nous devrions encore porter nos sacrifices à

Jupiter ou à Hermès. Rien n'y fait. Nous savons très bien que nous ne pouvons nous dire chrétiens qu'en faisant entrer l'hypocrisie dans la doctrine du Christ, que depuis longtemps nous considérons comme lettre morte tout ce qui fait l'originalité de l'Evangile, que pas un de nous ne croit à l'obligation de tendre la joue droite lorsque la joue gauche a reçu un soufflet, que nous avons cessé de considérer comme des êtres réprouvés ces riches auxquels il sera plus difficile d'entrer dans le royaume du ciel qu'à un chameau de passer dans le trou d'une aiguille. Malgré tout, si un homme a le courage de déclarer qu'il doit mettre ces doctrines d'accord avec ses actes, il devient aussitôt l'objet de tous les mépris et le public ne lui pardonne pas d'avoir raison contre tous.

XI

Cette tyrannie de l'opinion a des effets parfaitement opposés à l'intérêt social. Elle tend à anéantir l'initiative individuelle et c'est de celle-ci que sont dérivés tous les progrès. Elle fait de la médiocrité la souveraine du monde. Par essence même, le gouvernement de tous est celui des moyennes, autant dire des médiocres. Surtout, elle invétère les coutumes mauvaises, puisque le seul fait qu'elles sont adoptées les rend comme inviolables. Et elle est plus funeste encore au bonheur de chacun puisqu'elle a pour première conséquence d'empêcher ceux qu'elle opprime de vivre suivant leurs goûts, qu'elle leur impose ses goûts à elle, et fait que les citoyens du pays le plus libre, politiquement, meurent sans avoir agi une fois suivant l'impulsion de leur nature.

Guillaume de Humboldt a résumé ainsi son œuvre capitale : « Le grand principe auquel aboutissent tous les arguments exposés dans ces pages, c'est l'importance essentielle, absolue du développement humain dans sa plus riche diversité ». Et c'est une vérité aisée à démontrer. Quelles sont les facultés humaines requises par l'existence individuelle libre ? Elles sont innombrables. La réflexion, l'observation, l'étude, l'activité, la combativité, que sais-je ! Pourvu qu'il sache imiter, l'homme en sait assez dans cette vie au moule uniforme qu'on veut lui imposer. Le « *cela se fait* » ou le « *cela ne se fait pas* », lui suffisent amplement. La collectivité y perdra bientôt la force produite par ces facultés que leur inutilité atrophiera bien vite, et le membre de l'agrégat devra renoncer au bonheur, à moins qu'on n'en voie l'idéal dans l'inertie des choses inorganiques.

Par cela même que nos besoins croissants avec la civilisation nous rendent plus tributaires de nos semblables, la communauté tend à augmenter chaque jour la dépendance où elle nous tient. Nos efforts devraient donc avoir pour premier but de résister à cette tendance, de sauvegarder l'individualité. Point! Notre seule règle de conduite, si nous sommes exempts de l'obéissance à une loi religieuse, est la parfaite imitation des autres. Nous ne décidons l'accomplissement d'une action, le choix d'une carrière qu'après nous être dit : « Que font ceux de mon rang, de ma classe ? » C'est une offense à l'opinion que de se déterminer par ses propres convénances. Que peut-il résulter de cette uniformisation des êtres ? Peut-on espérer qu'une idée nouvelle frappera à la fois la majorité des millions d'esprits qui forment le monde ? Certes non ! Tout progrès est conçu d'abord par un seul cerveau, accepté par quelques-uns. Ceux-là aujourd'hui, seront honnis, bafoués et persécutés même, par cette quarantaine morale où on les tiendra. Les adeptes qu'ils pourraient faire hésiteront à partager leurs convictions, de peur de partager les outrages dont on les couvre, les moqueries qui les accablent. Et le germe nouveau meurt stérile, faute de terrain où fructifier. Et cela est si vrai que dans le siècle le plus fécond en hardiesses, aucune n'a subsisté qui touchât à la sociologie, aux mœurs ou à la religion.

Jadis si un penseur se levait et, seul, prêchait une doctrine nouvelle, on lui donnait la ciguë à Athènes, on le crucifiait à Jérusalem, on le brûlait à Florence, mais en l'écoutant. Aujourd'hui, on le raille et l'on tourne en dérision ceux qui voudraient pourtant savoir si celui qui était un aigle à Notre-Dame est devenu un sot rue d'Arras. Autant je comprends que les religions d'autrefois se soient débarrassés, par la force, de ceux qui attaquaient les dogmes qu'elles croyaient indiscutables, de ceux qui blessaient leur foi, cette foi qui faisait partie de la personne des croyants, autant je m'émerveille en voyant les générations actuelles, profondément sceptiques, dont la conduite est le démenti de leurs doctrines, enfouir sous les railleries toutes faites l'homme qui donne l'exemple de sacrifier sa carrière, ses habitudes, ses affections à ce qu'il croit être la vérité. Nous poussons tous, en public, le cri de Gœthe : « De la lumière ! » et nous envoyons à l'asile celui qui tâche d'en faire jaillir.

Entendez un groupe d'hommes jugeant un acte. Ils ne le condamneront pas au nom d'une église démodée. Ils ne le soumettront pas à une étude qui rechercherait ses mobiles et ses conséquences. Le critérium de leur morale, c'est la coutume. On en arrive à trouver plus *honnête* la femme qui cache son amant et vole l'estime publique que celle qui fuit hardiment avec celui qu'elle aime. On tolère que le catholique outrage son Dieu, en communiant au sortir d'une orgie, et l'on jette la pierre à l'homme de bonne foi qui tâche de démolir une religion qu'il croit funeste.

Si les opinions sont sujettes à ce contrôle du public, que dire des actions ? Il y a quelques années, le fils d'un des plus riches capitalistes d'Europe refusa son héritage, préférant la vie simple, et obtint une chaire de professeur quelque part. Je n'ai pas une seule fois entendu à son sujet d'autres apprériations que des blâmes. Le plus doux était : « Il est fou ! »

Et pourquoi, s'il vous plaît ? Vous aimez le luxe ou vous trouvez un plaisir énorme à faire l'aumône. Il déteste l'un et est trop occupé pour l'autre. Il se décharge d'un fardeau qui lui paraît lourd. Pourquoi est-il plus fou que vous ? Fait-il autre chose que de satisfaire ses goûts, comme vous-mêmes ? Ils sont différents, soit ? En sont-ils plus déraisonnables, parce qu'il est seul à les avoir ?

XII

C'était avec une merveilleuse entente de la vie que toutes les théogonies antiques avaient découvert la dualité constante des forces naturelles. Isis et Osiris, Dieu et Satan, liberté et autorité, force et matière, partout et toujours deux forces opposées soutenant l'univers par leur attraction inverse. La société a aussi ses deux pivots ou, pour dire mieux, ses deux ressorts. La continuité et l'évolution sont les noms qui leur conviennent.

Chaque génération trouve à son berceau un patrimoine considérable, légué par ses devancières et qu'elle accroîtra, même en en mésusant.

Tout homme, de même, dès sa naissance reçoit, non seulement sa part de cet héritage commun à tous, mais comme un legs particulier par les facultés que ses pères ont cultivées, par les instincts qu'ils lui ont formés.

Un cataclysme social, comme l'humanité en a vu tant, peut en un jour, pour ainsi parler, détruire le fonds commun de civilisation. Seulement peu à peu, dans la nuit qui succède à la tempête, les richesses particulières diminuent, se perdent et le naufrage est complet.

Sauf ces bouleversements, la continuité est un des deux facteurs de la vie sociale. Le plus important peut-être, puisque temporairement elle peut suppléer à l'absence de l'autre, qui ne pourrait rien sans elle. On conçoit la matière sans le sculpteur et point celui-ci sans celle-là.

Un intérêt général existe donc à ne pas voir détruire ou neutraliser cette force nécessaire. Elle serait un péril évident si chacun, faisant fi des leçons du passé, voulait à tout instant renouveler des expériences souvent faites, toujours vaines. L'opinion publique a pour rôle légitime d'éviter à l'individu ces tentatives condamnées à l'avance, à l'agrégat d'en supporter les conséquences.

Comme le principe d'évolution est nécessaire, comme la société livrée à la seule continuité ne tarderait pas à succomber, pareille à un arbre dont la sève s'arrête, sa libre action doit être préservée, et c'est l'individualisme seul qui peut l'assurer. Quelle est la limite de leurs domaines respectifs ?

Jadis, à l'école primaire, on nous donnait un livre appelé : *Morale pratique*, que nous lisions en cachette au lieu de rechercher les beautés de Noël et Chapsal. Il était divisé en trois parties : « Devoirs de l'homme envers Dieu », « Devoirs de l'homme envers ses semblables », « Devoirs de l'homme envers lui-même ». Cette division me paraît être excellente pour coordonner la recherche du droit de tous à s'ingérer dans la vie de chacun.

Quelque incroyable que ce soit, ils sont encore en majorité, ceux qui voudraient imposer aux autres leur façon de servir Dieu. J'avoue ne voir aucune différence entre la mentalité du légat qui, au siège de Béziers, criait : « Tuez ! tuez ! Dieu reconnaîtra les siens ! » et celle du missionnaire sacrifiant sa vie pour aller faire apostasier de braves Chinois. L'effort de raisonnement e plus vif ne me fera jamais comprendre comment ils conçoivent Dieu, ceux qui admettent qu'il traitera différemment un sauvage, suivant que ce pauvre diable aura eu, ou non, la chance de rencontrer un envoyé de la rue de Grenelle.

Et l'on agit de la même façon envers nous, pauvres infidèles de la mère-patrie. Pour mon compte, j'ai le bonheur d'être lié avec nombre de catholiques fervents dont j'admire la foi, et il ne se passe guère de semaine sans qu'ils me disent : « Vous êtes trop honnête pour ne pas revenir à l'Eglise! » Ce qui équivaut à ceci : « Votre conscience vous empêche de pratiquer une foi à laquelle votre raison vous empêche de croire. Vous n'êtes pas plus sot que nous. Mais vous êtes dans le faux. Nous en sommes sûrs et vous le reconnaîtrez. » Ils ont raison, puisqu'ils croient à une Providence gouvernant nos pensées et nos actes. Mais comment concilier ces idées avec la sociologie, et même avec les tribunaux?

Comment, surtout, se peut-il faire que les adversaires les plus déterminés de la *grâce*, tombent continuellement dans la même erreur? Les libres-penseurs se refusent à admettre que l'on croie aux dogmes; les catholiques grecs ne tolèrent pas le catholicisme romain. Dans le pays de la liberté philosophique, dans celui où Voltaire avait appris à penser, on a refusé l'entrée du Parlement à un député parce que ses croyances étaient différentes de celles de la majorité!

Nous voyons autour de nous une foule dont Dieu est le moindre souci, qui ne se préoccupe guère de lui que lorsque la fin suprême l'en rapproche, qui arrange ses travaux et ses plaisirs exactement comme s'il n'existait pas, et si l'un de nous a le malheur de dire que peut-être elle a raison, cette foule le lapide, furieuse de ne pas avoir tort.

Si les raisons d'équité, et il n'est pas bon de trop s'appuyer sur elles, condamnent l'ingérence publique en ces matières, l'intérêt social est d'accord avec elles.

Au lieu de l'harmonie, née de la diversité, qui régnerait là où les habitudes religieuses de l'individu ne seraient pas prises en compte par la collectivité, nous formons des camps où notre intolérance se multiplie par l'esprit de drapeau — Dans un pays où les mœurs ne tyranniseraient pas les consciences, les penseurs rechercheraient impartialement la vérité, et nous donneraient les résultats de leurs recherches sans y mêler le désir de servir leur cause. On n'appellerait pas renégat le grand écrivain qui, sorti du séminaire, a cru à l'humanité de Jésus et on ne taxe-rait pas d'imbécillité le grand savant qui, au dernier moment, a vu luire à ses yeux mourants le soleil de la Foi.

Les devoirs de l'homme envers ses semblables intéressent beau-coup plus ceux-ci, puisqu'ils sont appelés à profiter de leur ac-complissement, à souffrir de leur omission. Toutefois, il convient de soustraire d'abord du domaine de l'opinion tout ce qui est régi par les constitutions et les lois. De même, nous devons éviter d'y faire entrer tout ce qui, dans la conduite d'un individu, touche aux intérêts des autres ; ce serait le rendre universel.

On ne peut pas obliger un membre de la Société à servir les autres, à leur être utile. On peut le contraindre, sous peine d'en-courir le mépris, à ne pas leur être nuisible. Voilà la règle où, comme dit S. Mill, le « tu ne feras pas ! » dépasse de beaucoup en importance le « tu feras ! »

Si je veux négliger mes intérêts, libre à moi ! L'utilité géné-rale n'est pas compromise par cette théorie. En effet, je serai assez puni et mis hors d'état d'engendrer une famille qui héritât de mes goûts, par la ruine qu'ils détermineront infailliblement. Et, qui donc, d'ailleurs, sacrifie ses intérêts ? Je puis les gérer d'une façon que l'opinion générale trouvera imprudente ; je puis négliger telle branche parmi eux que le public croit plus importante. Qu'importe, si cela satisfait mes goûts, si je retire de cette gestion plus de plaisir que ne m'en donnerait une autre ? Qui donc mieux que moi peut juger de mon bonheur ?

XIII

Avant de rechercher une règle générale qui limite le pouvoir indiscutable qu'a le public sur l'individu dans l'intérêt de la continuité, prenons quelques exemples :

Il me plaît à moi de n'adopter aucune carrière, de renoncer à toute ambition, de ne me livrer à aucun travail, dénommé dans la liste des patentables. Je me contente de penser. Labeur bien inutile, dira-t-on. Pas autant qu'on le croit! J'y gagne, moi, de mieux observer cette vie que je traverse, de mieux savourer les nobles voluptés qu'elle offre. Il est du reste inutile de détailler les avantages que me présente cette résolution puisqu'ils compensent à mes yeux tout ce à quoi je renonce. Est-ce à dire que je refuse mon tribut à l'épargne commune? Non, certes. Pour mille penseurs inutiles, il en viendra un qui s'appellera Newton et qui révèlera aux hommes les lois de cet univers dont chacun d'eux se croit le centre.

Mais si, effrayé par de si hautes pensées, je préfère à ces nobles jouissances les plaisirs grossiers de la matière, si je me livre par exemple à l'ivrognerie la plus crapuleuse, de quel droit mes semblables m'en empêcheraient-ils? Que m'offriront-ils, en échange de ces plaisirs qu'ils proscriront? Savent-ils si, en m'empêchant de trouver l'oubli dans le vice, ils ne me pousseront pas au crime? Et, d'ailleurs, ils n'y ont pas plus intérêt qu'ils n'en ont le droit. Ou je suis un être parfaitement vicieux, et il vaut mieux pour eux qu'ils laissent mon intempérance me détruire, ou je suis un être faible et je ne paierai, pas par ma guérison, la peine qu'ils ont prise pour me guérir.

Ainsi de suite, nous pourrions prendre l'une après l'autre toutes les actions purement personnelles, et démontrer que le

public excède de beaucoup son droit en ayant la prétention de
s'y ingérer. Tout ce qui pourrait être fait sans la protection de
la société échappe à sa réglementation. Mais, au contraire, tous
les actes que l'on pourrait appeler des actes sociaux tombent
dans le domaine social; tous les commerces, quels qu'ils soient,
relèvent de la société et il est donc parfaitement légitime qu'elle
les réglemente. Même en invoquant ce principe abstrait de
liberté qui est celui de l'école anglaise, on doit accorder ce pouvoir à la collectivité. On ne peut pas réclamer le droit de faire
fortune en nuisant à ses semblables et, le vendeur de liquides
frelatés est très justement réprimé. D'un autre côté, il ne s'est
pas encore trouvé d'acheteurs faisant intervenir le principe de
liberté, et revendiquant le droit de s'empoisonner avec de la
fuchsine.

Donc, tout ce qui ne sert pas les autres devra être permis par
cette grande puissance qu'on appelle l'opinion publique ; tout ce
qui leur nuit devra être défendu. Ici, encore une restriction se
pose. Un commerçant, par cela même qu'il fait une grosse fortune,
peut nuire à ses concurrents moins favorisés. Il faut donc expliquer la loi qui précède en disant que la société ne devra
proscrire que les actes qui nuisent immédiatement. Enfin, la
société a droit à certaines contributions individuelles. Elle est
basée sur le sacrifice que fait chacun d'une partie de ses droits
individuels en vue d'avantages collectifs. En abdiquant partielle-
ment au bénéfice de la masse, l'autorité coactive lui a transmis
son droit, lui a légué la nécessité de recouvrer ses contributions.
La marche sociale, pareille en cela à la marche du gouvernement,
n'est assurée qu'à ce prix. La limite exacte de ce droit indéniable
de la majorité me semble pouvoir se résumer ainsi :

*La société ne peut imposer à l'individu que les actions que
chacun ne pourrait faire si tous ne le faisaient pas. Dans la légis-*

lation et dans la morale, cette règle s'applique. Il est certain que
la femme adultère, par exemple, lèse la dignité du mariage dont
tant de femmes ont besoin comme confort aux épreuves de la
vie. Il n'est pas moins vrai que le joueur en compromettant son
patrimoine, abstraction faite des droits que la famille a sur lui,
ne fait tort qu'à des intérêts dont il est le souverain maître et que
nul n'a charge de sauvegarder.

Comme on le voit, nous nous sommes tenus loin de cette
aveugle admiration pour la liberté, qui ne peut aller d'accord
qu'avec une ignorance complète des lois sociologiques. La
liberté n'est qu'une modalité sociale. De même que la manière
de vivre d'un individu change avec son état de santé, de même
le degré de liberté des hommes doit changer, non pas seulement
en proportion avec l'âge de l'humanité, mais encore avec l'état
variable de la civilisation. N'oublions pas surtout que si l'on a
donné les noms de liberté et d'autorité aux deux pôles sociologiques, cela ne donne aucune supériorité à l'un sur l'autre. Ils se
complètent. Ce n'était pas une raillerie cruelle que d'inscrire
« Liberté » sur la porte des prisons de Gênes. La répression des
méchants est un élément de la liberté des bons. Nous contraindre
ici, c'est souvent nous affranchir là. Deux exemples suffisent.
Prenons-les aux deux bouts de l'échelle : En nous obligeant à travailler aux chemins vicinaux, ou à contribuer pour les grandes
routes, l'Etat nous libère de la servitude et des obstacles naturels. Lorsque la patrie nous enlève quatre ans de liberté, nous
force à les passer sous un régime de fer, elle assure la dignité
du pays, la sécurité du foyer ; bien plus, la liberté de parcourir
l'univers, la tête haute, sans avoir à craindre qu'on reconnaisse
en nous un citoyen du pays qui s'abandonne.

LIVRE IV

LA MORALE

CHAPITRE PREMIER

RECHERCHE DE LA FAUTE

I

Le sentiment du devoir pourrait bien n'être que la perception de ce que l'on se doit à soi-même. L'idée de morale, au contraire nous enseigne, nous précise ce que nous devons à autrui. En tout cas, la langue vulgaire fait de la morale la base des jugements qu'elle porte en disant « Cela est mal », ou, « Cela est bien ». Où prend-elle ses racines? — Evidemment si l'on demandait à la très grande majorité en vertu de quoi elle prononce ses arrêts, elle serait fort embarrassée de répondre. Ce ne sont pas seulement les femmes qui nous diraient : « C'est bien, parce que c'est bien. » — Mais ces idées, innées aujourd'hui, ont eu une origine, une base. Lorsqu'il en est autrement, la sociologie trouve son rôle le plus utile à combattre des jugements qui ne sont que des préjugés.

Les théories de la morale sont innombrables. Sans parler de celles qu'enseignent les manuels de collèges, nous trouvons la morale religieuse, la morale consentie, et, plus près de la cience, la morale contractuelle et la morale sociologique.

Sans nous préoccuper de celles où l'étude n'a rien à voir, nous voyons dans la morale contractuelle une sorte de vice originel, de pétition de principe. Expliquer toutes les obligations qui incombent à l'homme par le respect dû au contrat ne suffit, peut-être pas, si l'on ne dit pas la source d'où provient la nécessité de ce respect, et, si on la fait dériver de ce qu'elle est indispensable à l'existence de la société, pourquoi ne pas conserver ce principe de nécessité commune pour en motiver nos devoirs ? De plus, les partisans de la morale contractuelle reconnaissent, les premiers, que celle-ci n'a d'action que dans un temps très court après le contrat. Et, certainement, les héritiers des générations qui l'ont consenti obéissent à des raisons d'un ordre moins abstrait.

Je voudrais ici profiter d'une très subtile et très exacte dissertation sur le mariage, qui m'a été envoyée, voilà de longues années, par une femme dont le cœur égalait le talent. Sans partager toutes les idées qu'elle émet, j'adopte ses conclusions et nous y trouverons les éléments du vrai droit coactif, de la vraie morale.

En vérité, c'est de l'adultère qu'elle traite, c'est-à-dire d'une infraction à la loi du mariage. Voici ce qu'elle en dit : Pour l'homme, en tant qu'auteur principal, on peut dire que, lorsqu'il est passager et occasionnel, l'adultère n'est pas une faute grave. S'il est durable, il est aussi blâmable que toutes les dissipations qui amènent le mari à gaspiller au-dehors son temps et ses ressources. Ce qui le rend coupable, c'est la douleur de la pauvre abandonnée. Dans ce cas, c'est un dommage direct. Je ne juge l'adultère que pris en soi.

Elaguons d'abord les cas où la sentence n'est pas douteuse. La femme qui devient adultère par légèreté, par vice, par intérêt, par ennui ne mérite aucune pitié. Elle a prêté un serment solennel. Elle s'en joue. Elle est coupable.

Mais voici une pauvre créature que l'on a mariée à seize ans. La brutalité du mari a commencé la deuxième semaine du mariage, ses infidélités la deuxième année. Le lit conjugal reste solitaire, et, ce qui est pire, la maison conjugale. S'il y revient, c'est afin d'épancher son humeur mauvaise, de satisfaire ses instincts de tyrannie que ses maîtresses l'obligent à réfréner. En cette femme, il n'est pas une fibre qui ne soit affamée d'affection. Elle a besoin d'être aimée et plus encore d'aimer elle-même. Ce qu'elle voudrait, c'est le maître doux et fort devant qui elle puisse s'incliner. Les années passent, elle voit que tout espoir du bonheur entrevu va s'évanouir. Un jour elle rencontre celui qui personnifie ses désirs. A peine l'a-t-il vue deux fois qu'il l'aime. Oh ! qu'il l'aime trop, pour le lui dire, mais elle le sait si bien ! Il est à ses côtés, d'un regard elle le mettrait à ses genoux. Il est libre et peut lui donner à la fois sa vie et son amour. A-t-elle le droit de les accepter ?

La question religieuse n'a pas d'importance ici. Cette femme, telle que je la suppose ne demande avis qu'à sa conscience et lui pose cette question : « Quel mal fais-je? »

La possibilité d'une grossesse frauduleuse ne saurait l'arrêter. Si elle avait quelque poids les femmes stériles et celles qui imitent la fille d'Auguste, *Non tollo vectorem nisi navi plena*, seraient autorisées à tout. L'honneur du mari a été donné en garde à l'épouse, mais comment serait-il souillé par une faute ignorée de tous? Et, d'ailleurs la raison peut-elle admettre que le déshon-neur provienne de là, avant qu'il soit démontré que c'est une faute ?

Elle a prêté serment, c'est vrai, mais l'engagement est bilatéral. Le mari s'était engagé à la protéger, à l'aimer. L'accomplisse-ment de son vœu, à elle, ne lui serait possible, que si son mari était là pour la soutenir aux heures de défaillances morales et d'abandon physique. En l'outrageant, en l'isolant il l'a déliée de tous ses devoirs vis-à-vis de lui. D'ailleurs il ignorera toujours cette faute qu'elle veut commettre et pourquoi renoncerait-elle au bonheur qu'il n'a pas voulu lui donner ?

Enfin, il la trompe, lui, et nul ne l'en blâme. D'où vient donc cette différence entre l'appréciation de deux faits exactement semblables ?

Malgré tout, à cette infortunée on pourrait dire : Oui, vous seriez coupable. Qu'importe d'où provient la différence de gravité des deux fautes, elle existe ! Dès votre enfance, vous avez été élevée à placer dans la chasteté votre droit à l'estime, votre titre au respect. Mesurez l'effort qu'il vous faudra faire pour vous donner et vous verrez que ce n'est pas là un acte banal, dépourvu d'importance. Le consentement général, à notre époque, sur notre continent, fait de l'adultère de la femme une déchéance. Sans motif, je le veux bien, mais cela est. Si vous le commettez, cette déchéance vous frappera... Vous la cacherez ? Alors vous la mériterez en l'évitant. Le bon accueil de vos pairs vous le volerait. Ce n'est que par une hypocrisie de tous les jours que vous garderez votre place dans la société. Voilà où est le crime. Tous les actes ici-bas où nous sommes tous solidaires, doivent se juger à deux points de vue : en eux-mêmes et au point de vue social. En soi, l'adultère ne contrevient pas à la loi naturelle, mais il attente à la base même de la société, il porte en lui-même sa condamnation puisqu'il oblige son auteur à une dissimulation constante.

Que l'on ne voie pas, dans ce qui précède, un plaidoyer en faveur de l'adultère mais que l'on reconnaisse les véritables bases de la vraie morale. Que dit-elle? Que l'erreur de l'homme et la faiblesse de la femme ont une gravité incomparablement différente. Pourtant le contrat est le même, et les conséquences directes de la faute peuvent être les mêmes dans des circonstances données. Donc, ni le principe contractuel, ni la théorie de l'équité ne peuvent être invoqués ici. Que reste-t-il comme explication et comme justification de cette différence? Le consentement général qui n'est aussi respecté que parce qu'il est l'interprète de l'utilité générale.

De deux choses l'une, ou la femme adultère proclame ouvertement qu'elle a rompu avec les devoirs communément acceptés et, dans ce cas, elle reconnaît se soustraire aux obligations de famille, aux fonctions de compagne qui sont le rôle de la femme dans la société actuelle, où elle cache sa faute et elle attaque directement cette nécessité où nous sommes tous de ne rien faire en le dissimulant puisque c'est là fausser la portée sociale de tous nos actes.

Comme mon éminente correspondante, je parle de l'adultère pris en soi et je laisse de côté la loi de chasteté qui cependant se trouve forcément violée en même temps que le contrat matrimonial.

II

Nous trouvons donc, comme élément constitutif de la faute, l'oubli d'une nécessité collective, et, à un degré moindre, la dérision d'une convention sociale. N'oublions pas, en effet, que, d'accord avec tous les sociologistes, nous avons reconnu l'obligation pour chacun de faire ce que les autres ne pourraient faire si lui ne le faisait pas. La femme adultère se trouve en face d'un dilemme : ou bien elle entraînera en sa faveur l'approbation publique, elle portera un sérieux dommage tant aux femmes qui au prix de bien des souffrances, ont toujours pratiqué leurs devoirs qu'à la société pour laquelle l'exercice de ces devoirs est une nécessité originelle : ou bien elle encourra et acceptera le mépris général, et c'est là une faute absolue, car ce n'est pas un droit pour nous que de nous avilir, car nous portons à la communauté un dommage réel en enlevant la valeur morale à un de ses membres, fut-ce nous-même, et 'enfin la femme coupable a toujours des gens qui sont solidaires d'elle et qui se trouvent diminués aux yeux d'autrui sans qu'il y ait de leur faute. Or, s'il est un principe nécessaire, c'est qu'aucun ne puisse souffrir que de sa propre faute ; s'il tombait en désuétude, ce serait, à courte échéance, l'abdication de toute dignité personnelle et le retour à l'âge où la force était le seul régulateur.

Cet exemple peut s'appliquer à toutes les actions que la loi pénale ne punit pas, mais que tout le monde est d'accord pour déclarer mauvaises. Il devient aisé de préciser ce qui caractérise l'immoralité au point de vue du sociologiste. Il ne le sera pas moins d'en faire dériver la théorie de la justice pénale et, sans entrer dans l'application, d'examiner le droit de punir.

III

Si, dans l'exercice de nos facultés, nous empêchons autrui d'user des siennes, nous agissons mal puisque nous portons atteinte au droit qu'a la société d'être servie par lui comme par nous, à son droit d'agir sans être entravé. Lorsque nous attaquons sa sécurité ou sa propriété, nous empêchons l'association d'atteindre son but qui est de les garantir. — Dans ces deux cas, le pouvoir coactif nous contraint à cesser ces actes délictueux, soit par les lois civiles, soit par les lois pénales. — La conscience publique, en même temps qu'elle a délégué à des magistrats la fonction judiciaire, semble avoir abdiqué son rôle de juge et réservé sa sévérité pour les actes que ne visent pas les peines qu'elle a consenties. — Nous venons d'en voir un exemple dans l'adultère. Mais nous en trouvons de plus concluants encore dans ce que l'on appelle l'honneur.

George Sand s'étonnait avec une surprenante naïveté que l'honneur fut si différent dans ce qu'il impose aux hommes et ce qu'il ordonne aux femmes. Cette différence est pourtant bien naturelle. Les deux sexes ont des fonctions parfaitement diverses et l'honneur ayant pour but l'accomplissement idéal de ces fonctions, il devait forcément varier ses exigences avec le résultat désiré.

Sur les bancs de l'école, au régiment, à l'atelier on peut diviser en trois groupes les sujets soumis à la règle commune. Les uns s'acquittent de leur devoir avec toute l'assiduité, le courage et la patience dont ils sont capables. Les autres font tout leur possible pour ne rien faire du tout. Au milieu, une partie fait juste assez pour éviter la férule, la salle de police, le renvoi. La règle et le règlement sont limités dans leur action. Ils ne peuvent atteindre que des faits matériels et ne peuvent envisager le plus ou moins de cœur que l'on met à l'ouvrage, comme l'on dit. — Il importe pourtant d'arriver à ce que la plus large fraction des travailleurs ne persiste pas à donner juste assez de travail pour éviter le châtiment. Sous l'empire de cette nécessité, il s'est formé une sorte de règle morale qui, en accordant l'estime et la considération à celui qui travaille autrement que par crainte du fouet, l'en récompense, d'ores et déjà, en l'appelant : un bon élève, un bon soldat, un bon ouvrier.

Transportez cela dans la société civilisée et vous aurez l'origine de l'honneur et de ses dérivés.

Les lois civile et pénale sont surtout prohibitives. Même dans le sens négatif, elles ne peuvent imposer certaines choses sans devenir puériles, et d'ailleurs, comment prévoleraient-elles les innombrables cas qui se présentent chaque jour? L'intention leur échappe, ne tombe dans leur domaine que lorsqu'il y a déjà une certaine matérialité d'exécution. Entre le point où commence la fraude et celui où elle est assez grosse pour que la loi la saisisse, il y a comme une zone neutre où se réfugieraient toutes les demi-honnêtetés si l'honneur ne les y pourchassait.

C'est tellement vrai, l'honneur a si vraiment cette origine et cette mission, qu'il cesse de juger là où les gendarmes arrivent, ou s'il le fait, ce n'est que pour contresigner sans la lire, la sentence du magistrat.

Comme conséquence, ses arrêts sont d'autant plus prompts et d'autant plus rigoureux que le délit est moins sujet aux peines légales. C'est d'une logique parfaite. Créé pour réprimer des fraudes qui se jouent des lois, il peut être indulgent si ces lois trouvent un biais pour les punir, mais sous peine de cesser d'être, il doit se montrer impitoyable pour celles qui, sans lui, auraient l'impunité.

Voyez les dettes. On n'est pas déshonoré si l'on ne paie pas une dette reconnue par les tribunaux. Il était inutile de protéger par la morale publique une créance qui l'est bien assez par les huissiers. Mais on perd l'estime générale si l'on omet de payer une dette de jeu, une dette sur parole. L'intérêt général est engagé, en effet, à éviter que le prêteur doive exiger toutes sortes de formalités s'il veut être sûr du remboursement.

C'est, en un mot, une sorte de loi supplétive mais si admirablement construite qu'elle se moule sur l'autre pour en remplir les vides et pour ne pas laisser de trace où puisse passer l'improbité.

La condamnation du mensonge vient de la même origine. Les rouages sociaux absorberaient, et au-delà, toute la force de la machine s'il fallait contrôler chaque affirmation avant de faire fonds sur elle. La loi pénale ne peut l'atteindre que dans l'infime minorité des cas. L'homme vient avec une échelle graduée et se charge de réprimer ce qui est si naturel chez l'enfant et chez le sauvage.

On ne saurait s'étonner que cette force, née de la société existante, en serve les intérêts plutôt que ceux d'une société idéale. Quand il prescrit le duel, par exemple, le penseur peut s'affliger qu'une telle exigence soit obéie, mais il est contraint d'admirer la force d'un sentiment social qui pousse l'individu à risquer sa vie. Et s'il dépendait de ce penseur d'empêcher tous les duels, il y réfléchirait à deux fois. Il est nécessaire que l'indi-vidu soit respecté, à l'abri des outrages, pour qu'il puisse accom-plir sa tâche, quelle qu'elle soit. Le duel est aux tribunaux ce que l'honneur est aux lois. Il prévoit ces offenses intangibles, imma-térielles que les juges ne sauraient punir, sinon d'une peine déri-soire, eux qui ne connaissent guère que des intérêts *réels*. Mais même en ne trouvant aucune base sérieuse aux lois de l'honneur, il demeurerait certain que l'on doit en surveiller l'exécution. On ne les oublie pas sans mensonge, ce qui est déjà l'indice d'un niveau moral assez bas. Ceux qui s'en affranchissent valent donc peu et ont autant d'avantages dans le combat pour la vie, sur leurs semblables plus honnêtes, qu'un tricheur sur les joueurs loyaux. Qu'on les batte en brèche, par le livre et la parole, rien de mieux, mais qu'on s'y soumette jusqu'à leur abrogation. Elles sont le ciment social qui enveloppe en les renforçant les liens que les lois établissent entre les hommes. Supprimez-les et ces liens se rouilleront et tomberont en poussière au premier ébran-lement.

Il trouve les mêmes bornes que les lois et l'opinion. Loin d'être bienfaisant, il est funeste s'il veut régir les actes purement indi-viduels. Destiné à protéger autrui contre nos empiétements, contre les quasi-délits de notre expansion personnelle, il est sans motifs de s'ingérer dans ce qui ne regarde que nous. On l'a dit plus haut : L'oubli de nos intérêts personnels amènera plus vite la dis-parition d'un être mal fait pour la vie collective, si cet oubli est réel, mais il n'appartient à personne de croire à une diminution de ma dignité, tant que je ne manquerai à aucune de mes obligations bi-latérales.

IV

La valeur morale de chaque homme semble devoir exclusivement provenir de ses capacités et de ses actes. Il n'en est pas absolument ainsi. La langue usuelle nous en avertit lorsque nous voyons, dans les faits divers, que tel scélérat a deshonoré sa famille, si digne jusque-là ; que telle jeune dévergondée a jeté la honte dans un foyer respectable. C'est une des conséquences obligées de la solidarité familiale. Considérée par l'équité, elle se justifie par la compensation que lui donne la gloire d'un grand homme rejaillissant sur les siens. La sociologie ne peut qu'y applaudir. Elle rend tangibles les lois de l'honneur. Si je suis plein de penchants mauvais, d'appétits destructeurs, il est possible que la crainte d'être mésestimé par des gens que je ne connais pas, qui ne viendront pas me le dire, ne me soit qu'un frein médiocre. Au contraire, je ne puis m'empêcher de redouter les reproches de mon père, les larmes de mes enfants et même, à moins d'être vraiment vicié, je serai à l'avance retenu par cette pensée de porter un dommage irréparable à ceux qui me doivent la vie ou à ceux qui me l'ont donnée.

Grandement utile, on le voit, comme frein aux mauvaises propensions, la solidarité familiale l'est presque autant comme ressort pour les saines ambitions. Je ne parle que de la solidarité de considération ; celle des intérêts matériels a déjà été examinée. La satisfaction, absolument personnelle, de se voir applaudi et estimé, loué même, ne paierait qu'imparfaitement les sacrifices qui en sont le prix, si elle ne se multipliait par le nombre de ceux qui nous sont étroitement liés. La gloire n'enchanterait pas ses élus au point de se faire acquérir par des supplices s'ils ne pouvaient la léguer à leurs enfants ou aux vieux parents dont elle enchante les derniers jours.

Aussi liée à l'intérêt général que la famille l'est à la société, cette solidarité dépasse son but si elle élargit trop son action. Rendre le cousin responsable, dans quelle mesure que ce soit, de la déchéance du cousin, c'est diminuer sa valeur sans compensation et manquer à la loi d'équité à l'heure actuelle. D'ailleurs la trop grande extension de cette solidarité est moins à craindre que l'oubli où souvent on la tient.

<h2 style="text-align:center">V</h2>

Ce ne sont pas seulement les artistes de tout temps qui ont fait de la Justice une divinité objective, presque matérielle. Les partisans de l'idée contractuelle en font l'inspiratrice, la créatrice même de tous les droits. Les partisans de la Providence voient en elle un principe émané de Dieu, un don par Lui imposé à l'Humanité. On l'a assez rarement définie avec exactitude.

Les chrétiens la font tenir à peu près toute entière dans cette phrase qu'ils appellent le symbole du droit naturel : « Ne fais pas à autrui ce que tu ne voudrais pas qu'on te fît à toi-même »,

La morale contractuelle la limite à l'observance des clauses du contrat.

Il est nécessaire d'étudier de près ces deux idées de la justice, où toutes les autres rentrent plus ou moins exactement — avant d'exposer de notre mieux la théorie sociologique de la justice.

Comme on le voit par l'énoncé même de son Credo, la justice chrétienne est surtout négative. Cela seul démontrerait son insuffisance. *Ne pas faire*, c'est souvent causer un tort aussi grand à autrui que celui qu'amène le « faire » et j'appuierais ma pensée par des exemples s'il n'était pas évident qu'il y a là surtout confusion de mots. Nous n'avons pas que des devoirs négatifs ou plutôt, ceux-ci ne diffèrent pas de nos devoirs positifs. Le changement du signe « (plus) » en signe « (moins) » n'empêche pas la réalité de la quantité qu'il précède. Il n'altère que sa destination.

En outre, cette loi crée autant de lois qu'il y a d'êtres qui lui sont soumis, autant de justices qu'il existe de cas que la justice doit régler. Dans certaines matières, elle est évidente. Celle du vol, par exemple. Personne ne consent à être volé, puisque, alors, il n'y a plus vol mais donation.

D'autres fois, elle est obscure. Don Juan aime Zerline, Zerline ne demande qu'à devenir la maîtresse de don Juan. Pourquoi ne la prendrait-il pas ? Invoquer les droits des parents de cette évaporée, c'est compliquer la question et mettre en opposition le droit de Zerline à perdre sa vertu et celui de ses parents à ce qu'elle la garde. Enfin, elle peut ne pas avoir de famille et vous serez forcés de faire intervenir la loi divine ou la morale, deux excellentes choses, mais qui n'ont rien à voir à la justice.

Souvent même, cette justice là n'est plus juste du tout. Les habitants de l'Océanie ne demandaient pas du tout que l'on vînt changer leur civilisation et détruire leur antique religion. On l'a fait. Ils s'en trouveront bien plus tard, les autres nations en retirent déjà des avantages. Mais l'on a violé directement la lettre et l'esprit de l'axiome chrétien.

On les néglige plus encore en emprisonnant un voleur ou en décapitant un assassin. On ne l'observe pas davantage en chargeant d'impôts tous les commerçants de Paris pour une Bourse de Commerce où n'iront jamais que certaines catégories d'imposés.

Pour unifier cette loi, pour la soustraire à l'interprétation de la partie passive, on prétend sous-entendre qu'elle ne s'applique

que lorsque cette partie passive peut juger de son véritable intérêt. Mais qui donc appréciera si, d'abord, elle connaît ou non cet
intérêt et, ensuite, quel il est? Nous voilà donc contraints de chercher ailleurs une autre mesure de la justice, cette loi trop simple
ne nous la donnant plus. Dans le cas du malfaiteur puni, elle
donne même une indication fausse, l'intérêt de ce malfaiteur s'op-
posant d'ordinaire à ce qu'on le guillotine. On dira : Mais la victime du méfait a le droit d'exiger le châtiment et, entre ces deux
droits, nous choisissons celui de l'innocent. Pure pétition de principes: Où est l'innocent et où est le coupable, avant l'application
de votre pierre de touche? Et que vaut celle-ci si vous ne la
trouvez qu'après avoir décidé à priori? Vous en avez donc une
autre? C'est celle-là qu'il faut montrer puisque, seule, elle vous
sert. Et encore, nous admettrons que la victime du méfait ait
droit au châtiment du malfaiteur, ce qui est absolument contestable.

La loi du talion qui a réglé l'existence du peuple de Dieu et
inspiré tant de codes jusqu'à nos jours n'est bonne au plus que
comme tarif des peines. Comme système pénal, elle ne supporte
pas l'examen. La réparation du dommage est évidemment le but
à atteindre. Or, si l'on me crève un œil, en quoi verrai-je mieux
parce que l'on crèvera celui de mon bourreau ! Le seul résultat,
c'est qu'il y aura deux borgnes dans le pays et que vous aurez
ajouté un crime à celui que vous vouliez réparer. On incendie ma
ferme. Serai-je indemnisé parce que vous brûlerez celle du malfaiteur ? Je préfère cent fois que vous me la donniez pour compenser ma perte. Quel est donc le but que vise ce principe du
talion ? Est-ce de me donner la joie de la vengeance, alors que
celle-ci est prohibée par la même doctrine qui installe ce mode
de justice sommaire? Evidemment, non ! Mais, alors ? Effrayer
les mauvais esprits? empêcher les crimes? Nous revenons ou plutôt nous arrivons à l'idée sociologique. Prévenir le dommage,

voilà la règle, et quel dommage ? Celui que tous jugent tel et qui, par conséquent, l'est pour tous.

VI

La morale contractuelle a un autre étalon. Elle condamne tout ce qui est une violation du contrat, du pacte social et seulement cela. La grande difficulté, c'est de savoir exactement ce qu'édicte ce fameux pacte. Puis, comme il est nécessairement revisable, lorsque l'intérêt des deux parties le demande, on peut discuter si l'acte en litige n'est pas un commencement de légitime revision. Enfin, on peut choisir entre la lettre et l'esprit, ou du moins discuter si ce dernier est, ou non, favorable à l'inculpé.

On ne peut méconnaître au surplus l'existence de droits préexistant à la société que, par conséquent, le contrat n'explique pas. On est obligé d'en faire autant de dieux qui sont parce qu'ils sont. L'habitude gagne de proche en proche et nos idées générales admettent une infinité de petits dogmes, imposant chacun le respect de droits qui ne condescendent pas à se motiver. L'idée du Droit et ce qui distingue le juste de l'injuste sont malaisés à trouver au milieu du dédale. Ici, la sociologie apporte vraiment la lumière.

Ce qui est juste, c'est ce que l'homme doit faire pour que la Société puisse exister, ce que la Société doit accomplir pour permettre à l'homme de vivre et de développer ses facultés. Cette loi porte en elle sa sanction et elle est tirée de cette sanction même. Nous sommes absolument incapables de discerner le bien et le mal abstrait, du moins de ne pas nous tromper dans notre choix, d'ailleurs sans contrôle. Ici, point de doute, puisque nous appelons « le mal » ce qui compromet la solidité de l'édifice qui ne saurait crouler sans nous écraser de sa masse.

Vous ne trouvez plus trace de la révélation. Il ne reste rien dans cet axiome qui nous fut légué par un passé adorateur d'une Providence intervenant pour régler nos actes. *Hypotheses non fingo*, dit la science, et elle donne, sans lever les yeux vers d'autres sphères, la théorie du Droit sans réfutation possible.

Naturellement, il s'est produit ici un phénomène d'ordre moral pareil à la codification des rapports légaux entre les hommes. Pendant que, pour ne pas avoir besoin de rechercher les obligations des contractants à chaque transaction et de les énumérer, on a arrêté un certain nombre de règles générales qu'on nomme lois et qui règlent ces contrats sans même être invoquées, pareillement, étant donné l'impossibilité de se demander à chaque litige lequel des deux avis était le meilleur au bien commun, le consentement universel a laissé s'établir comme une sorte de jurisprudence, a décidé qu'en outre des droits primordiaux pour la conservation desquels la société existe, il serait reconnu certaines règles restrictives, certains droits impliquant certains devoirs. Et aujourd'hui, nous sommes affranchis de juger le bien fondé de ces arrêts, parce que nous avons modifié la société en vue de leur maintien et qu'il est d'un intérêt primordial de les respecter, fussent-ils erronés dans leur principe ; la vie sociale reposant en partie sur eux, leur mépris devant amener une ruine passagère, nous ramener à l'époque où ils passèrent en chose jugée, de même que le mépris des droits et des devoirs personnels primordiaux nous ramènerait à l'état bestial (1).

---

(1) « Je crois que les expériences d'utilité, organisées et consolidées à travers toutes les générations passées de la race humaine, ont produit des modifications correspondantes qu'une transformation et une annulation continuelles ont transformées chez nous en certaines facultés d'intuition morale, en certaines émotions répondant à une conduite juste ou fausse et qui n'ont aucune base apparente dans les expériences d'utilité individuelle. » (Herbert Spencer. Lettre à M. Mill, dans *Mental Science* de Bain, p. 722, 1863.)

La plus importante de ces bases ou de ces assises sociales est certainement l'équité. Lorsqu'un homme souffre un dommage par le fait d'un autre, il lui est dû réparation. Cette règle, aujourd'hui principe, est tout simplement le produit de la règle de justice énoncée plus haut. Si on se refuse à admettre cette filiation, on en revient au dogme inné, au principe souverain, à la révélation.

CHAPITRE II

LA RÉPARATION ET LE CHATIMENT

I

C'est sous l'étiquette de « Justice compensatrice » que l'on désigne ce droit de la partie lésée à une réparation ou une compensation. Lorsqu'elle est possible, la réparation est la conséquence naturelle du dommage reconnu. Mais elle peut rarement être complète.

Supposons le cas le plus simple. Un homme vole à son voisin cinq cents francs. A quelle réparation sera-il-tenu? A les lui rendre d'abord, cela va de soi ; mais le volé a droit à une indemnité pour avoir été privé de cette somme contre son gré, pour le trouble qu'il en a ressenti. Cette indemnité doit payer tout cela mais pas davantage, car il serait inique et subversif qu'un homme pût être enrichi par le crime d'un autre. Mais le voleur n'a pas seulement attaqué la propriété de sa victime. Il n'a pas choisi celle-ci. Il a cherché quelqu'un qui possédait et commis un acte d'hostilité contre nous tous qui possédons. Il a attenté à une des bases de la paix sociale. Il doit être puni.

Puni non pas parce qu'il est coupable, mais parce que si le châtiment l'épargnait, tous ceux qui n'ont pas se demanderaient pourquoi ne pas dépouiller ceux qui ont, parce que lui-même, dont la conscience ne l'a pas arrêté, recommencerait demain un acte profitable que la société tolérerait.

Il en est exactement de même pour les délits où la réparation ne saurait être directe. Un citoyen en diffame un autre. Ce n'est pas une indemnité pécunaire qui réparera le dommage causé. La société, qui doit protéger aussi bien la propriété-honneur que la propriété-argent, afin que nul ne renonce à acquérir un renom de probité que pourrait détruire le premier malveillant venu, la société attribue une somme à la victime parce que c'est une première punition pour le coupable. Et elle lui inflige une seconde peine, amende ou prison, pour se protéger elle-même. Elle peut proportionner le chiffre alloué au dommage causé, afin d'atténuer celui-ci, autant que baume d'argent peut soigner plaie d'honneur; mais ce qu'elle exige pour elle ne change pas avec la situation de la victime et ne se modifie qu'en raison de l'odieux du délit, c'est-à-dire avec le degré de danger que présente le caractère du calomniateur.

On voit que le principe sociologique, qui n'est en somme que celui de la défense sociale, a deux avantages : celui d'être vrai ou, en d'autres termes, d'être parfaitement d'accord avec les faits quand une fausse et passagère morale ne les adultère pas, et celui d'être, au point de vue pratique, toujours applicable, en dehors de toute discussion.

La loi du talion et toute autre, basée sur l'équité-principe, ne peuvent ordonner que ceci : Que chacun soit puni suivant son crime. Sans revenir sur l'impossibilité de trouver une base, une raison d'être à cette règle, comment ne pas voir toutes les difficultés d'appréciation qu'elle offre. — Nous les rendrons plus évidentes par des exemples.

Un assassin comparaît devant le jury. Son avocat raconte son existence. Fils de prostituée, élevé dans le ruisseau, il a grandi entouré de criminels. Toutes les perversités lui sont familières et les honnêtes gens lui semblent former comme une caste séparée où il serait trop ambitieux de vouloir entrer. Jamais on ne lui a parlé de loi morale, et pour tout frein à ses instincts il a la crainte du gendarme. Les vols simples ne suffisant pas à ses besoins divers, il a assassiné pour se satisfaire.

Variez l'exemple. Prenez le héros de l'an dernier; cet homme jeté dès l'adolescence au milieu de la corruption cosmopolite, qui n'a jamais vécu que de la honte, pour qui tous les vices étaient des métiers. Il a fait la guerre, vaillamment paraît-il, et y a perdu l'effroi que le sang inspire d'ordinaire. Dans ses voyages à travers l'Afrique et l'Asie, il a appris à tuer, les animaux c'est vrai, mais sûrement, d'un coup. Paris l'attire. Il y mène une existence variée, luxueuse, s'il se prostitue à une courtisane en vogue ou à une riche vicieuse, misérable s'il ne trouve qu'une vieille ouvrière pour salarier sa dépravation. Cet homme, torturé par la soif de jouissance, voit une fortune dans une armoire. Il cherche à s'en emparer. Sa maîtresse s'y oppose. Il la tue et, avec elle, deux personnes.

N'est-il pas vrai que si la balance de la justice, au criminel, était autre chose qu'un motif sculptural, on pourrait plaider les circonstances atténuantes pour ces deux bandits.

Le premier dirait : Me déclarerez-vous coupable pour avoir enfreint des droits que je ne connaissais pas? Vos parents, à vous, vous ont enseigné le respect de la foi jurée, le culte de la probité, l'horreur du sang versé. Vous me regardez avec terreur et dégoût, par cela seul que ma main a tué. Moi, je n'ai vécu qu'avec des hommes qui avaient tué et qui s'en flattaient. Peut-être, si l'on m'eût pris enfant, élevé comme vous le fûtes, assuré le pain, drainé l'âme, peut-être serais-je assis à cette place d'où vous allez me condamner? Que lui répondre? Ce n'est pas aux savants qu'il faut le demander. C'est à ces esprits simples, que les sophismes troublent d'autant moins qu'ils ne les lisent pas. A ces belles raisons, ils répondent : « C'est vrai. Le pauvre diable est malheureux. Mais, si on les laissait faire, que deviendrions-nous? »

Voilà la vérité. Voilà la justice. Nous avons le droit de vivre, nous autres qui n'avons pas le malheur d'être des bêtes fauves. A regret, soit, mais sans hésitation, nous vous mettons hors d'état de nuire.

De même pour le second. « Il est d'une intelligence hors ligne mais arrivé en Europe avec les vices d'Orient, il a fait fructifier ceux-ci de façon à avoir en plus tous les nôtres. Notre société l'a accueilli précisément pour cela. Cet homme qui n'aurait pas gagné par son travail — j'entends un travail honnête, — de quoi vivre modestement, a connu toutes les recherches, produit de sa débauche. A son absence de sens moral, apportée avec lui, s'est jointe la dépravation qu'enfante une semblable vie. Les facultés intellectuelles se sont engourdies. Il est devenu la bête affamée. La vue de l'or, de cet or qui lui aurait permis d'aller au-delà des mers, tenter de nouvelles séductions, l'a grisé. Il s'est laissé affoler par la convoitise et, au cri de la victime, par la peur...... » et l'on demanderait d'admettre l'irresponsabilité.

Réellement, il n'existe aucun cas où l'on puisse affirmer que l'accusé n'a aucune circonstance atténuante. A-t-il tué pour voler? C'était le besoin... *fames male suadet.* Pour satisfaire les goûts d'une femme? L'ivresse amoureuse. Ou c'est la vengeance, ou la colère! Quand le crime a un mobile et que ce mobile n'est pas ignoble, nous sommes tentés de le moins punir, sentant que cette loi de proportionalité entre la faute et le châtiment ne nous permet pas la rigueur absolue.

Et quand il n'en a pas? Alors nous ne punissons pas du tout. C'est la folie, la manie homicide, l'impulsion irrésistible. Les criminalistes sont arrivés sur ce point à des conclusions surprenantes et c'est une évidence que de dire : « Si Papavoine commettait ses crimes de nos jours, il serait acquitté ».

Le comble, en ce genre, a été atteint par le professeur Babinsky de Saint-Pétersbourg, dans le procès Besak, et plus récemment dans une cause de viol.

M. Babnisky, parlant de la principale accusée, dit : « Semenova n'est pas folle. Elle est *psycopathe*. La psycopathie est un type de maladie tout récemment reconnu par la science médicale. C'est un individu dont toutes les facultés mentales semblent en équilibre régulier. Il croit pouvoir distinguer le bien du mal et il peut raisonner ses actions. Mais il est dépourvu de notions morales... Pour satisfaire ses passions, rien ne l'arrêtera... Il ne voit que la minute présente et pour contenter son caprice, il ira à la perdition... Le psycopathe est inguérissable. *Ne le renfermez pas dans une maison d'aliénés. Vous aggraveriez son état. Ne le punissez pas. Il est irresponsable* (1). »

Le docteur français était chargé d'examiner un abominable gredin qui, après avoir violé une enfant de douze ans, l'a assommée à coups de sabot et jetée dans une mare. Il conclut à une responsabilité mitigée, l'accusé étant en proie à la manie érotique. Ce n'est pas à la Palisse pourtant que le procès avait lieu.

Tous les deux, en somme, professent cette opinion. « Le criminel est un malade. Le crime est un accident. » Et pourquoi non ?

II

Si je croyais à la justice distributive et que l'honneur d'être juré m'incombât, je serais le plus tourmenté des hommes. Seuls, les favorisés dont la vie s'est écoulée sans secousses et sans crises, peuvent ignorer les tentations dont l'homme est assailli. Que ceux qui prennent la peine de réfléchir se rappellent quelles sont les armes qui les ont fait triompher : Le sentiment du devoir, l'or-

(1) Voir mon *Empire Russe, — Lois, hommes, mœurs*, chez Decaux. 2⁰ éd. p. 193.

gueil du nom, la religion, la vertu, la répulsion instinctive pour
le mal, que sais-je ? Et s'ils n'avaient rien eu de tout cela, n'au-
raient-ils pas succombé ? Or ce n'est pas leur faute, à tous ceux
qui en sont dépourvus, et avons-nous le *droit moral* de les condamner ?

La science humaine a des limites bien restreintes, des données
bien douteuses, lorsqu'elle s'aventure dans l'analyse de la portion
morale de l'homme. S'il était vrai que tout fût matière, si l'assassin ne commettait son crime que parce qu'une case de son
cerveau est mal conformée ou devient malade ? Même en dehors
de l'hypothèse matérialiste, nous avons tous ressenti des impulsions auxquelles notre volonté n'a pu résister. Elles ne nous
entraînaient pas à des crimes, fort heureusement, et déterminaient
tout au plus des coups de folie. L'homme qui abandonne son
foyer pour suivre une drôlesse ; le joueur qui expose sciemment,
presque sûr qu'il le perdra, l'argent qui devait le faire vivre jusqu'à la fin du mois ; le viveur repenti qui, tout d'un coup, quitte
la campagne et vient à Paris se vautrer dans les plaisirs frelatés
du passé ; le poëte qui se laisse griser par une nuit de printemps ;
le héros qui court à une mort certaine parce qu'un pauvre hère
se noie, sans même qu'il puisse le sauver... j'en passe. Que ces
impulsions soient sublimes ou insignifiantes, il n'en est pas moins
vrai qu'elles existent, irrésistibles pour nous qui, pourtant, avons
tant d'armes pour les combattre. Et, comme conséquence, si
j'étais juré et partisan du système distributif, je me dirais toujours :
« J'ai peu fréquenté de criminels et je ne puis donc consulter mon
expérience. Mais n'est-il pas possible que chez des cerveaux mal
outillés, dans des âmes mal trempées, ces impulsions soudaines,
ces affolements se produisent mais dirigés vers un autre but,
que déterminent leur infériorité organique et la nature de leurs
aspirations ? » Et je suivrais la doctrine du professeur Babnisky ;

je déclarerais *psycopathes* tous les criminels avérés; je les acquitterais en les plaignant. Ou comme l'expert de l'autre jour, je me rangerais à la manie érotique, à la manie homicide, à la manie du vol, et j'enlèverais l'accusé aux gendarmes pour le confier aux docteurs. — L'équité-principe défend de châtier un non-coupable. Est-il coupable celui qui n'a pas été libre de ne pas faire le mal? Va-t-on exiger de moi, simple juré, que j'aie une opinion *certaine* sur le déterminisme, ou me contraindre à envoyer un homme à l'échafaud alors que ma conscience n'a pas tranché cette question de liberté.

Très heureusement pour la société et pour nous tous, ce n'est pas en vertu de ce principe abstrait que l'on juge les criminels. On l'invoque, on l'inscrit dans les codes, on en fait étalage, voudrais-je dire, mais, dans la pratique, il cède le pas à l'instinct de conservation sociale qui est l'extension de la conservation individuelle. La preuve en est aisée : On condamne le 14, un assassin aux travaux forcés. Le 15, un autre assassinat est commis. Le dernier criminel sera condamné à mort. Pourquoi? Son crime n'est ni plus ni moins abominable parce qu'un autre l'a précédé. La culpabilité n'en est pas aggravée d'un iota. — Cette différence de peine va donc directement contre la justice distributive. Mais elle satisfait la nécessité rigoureuse de préservation sociale. Les juges, qui sont nos soldats dans cette lutte contre le mal, voyant s'accroître le nombre des assaillants, changent d'arme, en prennent une plus rapide, plus meurtrière. De même que si un individu n'est pas amendé par un premier châtiment, on l'augmente à la seconde faute, de même on solidarise les ennemis du corps social et l'on frappe des coups toujours plus violents jusqu'à ce qu'on arrive à cet équilibre qui est la loi inévitable de tout agrégat.

Non seulement les tribunaux mais les législateurs obéissent à

cet antipode de la justice distributive. Lorsqu'un délit, quel qu'il
soit, augmente de fréquence, on élève aussitôt la peine destinée à
le réprimer. Nous venons de le voir pour les fraudes douanières.
Et cependant, en quoi le distillateur qui lèse le trésor en 87 est-il
plus coupable que celui qui fraudait en 86 ?

On constaterait partout la même chose. La société, en punissant,
obéit à ce devoir de se protéger, elle et ses membres. Les peines
qu'elle inflige dérivent de deux facteurs : La résistance des agressions qu'elle combat ; le danger qu'elles lui causent.

Est-il, en soi, beaucoup plus coupable de fuir sur un champ
de bataille, alors que l'univers semble s'ébranler, que tout l'être
flotte dans une sphère terrifiante, que d'abandonner sa garnison
pour se livrer aux vices, à la paresse ? Je ne sais ; mais le pays
souffre un dommage immensément plus grand dans le premier
cas et il est aussi légitime de fusiller le fuyard qu'il le serait peu
de fusiller le déserteur en temps de paix.

III

Un acte doit s'apprécier par le danger qu'il fait courir à la société.
Cet axiome, qui permet la répression sans remords, est aussi suffisant que vrai. Si l'on voulait essayer de juger la conduite individuelle en considérant les dommages qu'elle cause à autrui, on
tomberait dans des questions de simple mesure. Il est si peu
d'actions humaines qui ne nuisent à personne ! Nul ne songe à
trouver mauvais que je crée une grande industrie, même si elle
amène la ruine des petits fabricants. Que l'économie nationale
s'alarme de la création des magasins-monstres, à tort ou à raison, soit ! Mais ni le moraliste ni le magistrat ne condamneront
MM. Boucicaut et Jaluzot, bien qu'ils aient conduit à la faillite
des masses de petits ou moyens négociants. Le dommage
causé par eux est évident. Nul ne le conteste, mais il est légitime

puisque la société n'est pas lésée ou entravée dans son but.

Un gros industriel a une réputation parfaitement établie. Depuis longtemps, le public s'est habitué à sa marchandise, l'achète sans examen sur la foi de son nom, sachant y trouver la qualité qu'il aime : spéculant là-dessus, un concurrent imite ses étiquettes, cherche à profiter d'une similitude de nom, fait en un mot de la contrefaçon. Les pouvoirs publics s'émeuvent et répriment ce qu'ils qualifient un délit. Pourquoi ? Le dommage causé ? Non, certes, puisque vous avez laissé le Bon-Marché et le Louvre occasionner des pertes autrement grandes. La question individuelle n'y est pour rien. Seulement, si une marque ou une raison sociale ne sont plus des propriétés protégées par la loi, aucun commerçant ne s'imposera des sacrifices pour créer des produits supérieurs ou pour établir une réputation de loyauté. L'agrégat perdra tous les avantages que lui donnait cette bonne foi, jalouse de se faire reconnaître.

Dans le premier cas, il y avait une bataille entre individus. Dans le second, la société est intéressée et elle se défend.

Elle peut éprouver aussi un dommage indirect. Souvent nous sommes punis sans, en définitive, avoir rien fait qui attentât aux nécessités sociales, comme dans le cas où j'ai une amende pour n'avoir pas éclairé ma voiture, sur une route où j'étais matériellement sûr de ne rencontrer personne. On ne peut expliquer ma condamnation par le respect dû à la vie des piétons, puisqu'il n'y en avait pas. Mais, s'il est une base incontestablement nécessaire à toute collectivité, c'est l'obéissance aux lois qu'elle a choisies pour se régir. Elles peuvent être mauvaises et notre devoir est d'en préparer l'abrogation par tous les moyens en notre pouvoir, sauf en les violant. Le seul fait de désobéir sciemment à une loi, si peu importante soit-elle, est un crime social puisqu'il implique le mépris de la société.

Nous pouvons répéter ce que nous disions au sujet du mariage. Si par des raisonnements plus ou moins spécieux, une femme se convainc qu'elle ne commet aucun mal en devenant adultère, elle devra du moins se laisser refréner par cette pensée qu'elle viole cette loi du monde, à laquelle pourtant elle demande la considération publique. Dans la sphère légale comme dans le domaine des mœurs, en traitant les lois et règlements comme lettre morte, nous sommes d'autant plus coupables que le lendemain nous exigeons qu'ils protègent notre indépendance ou nous assurent la réparation des dommages qui nous sont causés.

Il s'est produit tout naturellement un phénomène que l'on trouve à chaque pas dans les sciences sociales. Dans la pratique, on a perdu de vue l'origine et la justification de la règle pour ne voir que cette règle et en faire un principe. Ce qui est moral, c'est ce qui sert la société, voilà la vérité primitive. Ce qui est moral sert la société, voilà la théorie commune. Le code de morale ainsi formé ne peut évidemment envisager que les généralités et il s'ensuit que, parfois, un individu se trouve placé entre la nécessité de le violer ou de s'abstenir d'un acte profitable ou indifférent à tous. Dans la plupart des cas, le dommage que subit la société en ne profitant pas de cet acte est moindre que celui qui lui incombe chaque fois que l'on néglige ces lois qui sont la matérialisation, la vulgarisation des règles nécessaires à son existence et à ses progrès.

IV

J'ai réservé pour la fin de ce chapitre un exemple qui me semble prouver que l'origine de la morale est bien celle que j'indique. Nous le trouvons dans ce fléau moderne qui est la prostitution. D'où vient le mépris universel, la condamnation unanime qui frappent les femmes vénales ? Ne les comparons pas aux femmes pures, mais simplement à celles qui commettent les mêmes actes sans pensée de lucre.

Meretrix est quæ, palam, pecunia accepta, sine delectu... La femme qui se donne publiquement, sans choix, pour de l'argent, est une prostituée ; celle qui se donne en secret, à un amant préféré, pour rien, ne l'est pas. Ce sont ces deux femmes qu'il faut comparer. L'opinion et les lois les traitent de façon très différente. Pourquoi ?

Les deux premières conditions sont de faible importance. *Palam* est un indice probable de mœurs désordonnées, mais quelquefois d'un amour assez violent pour tout braver. A lui seul, il ne flétrit pas.

Le *sine delectu* est plus grave. Cependant, si le *salaire* n'intervient pas, on peut attribuer le fait de se livrer au premier venu à un état pathologique.

En réalité, aujourd'hui, le caractère infamant réside tout entier dans le *pecunia accepta*. Si le législateur ancien réclamait les deux autres conditions, c'est parce que dans leur réunion, il voyait la preuve que le don avait été la raison dominante, sinon unique de la chute. En effet, il peut se faire que de l'argent soit donné et reçu après une faute qui aurait eu lieu même sans argent. Un exemple : Un chasseur rencontre une jolie paysanne qui résiste mal à son prestige. En la quittant, il lui glisse quelques écus dans la main. Elle accepte, bien entendu, mais il n'y a pas prostitution.

Mais toutes les fois que la preuve de la vénalité peut se faire autrement que par les deux premières circonstances de l'ancien droit, celles-ci sont superflues.

La chose étant définie, examinons l'origine de l'infamie dont on la taxe.

La vénalité, en elle-même, n'est pas condamnable. Vendre le

travail de ses bras n'a été réputé honteux qu'aux époques sombres de l'humanité, et quand la Révolution se serait bornée à établir la dignité du travail manuel, elle n'en resterait pas moins la crise la plus éternellement sublime de l'histoire du monde.

Vendre son esprit, mon Dieu ! c'est ce qu'ont fait et ce que font les grands hommes dont les nations s'honorent. Et ils vendent non pas seulement les fruits de leur intelligence, comme un livre ou une symphonie, mais leur intelligence elle-même. Le médecin, l'ingénieur, l'homme d'État ne font pas autre chose.

Beaucoup de professions adulées, recherchées, obligent ceux qui s'y livrent à vendre à la fois corps et esprit. Le professeur et l'orateur donnent à la fois l'œuvre de leur cerveau et celle de leurs poumons. L'acteur livre en même temps son talent, sa puissance phonique, son visage, son corps, tout lui, en pâture à ceux qui le paient.

Les danseuses... on m'objectera qu'on les respecte peu. Soit ! Mais les chanteuses ont des rôles qui nécessitent l'exhibition de leur corps à peu près nu. Le page des *Huguenots* laisse peu de chose à deviner. Zanetto, du *Passant*, de même. Pourtant, on les admire, on les « reçoit », on les épouse.

Il est donc permis de tout vendre, sauf sa personne, pour un but immoral. Mais pourquoi immoral ? Celui qui achète n'est pas immoral, que nous lui serrons la main. Celle qui se donne gratuitement n'est donc pas immorale, puisque nous menons nos filles aux bals qu'elle donne ? Où donc l'immoralité ? Dans ce trafic ? Cercle vicieux. Il est permis de se vendre sauf pour un but immoral et l'on appelle ainsi celui qui nécessite une convention pécuniaire, tacite ou non. Cercle vicieux par excellence.

Aucun homme ayant étudié cette hideur sociale ne refusera, en outre, les circonstances atténuantes. Au bas degré de l'échelle, nous trouvons la faim, la vraie, comme cause directe de la chute.

Plus haut, sommes-nous autorisés à condamner sévèrement les jeunes filles qui tombent, alors qu'à la sortie de chaque atelier, nous voyons tous les jours des hommes honnêtes les poursuivre et les tenter ? Combien, parmi elles, ont été élevées en dehors des notions du devoir abstrait, combien ont grandi dans une atmosphère de faux sentimentalisme qui les destine au piège!

En vérité, si la justice distributive était souveraine, je me demande comment on pourrait maintenir l'ostracisme dont on les frappe? Si la morale contractuelle avait seule cours, ces malheureuses ne pourraient-elles pas exiger qu'on les estimât mieux, elles qui en violant la loi de chasteté, ont un but louable « vivre » que ceux qui leur vendent les moyens d'existence au prix de ce qu'ils appellent ensuite le déshonneur?

La morale sociologique n'a pas la prétention de sonder les cœurs. Elle n'affirme pas que ces créatures soient coupables. Elle les trouve nuisibles et les condamne.

Nuisibles, parce qu'elles détournent de son but la fonction la plus sacrée de l'être humain ; parce qu'elles permettent à l'homme de n'endosser que tard la responsabilité du chef de famille. Ceci pour les rangs inférieurs de cette détestable armée.

Nuisibles, dangereuses dans les grades élevés, parce qu'elles enlèvent au travail productif les esprits les plus vivaces ; qu'elles troublent l'économie privée à tel point que les peuples dont le commerce est le plus florissant sont ceux où ces créatures sont le plus rares; qu'elles substituent le goût de leur luxe banal aux joies humbles du foyer.

Je laisse de côté les mérites de la chasteté. Mais voilà quelques-unes des raisons qui motivent le verdict de la société en vertu de son droit de propre préservation. Ce sont là des dommages directs.

Le dommage indirect provient de ceci : Les considérations précédentes ont frappé nos ancêtres et, aujourd'hui, sans même

nous les rappeler, nous sommes tous d'accord sur la culpabilité
du trafic de soi-même. Celles même qui s'y adonnent savent le
mépris où elles tombent. Elles acceptent donc de vivre de leur
dégradation, juste ou injuste, et par cela même, la méritent et la
justifient. L'intérêt social à la fois le plus élémentaire et le plus
élevé, veut qu'aucun des membres de l'agrégat n'accepte un
quasi-ostracisme qui ne les laisse qu'à demi solidaires de leurs
contemporains. Cette terrible « mise hors la loi » du vieux temps
ne saurait être volontaire sans que la société renie ceux qui
dénient leurs devoirs et se raillent de leurs droits.

Probablement, il eut mieux valu un autre sujet de démonstration. Je n'en ai pas trouvé qui me permît aussi bien de résumer l'idée sociologique de la morale.

Celle-ci défend que l'intérêt individuel lèse l'intérêt social, en
comprenant celui-ci dans le sens le plus large.

Lorsque la société a proclamé qu'elle jugeait ses intérêts lésés
par telle ou telle action et promulgué une loi tendant à l'empêcher,
c'est commettre une faute que de violer cette loi, même si elle
est trop compréhensive et si, en la violant, on ne commet pas
d'action dommageable.

Le droit de punir se confond avec le droit de défense. Le juge
et le législateur n'ont point à juger la culpabilité de l'acte, mais
seulement à mesurer le danger que cet acte fait courir à la
société, toutes circonstances étant considérées.

Cette morale, sèche en sa forme, est la plus haute qui soit.
Elle est la seule qui se prouve et basée toute entière sur la solidarité essentielle de l'agrégat et de ses membres, elle est aussi
bien un hommage à l'humanité qu'à son créateur et Montesquieu
ne la définissait-il pas en même temps que les lois ? Comme
celles-ci, elle est l'expression des rapports nécessaires qui dérivent de la nature des choses.

LIVRE V

PATRIE

I

La famille groupa d'abord les hommes au début par la nécessité qu'ils en avaient. Plus tard, par la soumission commune à l'autorité paternelle et plus tard encore par la solidarité familiale si profitable à toutes les sortes d'intérêt. Afin de conserver la paix entre ces familles, de régler les conflits autrement que par la force, surtout de régir les intérêts collectifs que ne pouvaient manquer d'avoir un certain nombre de familles vivant côte à côte, on les réunit en une sorte d'être nouveau qui s'appelait ici la tribu, là la cité, et dont la définition nous a été donnée par Cicéron : *Civitas est societas juris.*

Il est dans la nature humaine de tout aimer et de tout servir de façon comparative. L'individu s'attacha d'autant plus à cette fraction du corps social à laquelle il appartenait, la servit d'autant plus utilement qu'il eut un plus vif désir de l'élever au-dessus de ses voisines et rivales.

La nécessité de pouvoir défendre les droits collectifs si la force les attaquait opéra le groupement de ces petits états, soit par alliance, soit par conquête. Les nations naquirent. M. de Lamartine, dans sa *Marseillaise de la paix*, chantait :

> Nations, mot pompeux pour dire barbarie,
> L'égoïsme et la haine ont seuls une patrie
> La fraternité n'en a pas.

Et M. de Lamartine se trompait lourdement. Qu'aujourd'hui, l'utopie se réalise de faire un seul peuple du milliard d'êtres qui peuplent la terre et demain nous les verrons progressivement retourner à une division que les différences de climat, de mœurs et de traditions rendent inévitables. Mais outre que c'est une nécessité, ce n'est pas une nécessité regrettable.

C'est une conception très fausse que d'opposer la patrie à l'humanité. Etres faibles, sûrs de nous tromper si nous visons un but trop élevé, nous servons l'humanité à travers la patrie et par elle. De même, nous savons que l'on se trompe en faisant des droits individuels l'antithèse des droits collectifs, qui n'en sont que la résultante. Un individu n'a guère d'autre moyen de servir utilement les intérêts généraux que de ne pas laisser péricliter les siens propres.

Pour assembler dans une même grande famille des hommes qui, grandis sous le même climat, ont des mœurs semblables, profiter de cette réunion pour diminuer les obstacles qui séparent l'humanité du progrès; de plus, pour donner à chacun de ces citoyens sa part de l'héritage moral et matériel qu'ont laissé les générations écoulées; dans l'âme de ceux que les besoins clouent à un travail abrutissant, mettre cette fierté d'être citoyens de leur pays, cet idéal de le servir glorieusement, voilà le rôle sociologique de la patrie. Son importance est accrue sans limites par les traditions. Depuis l'origine de l'histoire, nous trouvons toujours des rivalités de pays à pays et dans notre sang nous voyons se glisser l'instinct du patriotisme exclusif. Nos pères nous disent les douleurs et les gloires de la patrie ; par un phénomène psychologique singulier, nous voyons à la fois dans la patrie comme un élargissement de nous-même, comme une grande famille et comme la quintessence de la société entière. Nous l'aimons et la servons comme nous-même ; les outrages qu'elle reçoit, nous frappent droit à la joue ; sa prospérité fait notre prospérité ou en dérive. Semblable à la famille par la solidarité morale qui relie tous ces citoyens, elle ne pourrait d'ailleurs lui être comparée sans être amoindrie, sinon à une famille dont le nom fût assez illustre pour être connu de l'univers entier. Que l'on se rappelle la différence des devoirs qui incombent à l'héritier d'un pareil nom et de ceux qu'entraîne un nom parfaitement obscur, et l'on verra combien la patrie peut lui demander davantage que la famille. Enfin, elle est bien pour nous la réalisation de cette chose abstraite que l'on nomme la société. C'est elle qui nous en assure les bienfaits. Elle en est la représentation vivante. De plus, elle est attaquée ou par des rivaux ou par des ennemis et le sentiment d'émulation qui est un des plus nobles ressorts du progrès humain nous fait l'aimer d'autant mieux. La tradition, l'orgueil personnel, l'intérêt privé, se joignent en faisceau pour appuyer ce sentiment que l'on nomme le patriotisme.

II

Nous avons dit que les intérêts nationaux étaient à l'humanité ce que les intérêts individuels sont à la collectivité. Spencer exprime cette pensée en disant que le patriotisme est aux nations ce que l'égoïsme est aux individus. Il en dérive que ces deux sentiments ont des limites communes ou plutôt semblables.

Notre égoïsme cesse d'être bienfaisant lorsqu'il entrave dans son action l'égoïsme d'autrui, il devient dangereux s'il méconnaît le besoin que chacun de nous a de ses semblables. Pareillement, le patriotisme perd sa grandeur s'il attente au patriotisme d'autrui. Il va directement contre son but et compromet les intérêts qu'il croit servir lorsqu'il tend à faire de la nation une sorte de peuple isolé, ne se souvenant de l'existence d'autres peuples que

pour les haïr ou les mépriser. Si l'idée patriotique sagement
réglée donne aux citoyens la dignité et la confiance en soi-même
qui sont indispensables à tout progrès, en revanche lorsqu'elle
dévie, elle les lance dans les entreprises condamnées à l'échec
ou à une contre-mine ; elle leur inspire cette vanité aussi funeste
que l'orgueil est fécond.

La conduite d'un homme vis-à-vis de son pays et des autres
pays est ordinairement réglée par des lois positives. Par conséquent, ce sont ces idées surtout qui influencent le faux patriotisme.

On pourrait presque assigner au patriotisme une sorte de
frontière, rudimentaire, grossièrement définie mais qui aurait cet
avantage de s'apercevoir aisément. Pourquoi lui permettre plus
qu'à l'égoïsme ? Nous reconnaissons souvent que l'excès de
celui-ci est un défaut ; au contraire, le patriotisme nous paraît
ne pas devoir connaître de bornes et je confesse avoir écrit
quelque part qu'il n'existe que lorsqu'il est excessif ; c'est une
erreur qui devient évidente par cette simple comparaison avec
l'égoïsme. On ne le reconnaît pas. Alors que l'on trouve très naturel et très sage qu'un homme convienne de sa propre infériorité
et se voue exclusivement à une carrière en rapport avec sa
valeur, on blâmerait sévèrement tout citoyen qui voudrait convaincre son pays qu'un autre pays lui soit supérieur.

Dans la vie privée, il nous arrive souvent d'avoir des torts, et,
du moins quelquefois, de le reconnaître ; on nous en estime d'autant plus ; de même si un de nos proches commet une faute, nous
l'avouons et nous la lui reprochons. Si notre pays commet vis-à-
vis d'un pays voisin un véritable crime, nous sommes tenus de
n'en rien dire, de n'en rien voir sous peine d'être considérés
comme une sorte de traître. Il n'y aurait que demi-mal, si nous
apprenions l'histoire des autres peuples d'une façon objective.
Dans ce cas, libres d'opinions préconçues, l'histoire de la Suède

et de la Russie nous permettrait peut-être d'acquérir d'exactes idées sociologiques, mais au contraire c'est toujours subjectivement que nous étudions la vie des autres nations, et l'on pourrait mettre comme sous-titre aux ouvrages qui en traitent : « par rapport à la France ».

Le théâtre s'est beaucoup moqué d'industriels enrichis qui voient dans l'industrie la seule fonction sociale louable, qui ont un souverain mépris pour les non-industriels et qui sont tout prêts à jauger le génie sur sa cote à la banque. Ils ne sont pas plus ridicules que nous, ne voulant reconnaître ni admirer que nos compatriotes et assez portés à serrer la main en signe de condoléance à ceux qui ont le malheur de ne pas être nés chez nous.

Nous trouvons des exemples des erreurs qu'engendre le préjugé patriotique dans l'histoire de toutes les guerres. Les Allemands se racontent encore les cruautés et les exactions que les Français leur firent subir au commencement de ce siècle. Nous ne sommes pas près d'oublier celles dont nous avons été victimes de leur part. Ni eux ni nous ne reconnaîtrons jamais qu'il y a eu réciprocité. Les Anglais remplirent le monde de leurs cris d'indignation lorsque Pélissier enfuma les grottes où s'étaient réfugiés les Arabes. Plus tard, après avoir fusillé en masse un groupe d'Indiens rebelles, ils mirent le feu au tas parce que quelques-uns respiraient encore. La même année, à Delhi, ils enfermèrent dans un cachot trois fois plus de prisonniers de tout sexe que le cachot n'en pouvait contenir, ils n'y parvinrent qu'en les entassant non pas même comme des bêtes destinées à l'abattoir, mais comme des sacs de blé. Le lendemain, le dixième à peine vivait encore Après cela, ouvrez un livre anglais sur la Russie et vous y verrez avec quelle horreur ils décrivent les cruautés russes ou indiennes. L'idée de parti et notre hostilité à

Napoléon III, nous ont amené à rendre justice à Juarez, mais pendant longtemps, peut-être même encore, Maximilien a été pour nous la seule figure sympathique de la tragédie mexicaine. Aucun de nous n'a cherché à imaginer les sentiments que nous éprouverions si l'Europe coalisée nous imposait la tyrannie d'un archiduc d'Autriche. On peut insister sur ce fait : lorsque l'individu accomplit un acte quelconque, pour le juger, nous nous substituons à lui en pensée ; comme l'on dit, nous nous mettons à sa place ; lorsqu'il s'agit de la patrie, nous nous croirions coupables de procéder ainsi et nous nous refusons à assimiler l'acte de Bonaparte annexant la Hollande à celui de Guillaume nous dérobant l'Alsace.

Nous cessons en ce cas de raisonner, nous ne faisons plus que sentir. Il est quelquefois très sage de penser avec son cœur, mais à une condition, c'est de reconnaître aux autres le droit d'en faire autant. Pour montrer d'une façon plus évidente encore combien le préjugé patriotique altère la conscience générale, comparons les deux grands faits de l'histoire du siècle : la révolution et l'empire.

III

De cette grande chose qui fut la féodalité, seuls les abus survivaient. Les classes dirigeantes avaient déserté leurs devoirs pour mieux exercer leurs privilèges ; les oisifs pouvaient tout, les producteurs rien. La corvée, le droit de chasse, celui de mouture et la dîme s'unissaient à la déplorable administration des propriétaires pour rendre perpétuel cet état de famine que Labruyère a peint d'ineffaçables couleurs. L'industrie était couchée sur un lit de Procuste, nul n'avait le droit de faire mieux que les autres. Perfectionner était illégal et les inventeurs étaient mis à l'amende. Le pouvoir judiciaire faisait de l'iniquité un dogme. Et au-dessus de cette faim générale, de cette barbarie mal déguisée, de ces souffrances universelles, le luxe effréné et la luxure odieuse de privilégiés imbéciles. La même année, le roi, dans ses chasses, voyait des hommes périr d'inanition devant lui, et donnait à une prostituée ce meuble somptueusement bête, une toilette d'or massif.

Le peuple se souleva et, d'un seul coup de son épaule puissante, fit s'écrouler l'édifice vermoulu ; alors, dans leur incorrigible aveuglement, les privilégiés de la veille oublièrent qu'ils étaient Français pour se rappeler qu'ils étaient nobles ; les uns s'enrôlèrent sous la bannière de l'étranger pour combattre la France nouvelle ; les autres restés ici, devinrent les espions de nos ennemis. La nation, indignée de voir que, non contents de l'avoir spoliée, abaissée, torturée pendant des siècles, ces hommes voulaient encore l'empêcher de se bâtir une maison avec les ruines de son cachot, la nation s'affola ; l'heure de la vengeance était venue ; elle fut d'autant plus terrible qu'elle contenait la crainte de voir revenir ce temps où le peuple ne vivait que de faim, où les rois mouraient de luxure.

Quel jugement porte-t-on sur les journées de la Terreur ? Tout le monde le sait.

Un jour vint où, lasse de la liberté, la nation se laissa conquérir par un homme dont les forces étaient faites de génie et d'absence de sens moral ; le mensonge était sa règle ; sa barbarie dépassait la barbarie des empereurs romains. En Egypte, il décapite deux mille fellahs pour venger cinquante de ses soldats ; à Jaffa, il fait passer au fil de l'épée deux mille cinq cents hommes qui s'étaient rendus ; sa soif, ou du moins son mépris du sang humain se révèle sans cesse. Un jour, il rêve d'importer en France les jeux du cirque païen ; plus tard, il ordonne de sang-froid un inutile combat pour donner à sa maîtresse le spectacle d'un engagement. Qu'un tel homme ait déshonoré la justice en mettant des têtes à prix, qu'il ait consterné la conscience humaine par le lâche assassinat du duc d'Enghien, qu'il ait payé sa couronne en nous volant la liberté, quoi de plus naturel! Cet homme, dans le seul but d'assouvir sa soif de despotisme, de satisfaire sa vanité maladive, a fait tuer sur les champs de bataille plus de trois millions d'hommes, a retardé de plus d'un siècle la maturité des fruits de la Révolution. Il a ruiné la France, lui a aliéné le monde, l'a laissée démembrée et envahie. Cependant, et c'est une honte vraie pour nous tous, nous sommes fiers d'avoir été le jouet de cet homme-fléau; il semble que la patrie s'enorgueillisse d'avoir été violée par ce mâle puissant.

D'un côté, des hommes sans intérêt personnel, sacrifiant leur vie, immolant leur gloire pour donner à leur pays la plus légitime des vengeances et pour inspirer à ses ennemis la plus nécessaire des intimidations; dans ce but, sacrifiant dix mille hommes reconnus coupables ou de bonne foi supposés tels. De l'autre, un monstre sacrifiant deux millions d'existences, la liberté de son pays, commettant tous les crimes que la corruption effrénée unie à la toute-puissance peut commettre, sans autre excuse que d'être né une bête de proie.

Aux premiers, à ceux qui ont sauvé la patrie, tous nos mépris; au second, à celui dont le parjure amena Waterloo, toute notre admiration (1).

D'où vient donc cette aberration du jugement public? Est-ce la grandeur de ce tigre qui nous éblouit? Non, car la Convention, elle aussi, avait la grandeur et de plus la majesté sereine des hommes et des choses justes. En outre, il faudrait à ce compte, admirer la peste et le choléra qui sont aussi de grands fléaux. A

____

(1) Voy. H. Spencer, *Principles of Sociology.*

moins d'admettre que l'admiration populaire va droit à la perversité sans bornes, nous trouvons là un des méfaits habituels des préjugés patriotiques.

Les victimes de la Révolution étaient des Français et nous pardonnons à Bonaparte d'avoir perdu cinq cent mille de nos concitoyens en Russie, parce qu'il a fait tuer deux cent mille Russes. Nous oublions les deux invasions et Waterloo, en nous rappelant qu'il a humilié l'Europe; nous ne lui en voulons pas d'avoir laissé la France épuisée, exsangue, puisqu'il a ruiné le monde. Ce deuil universel nous semble plus beau que la grande œuvre révolutionnaire, qui n'avait en vue que la France. Inconsciemment, nous préférons le criminel abandonnant son foyer pour aller piller sur les grandes routes, y laissant la vie de ses hommes et l'honneur de sa maison, que le juste père de famille qui ne vise qu'à faire de ses fils autant d'hommes probes et libres, et heureux par surcroît, s'ils savent l'être.

Ce n'est pas seulement l'équité sociale qui souffre de cette déviation du patriotisme. Les intérêts nationaux eux-mêmes s'en trouvent fort mal. Pareils en cela au parvenu que sa suffisance aveugle, les peuples où le patriotisme est à l'excès se lancent dans les entreprises téméraires et, en tout cas, ne recueillent pas les fruits que devrait leur donner leur qualité de membres de l'agrégat universel.

Sous le rapport matériel même, le bien-être est diminué chez les nations qui tendent encore à ne consommer que des produits indigènes; c'est surtout l'essor intellectuel qui en est compromis. Un peuple ne peut acquérir aucune véritable notion sociologique, s'il s'obstine à se croire le modèle parfait à imiter.

Nous avons cessé de croire que notre organisation politique et militaire fût la seule bonne, mais nous sommes encore parfaitement sûrs que nos habitudes et nos mœurs sont incomparable-

ment préférables aux habitudes et aux mœurs des divers autres
pays. Depuis la toilette des femmes jusqu'aux conférences des
savants, depuis les œuvres d'art jusqu'aux beautés naturelles du pays, nous trouvons que chez nous, tout est mieux
qu'ailleurs. — Nous le trouvons si bien, qu'au moment où j'écris,
je me dis à moi-même que nous n'avons pas si grand tort de
le trouver. Nous reconnaissons quelquefois notre infériorité
dans l'industrie, mais nous le faisons avec une modestie vaniteuse, comme le gentilhomme reconnaissant qu'il n'entend rien
aux affaires.

IV

Peut-être, dans l'immense avenir, viendra un jour où chaque
nation retirera de l'existence de ses voisines seulement les avantages, où une communion pacifique les réunira, où chaque
peuple sera comme un citoyen du même pays. Ce moment là,
l'an premier de l'ère nouvelle, sera infiniment retardé par l'excès
du patriotisme. Je reconnais volontiers, par exemple, qu'il le serait
bien davantage par l'absence du patriotisme. Les rêves singuliers
des adversaires de la patrie sont les plus dangereux du monde;
ils prétendent, à faux, parler au nom de la science sociologique;
celle-ci affirme, bien au contraire, la nécessité des nations
servies et défendues par l'amour jaloux de leurs citoyens.
Il est impossible en effet de concevoir un seul gouvernement, un seul code pour régir tous les hommes. Ceux-ci ont des
mœurs qui proviennent à la fois des traditions que les siècles
seuls pourront effacer et des climats que nous devons subir. Le
même système d'administration ne saurait convenir à un pays où
la population est dense et au nègre du Congo. Je sais bien qu'on
pourrait faire une fédération d'États avec leur constitution particulières, mais ce n'est guère autre chose que l'alliance entre les

nations; l'exemple des Etats-Unis, en Amérique, n'est pour rien
là dedans. Ce grand peuple avait tout entier été formé d'émigrants et de fils d'émigrants ; tous avaient déjà renoncé à leur
patrie et en tout cas, ils pouvaient en faire une du district où
leurs intérêts les appelaient. Construisant sur un terrain absolument libre, ils ont constitué une division utile à la marche des
affaires publiques et privées et ils voient la patrie dans le total
de ces petits Etats. Mais si, en Europe, en Asie, vous réunissez en
fédération les peuples qui ont une histoire privée, une existence
nationale longue et active, de deux choses l'une, ou cette fédération ne sera qu'une forme développée de l'alliance pacifique
entre ces peuples ou, si elle tente une unification impossible,
elle ne durera pas.

L'individu a sur la société des droits absolus ; elle doit lui
donner la protection de sa personne et de ses biens, non pas
seulement contre les empiétements de ses semblables, mais
encore, et d'autant plus que l'humanité progresse davantage,
contre les obstacles naturels. Les travaux publics de tout genre,
l'instruction, les arts, la protection de l'industrie contre l'infériorité qui résulte d'une cause locale, tout cela l'individu l'attend à
bon droit de la collectivité ; elle lui doit plus encore, l'estime
générale qui récompense l'homme utile et loyal, la notoriété pour
celui dont les services aident grandement ses semblables, et la
gloire pour le génie ou les héros qui honorent leur pays. Elle ne
peut s'acquitter de ces dettes qu'en se substituant la Nation.

Si même on parvenait à anéantir ce sentiment qui est très heureusement devenu un instinct, on devrait désirer le voir renaître ;
en lui réside l'origine de l'émulation la plus féconde. L'homme
heureusement n'est pas seulement de la matière, ou du moins la
matière qui le forme a le privilège de concevoir l'abstrait. Rien ne
l'élève autant au-dessus de lui-même, rien ne le porte autant

envisager ses devoirs d'être social que son amour de la patrie.

Servir son pays est une façon de servir l'humanité ; aimer ses concitoyens, c'est aimer ses semblables. Vouloir trop élargir l'humain lien, c'est courir le risque de voir se rompre le faisceau. Supprimer la patrie, c'est renoncer de gaieté de cœur au plus noble stimulant de tous les efforts, c'est nous enlever un orgueil du cerveau, une fierté de l'âme ; perdre le fruit de tant de sacrifices que l'on fait si volontiers pour le pays dont on est fils. Tenter de l'élargir jusqu'à lui faire embrasser l'humanité, c'est vouloir le remplacer par l'égoïsme et le seul souci des intérêts personnels. Si l'on compare le souci que prend un homme des besoins de sa famille avec celui qu'il prend des intérêts de son pays, si l'on se rappelle qu'il faut envisager, non pas seulement les politiciens, mais ces millions d'hommes qui font la nation, on trouvera une différence sensiblement égale à celle qui sépare notre amour pour la patrie et notre attachement possible à l'univers confédéré.

La science sociale a beau ne pas être une science positive, elle s'occupe pourtant bien plus de ce qui est que de ce qui pourrait être. Le patriotisme aujourd'hui n'est pas un résultat ; il est une origine. Il constitue un des facteurs de la vie sociale, et assurément une des bases du progrès espéré ; il n'est très évidemment pas une idée préexistante à la société, mais, transformation séculaire de l'idée de famille, engendré par la nécessité des rapports entre un individu et la somme des individus, il est passé à l'état d'instinct comme la famille et la propriété. Il était à peu près inutile de démontrer qu'il est fécond et bienfaisant, puisqu'il est et sera toujours.

LIVRE VI

I

Des hommes, en grand ou en petit nombre, s'associent pour vaincre une difficulté quelconque, traverser un désert, chasser des bêtes féroces ou construire n'importe quoi. Dès le premier jour, ils reconnaîtront qu'à chaque pas de leur entreprise, des divergences d'avis vont se manifester.

Elles sont dues d'abord à la façon différente dont chaque esprit envisage une même question, et aussi à ce fait que le premier ayant donné son avis, le second est naturellement porté à avoir un avis contraire, à la fois pour ne pas sembler subordonner son jugement à celui d'un autre et pour prouver que lui aussi a étudié soigneusement le point en litige. C'est là un phénomène moral facile à observer chez tous les individus dont la culture n'a pas amendé l'amour-propre, tels que les paysans. Comme cette division revient à chaque instant, les associés la suppriment en donnant à l'un d'entre eux le soin de décider; il devient le chef.

Donc, aux premières lignes de ce chapitre, nous trouvons un triomphe de l'individualité, absolument pareil à celui que lui donne ce fait banal de mettre un caporal à la tête de quatre hommes. Quelque intelligents que soient ceux-ci, ils sont incapables d'accomplir la mission qui leur est donnée s'ils n'ont pas avec eux un *esprit qui veut, juge, et résout* à leur place.

Le groupe primitif, le village, tribu ou peuplade, fut, bien entendu, soumis à la nécessité de faire diriger par les plus habiles ses entreprises actives. Dans sa vie intérieure, il confia à un de ses membres le soin de décider dans les litiges qui survenaient entre particuliers et de réprimer les actions qui nuisaient aux individus ou mettaient le groupe en danger. Si des relations extérieures devinrent nécessaires, on délégua un ou plusieurs ambassadeurs pour les mener à bien ; il arriva souvent que pour parer à une disette éventuelle, on mit en réserve une portion d'une récolte abondante. L'insouciance individuelle aurait vite dissipé cette épargne. On en confia la garde à des individus prudents et intègres. Le mariage, sous une forme rudimentaire, naquit très vite, et pour se distinguer du simple accouplement, demanda quelques formalités et un magistrat pour les accomplir. La réunion de ces attributions diverses constitue un embryon de gouvernement : le chef des expéditions, le juge, le trésorier et ce que l'on serait tenté d'appeler l'officier de l'état civil primitif. Autant le choix à faire des individus aptes à ces fonctions que la nécessité de les surveiller et d'établir les rapports entre ces fonctionnaires amena bien vite l'institution d'un chef suprême, élu de cent façons différentes, mais dirigeant absolument ses subordonnés.

Ce type primitif de gouvernement fut altéré. La superstition est une conséquence directe de la double nature de l'homme. Du moment qu'il admettait une puissance extérieure, s'occupant de le diriger et de le juger, il était avantageux pour les chefs de faire servir à leur autorité la terreur qu'inspirait cette puissance mystérieuse. Depuis la désignation du grand chef par les prêtres du soleil jusqu'à la consécration de Charlemagne, premier empereur d'Occident, sans oublier les services que les augures rendirent aux Césars, c'est de là que viennent toutes les autorités de droit

divin qui ont remplacé pendant si longtemps la libre délégation
que leur intérêt dictait aux citoyens.

Même en déviant ainsi, c'était là un gouvernement, pour ainsi
dire, national. Que la soumission du peuple provînt de sa superstition, de son ignorance ou de son incurie, elle était volontaire.

Le règne de ce chef ou de sa famille ne durait qu'autant que
cette soumission elle-même ; mais bientôt les guerres amenèrent
des conquêtes. Un même pays nourrit une race conquise et une
race conquérante ; le chef de cette dernière gouverna le peuple
autochtone non point parce que celui-ci y consentait, mais en
vertu de la force que lui donnait l'armée d'invasion ; plus tard
même, quand la fusion se fut faite, les descendants des envahis-
seurs, par les richesses qu'ils avaient amassées, par le prestige
qui les entourait et aussi, il faut le reconnaître, par la culture
supérieure qui était leur partage, formèrent une classe à laquelle
l'autorité était réservée sans conteste. Sans prendre nos exemples
dans les temps préhistoriques ou dans les îles de l'Océanie, l'invasion des Francs au début du vᵉ siècle, la conquête de la Sicile
et celle de l'Angleterre par les Normands confirment absolument
cette origine d'un pouvoir né en dehors du peuple, d'un élément
étranger venant diriger despotiquement l'élément indigène.

Même dans les pays qui furent préservés de l'invasion, et en
vérité ils sont bien rares ceux qu'ont épargnés les effroyables
migrations des conquérants, il se produisit un phénomène de
sélection dont l'issue est identique.

Les fonctions devinrent rapidement héréditaires par la facilité
qu'avaient les fonctionnaires d'assurer leur succession à leurs
descendants. La loi d'adaptation donna à ces privilégiés les
qualités propres du gouvernement, de la domination, tandis
qu'elle donnait aux autres l'instinct de soumission et d'obéissance.
Peuples conquis, peuples purs de tous mélanges arrivèrent à un

résultat semblable : une minorité gouvernant héréditaire-
ment une majorité, pensant pour elle, lui imposant des lois,
la contraignant au travail et vivant de ce travail.

A une certaine période de l'histoire sociale, nous trouvons
partout un roi absolu entouré de ses féaux, ceux-ci dominant leur
siècle par la terreur de la puissance royale qui les aurait aidés à
écraser toute rébellion, celui-là régnant parce que les seigneurs
étaient ligués pour le soutenir et que le peuple, qui avait la force
et la faiblesse du nombre, ne l'était pas pour secouer le joug et
qu'il avait fini par l'accepter docilement. De cette organisation
politique, que tous les peuples d'Europe ont traversée, dérivent
toutes les formes actuelles de gouvernement. A la vérité, la modification s'est opérée différemment suivant que ce pouvoir avait
ou non une origine étrangère et aussi suivant les mœurs et les
traditions des peuples.

II

Nous voyons en Angleterre que l'évolution s'est faite par
degrés. Chaque échelon de la hiérarchie sociale recevant à son tour
une plus large part dans l'autorité, les hauts barons ont contraint
le Roi à leur garantir des droits et des profits. Les simples posses-
seurs du sol, plus tard, ont exigé et acquis de protéger leurs
domaines et de gouverner leurs intérêts. Enfin, nous assistons à
l'heure actuelle à un essai de suffrage universel. En France, au
contraire, la noblesse s'est contentée de faire cortège à la majesté
royale.

Elle a fait du souverain le représentant et la synthèse de son
autorité ; c'est le peuple suppléant par un groupement partiel à
l'infériorité résultant de son grand nombre, qui a borné la toute-
puissance royale. A l'abri de ces bornes, des talents ont germé,
qui ont fait revivre les traditions que l'invasion avait effacées,

qui ont atténué d'abord les déplorables effets de cette tyrannie née de la force et qui ont ainsi donné au peuple la possibilité de l'abattre. Nous voici donc en présence des trois formes élementaires de gouvernement : au commencement et à la fin, les démocraties où tous les citoyens délèguent aux plus aptes les fonctions dont la collectivité ne saurait s'occuper ; la monarchie, où un homme hérite du pouvoir absolu d'organiser et de diriger un peuple ; l'oligarchie, où ce chef unique et héréditaire est remplacé par une caste, exerçant le même pouvoir aussi par hérédité.

Naturellement ces formes simples se combinent entre elles ; si la monarchie s'allie à l'oligarchie, elle devient cette monarchie aristocratique à laquelle 1789 a mis une fin. Si, dans cette alliance, on laisse entrer le facteur démocratique, on obtient la monarchie constitutionnelle qui, suivant que les deux éléments secondaires varient de proportion, peut être l'organisation presque féodale de l'Autriche ou le gouvernement « juste milieu » de 1830. La monarchie quelquefois, lorsque la faiblesse de l'aristocratie rend celle-ci inutile, ou que sa force la rend redoutable, s'allie directement avec les classes profondes de la société ; cela s'appelle le césarisme, produit hybride de l'hérédité et du consentement général.

Alors même que le gouvernement sort des libres délégations des gouvernés, il prend diverses formes ; au fond, il a plus ou moins de similitude avec ces trois régimes ; dans le but d'éviter la crise que détermine l'élection au pouvoir suprême, pour ne pas subir les maux des compétitions que le décès du chef fait éclater, la nation peut parfaitement résoudre que la dignité royale sera héréditaire. Une pareille institution n'est pas forcément despotique ; elle peut être entourée de telles conventions que le Roi ne soit plus que le représentant de la nation et pas du tout son maître. L'Angleterre nous en offre un exemple. Et chaque pays d'Europe, étant vis-à-vis des autres dans la même situation que l'individu vis-à-vis de ses semblables, il peut avoir intérêt à être représenté par un homme seul dont la parole aura cette importance que lui ou son fils seront encore au pouvoir quand le moment de la tenir sera venu.

A l'heure du danger, le peuple peut mettre à sa tête celui dont il aura reconnu le génie, suivre aveuglément ses ordres, mais cette puissance ainsi accordée ne survit pas au péril qui l'a fait naître. L'essence des dictatures est d'être temporaire. A moins que l'état mental d'un peuple n'appelle la tyrannie, il ne subira pas aux époques de paix et de calme la règle de fer qui fut son salut dans la guerre ou dans une crise. Si une nation croit inutile, arrivée à un certain degré de développement, d'avoir recours à l'hérédité, elle devient la république. Il faut convenir qu'il y a autant de républiques possibles que de peuples, mais c'est du reste fort logique, puisque, émanant de la seule volonté des gouvernés, cette forme de gouvernement doit varier avec les mœurs qui la produisent. Depuis la république de Pologne dont le chef était roi, la république de Venise où il s'appelait doge et n'était que l'instrument docile, le prête-nom d'une oligarchie parfaite, jusqu'à la république des Etats-Unis où le peuple se gouverne à peu près lui-même et à la nôtre où il se dirige par ses délégués, tout cela est la république ; sa qualité spéciale, celle qui suffit à la caractériser, c'était autrefois la non-hérédité de la première magistrature. On y a ajouté aujourd'hui l'intervention de tous les citoyens dans le gouvernement ou dans le choix du gouvernement ; en un mot la république d'aujourd'hui est démocratique ou n'est pas.

Même en précisant ainsi ce que doit être la république, elle peut offrir d'importantes modifications. Il n'est pas besoin pour

les trouver d'aller plus loin que le différend entre la centralisation
et le fédéralisme. Elle peut être libérale ou autoritaire, conserva-
trice, progressiste ou révolutionnaire ; elle peut accorder plus ou
moins de faveur à ceux que leur culture et leur adaptation personnelle paraissent rendre plus aptes aux travaux politiques ou,
au contraire, ne confier les fonctions gouvernementales qu'aux
membres de ces classes qui en furent exclues si longtemps. Elle
n'en reste pas moins la république démocratique.

III

Nous pouvons examiner maintenant les divers moyens que
prennent ou subissent les peuples pour diriger leurs affaires.

La monarchie absolue et héréditaire, qu'elle soit imposée à la
suite d'une défaite nationale ou qu'elle provienne d'une élection
intérieure, n'est guère subie que lorsqu'elle est réellement un
besoin. Lorsque la masse s'agite pour s'y soustraire, l'heure de
sa fin est prochaine. Basée sur la grande différence de civilisation
entre le gouvernant et la gouverné, instituée en vue d'effacer
cette différence, elle porte en elle le germe de sa chute. Les rois
oublient souvent le but en vertu duquel ils existent ; ils ne sont
pas bien loin de croire que leur trône est une propriété aussi
inviolable qu'un domaine patrimonial ou un titre de noblesse.
Dans le milieu où ils se meuvent, de la hauteur où ils planent, il
leur échappe qu'on peut léguer une terre, une marque tangible
de la valeur de ses ancêtres, mais qu'on ne lègue pas des
hommes.

La croyance où ils sont peut bien les pousser à la résistance
lorsque le peuple demande la nullité ou la revision du contrat
qui leur a donné le sceptre, mais ne retarde pas d'une heure une
date qu'elle ne peut qu'ensanglanter.

La faute que commettent les souverains en ne voulant pas

accorder à leurs sujets une organisation politique, d'accord avec
le développement de leur esprit, n'est surpassée que par celle des
révolutionnaires de profession qui veulent absolument priver un
peuple d'une domination que lui, peuple, considère comme une
tutelle et comme une tutelle nécessaire ; alors que la résistance
des rois retarde à peine le progrès, l'œuvre des révolutionnaires
le compromet irrévocablement et d'ordinaire détermine la perte
du progrès déjà fait.

Dans une monarchie oligarchique, où le pouvoir royal est soutenu par les feudataires, parce que ceux-ci le partagent, la révolution sera moins prompte ; elle pourra tarder beaucoup à venir. Les
plus aptes au gouvernement, ceux que leur intelligence cultivée
et plus propre aux idées générales, porte à s'intéresser aux
affaires publiques, ont une part d'autorité et intérêt à maintenir
l'ordre de choses existant. Vivant à une distance moins grande du
restant de la population, ils lui rendent des services, la séduisent
par leur luxe et parviennent à la rendre fière de leur splendeur.
La révolution pourra même ne jamais éclater, si l'aristocratie a
l'intelligence de ne pas se fermer aux génies ou aux talents nouveaux venus, le bon sens de reconnaître qu'un grand homme
vaut autant que son arrière-petit-fils. S'incorporant ainsi progressivement les forces vives du pays, la classe gouvernante s'éten-
dra peu à peu jusqu'au moment où elle sera majorité. Rien dans
cette forme de gouvernement n'est contraire aux idées sociologiques. Que le principe d'égalité en soit blessé, cela est certain
et cela confirme précisément que la science peut l'approuver. La
doctrine de l'égalité est par excellence anti-scientifique. Nous
dirons plus loin que, s'il est possible de chercher dans l'égalité
des droits l'origine d'un gouvernement stable et bienfaisant,
c'est une utopie que d'espérer l'égalité du pouvoir politique. On
peut bien en un mot égaliser les conditions de la lutte pour le

pouvoir, mais entre les combattants le plus vigoureux est celui qui gouverne. Le défaut de l'oligarchie, c'est que les qualités qui ont fait choisir les gouvernants survivent peu d'ordinaire à leur triomphe, qu'ils cessent de comprendre leur rôle pour se vouer tout entiers à la jouissance de leurs privilèges; en outre, et par son essence même, l'aristocratie n'ouvrira ses rangs qu'au grand homme vieilli et à la condition qu'il ne professe pas d'idées contraires à celles qu'elle croit nécessaires à sa propre conservation.

Elle suivra bien le développement de l'esprit public, mais d'un pas boiteux. Chaque jour accroîtra la distance qui les sépare; une heure arrivera où de nouveaux droits et de nouveaux besoins existeront dont elle n'aura pas l'idée; elle s'écroulera comme tout ce qui est inutile en ce monde.

La monarchie constitutionnelle varie de nature, avons-nous dit, suivant qu'elle fait entrer dans une proportion différente la démocratie ou l'aristocratie. L'Angleterre, jusqu'à la réforme de 1840, était une monarchie constitutionnelle aristocratique. On aurait pu la croire plutôt aristocratique puisque tous les droits politiques dont le Roi était privé, appartenaient à une classe héréditaire. Les seules garanties données au commun des mortels étaient d'ordre civil, ce qui est bien loin d'en diminuer l'importance et qui ne peut altérer le caractère oligarchique de la constitution.

Sous la Restauration, nous avions aussi un gouvernement constitutionnel; sinon en principe, du moins en fait, car il importe peu que la liste des restrictions imposées au pouvoir royal s'appelle charte octroyée ou charte constitutionnelle.

Mais par suite de son origine, condamné qu'il était à servir les intérêts privilégiés par lesquels il existait, il était destiné à tomber bien vite dans la monarchie oligarchique; il l'essaya en

1830 et fut remplacé par ce régime qui est resté pour nous autres Français le prototype de la monarchie constitutionnelle.

En pensant ainsi, nous généralisons un peu trop ; le gouvernement de Louis-Philippe a été celui des classes moyennes, a exclu soigneusement du pouvoir les héritiers des grands seigneurs passés et toutes les classes laborieuses. C'était désintéresser de l'existence nationale la force morale et la force matérielle. Donner le sceptre à l'intelligence positive dans ce pays dont la grande gloire est d'être idéaliste, baser l'électorat sur l'argent, c'était introduire chez nous un thermomètre de considération qui répugne absolument à notre passé. De plus, c'était donner une forme concrète aux fatales divisions de classes et, du seuil de 1830, on pouvait prévoir le 15 juin 1848. Ce serait une injustice que d'attribuer à toute monarchie constitutionnelle les défectuosités de celle-là. Rien n'empêche de concevoir une constitution semblable à celle que nous possédons en remplaçant le président de la République par un chef héréditaire. Je sais bien que s'il n'y avait pas d'autres changements, celui-là serait assez puéril ; pourtant il pourrait produire certains avantages, apaiser certaines susceptibilités, effacer certaines divisions ; enfin il n'est pas ridicule de le supposer. Ce serait là, je crois, l'idéal de la monarchie constitutionnelle. Puisque les restrictions apportées au pouvoir populaire ne se justifient que par leur nécessité, on ne saurait en imposer aucune à une nation qui depuis de longues années s'en est affranchie et n'en subsiste pas moins. Et cette forme de gouvernement, quelque imperceptible que serait l'innovation, si respectueuse fût-elle des droits acquis, des coutumes établies, porterait en elle une cause de dégénérescence rapide. Toute royauté, sauf le despotisme pour lequel tous les hommes sont égaux tant ils sont peu de chose, toute royauté engendre une aristocratie. Le fils du roi devenu roi accordera bien plus

volontiers sa confiance et ses faveurs aux fils de ceux qui ont
servi son père et qui ont été ses camarades d'enfance ; peu à peu
des familles se formeront qui auront le monopole des charges
publiques. Insensiblement, cette monarchie ultra-démocratique
à son origine, deviendra une monarchie oligarchique, elle re-
viendra en arrière pendant que le peuple ira en avant. En tout
cas, ne fût-ce que par le grand intérêt qu'aura le premier magistrat du pays à la stabilité, il érigera l'immobilité en dogme à une
époque dont le progrès est la loi. Le résultat sera le même dans
les deux cas : divergence entre le roi et la nation, alors que
précisément la nation se sera enlevé la possibilité de trancher ce
conflit.

Le gouvernement est sans nul doute un instrument. La première
condition pour qu'il subsiste et rende des services, c'est de l'adapter parfaitement au but pour lequel il est fait. Lorsque les corporations, les règlements, les idées dominantes faisaient de la société
une sorte de lac qui pouvait avoir des tempêtes mais qui n'avait
ni vagues, ni courants, la monarchie, avec la stabilité qui est son
lot et sa raison d'être, cadrait parfaitement avec les besoins du
pays ; aujourd'hui où la suppression des corps de métier, la
liberté, les progrès matériels, les moyens de communication et
l'essor des idées ont forcé tout homme à monter s'il ne veut des-
cendre, imposé le progrès aux sociétés comme une condition
vitale, celles-ci doivent avoir un gouvernement souple, modifiable
sans crise.

Des deux principes de continuité et de progrès qui forment
la civilisation, l'un dépasse toujours l'autre et réciproquement.
Il n'est malheureusement pas dans la nature humaine de les
faire marcher de pair. Comme pour regagner le temps perdu,
c'est le progrès qui régit notre siècle. Sa marche n'est pas uniforme. Il procède par bonds et, quelquefois voisin du danger, il

doit revenir en arrière. Un homme, si grand soit-il, et précisément
parce qu'il est grand, a dans les idées un esprit de suite, de
logique parfaitement incompatible avec ces caprices du progrès
qui dépendent seulement des instincts des masses, des circonstances extérieures, c'est-à-dire des deux choses les plus illogiques
qui soient. Le seul gouvernement qui convienne à cette marche
capricieuse de la société est précisément celui qui, né de ces
caprices, les reflétera exactement. Si j'osais une comparaison de
mon métier, je dirais qu'il nous faut actuellement un gouvernement automatique comme le régulateur centrifuge de nos machines,
comme ce métier à filer qui s'arrête quand le fil casse. Tout gouvernement qui ne fera point partie de la nation, qui ne sera pas
la nation, sera brisé par elle dans les soubresauts brusques de sa
chasse au progrès.

Mais la nation se gouvernant elle-même, ce n'est pas autre
chose que la république. En disant « se gouvernant elle-même »,
j'entends par ses délégués. Le temps du gouvernement direct est
en effet passé depuis longtemps; toutes les différences entre les
diverses formes de république résident dans l'étendue du droit
de contrôle que le peuple se réserve sur ses députés et de la grandeur du terrain qu'il soustrait à leur action ; c'est une forme de
la république que la dictature, mais bien plutôt ou l'anarchie qui
sépare deux vraies républiques ou l'aurore qui la prépare. Toutes
les modalités de ce gouvernement qui ne mettent pas une égalité
parfaite entre les citoyens ont perdu en Europe et de nos jours
toute raison d'exister. Mais, en revanche, reste à l'ordre du jour,
la question de savoir si la république doit être libérale ou autoritaire. Dans le chapitre qui traite de la liberté, nous avons détaillé
les raisons qui nous paraissent établir que mieux vaut cent fois la
liberté sous un autocrate que l'esclavage sous une république.
Nous avons même conclu, je crois, que l'oppression d'un

homme est moins lourde que l'oppression de la masse. En
étudiant les partis, nous retrouverons ce problème au point
de vue de la tyrannie des opinions politiques.

IV

Quelle que soit leur origine ou leur appellation, tous les gouvernements ont pour fonction commune d'administrer la prodigieuse
quantité d'intérêts généraux que développe dans un peuple l'existence nationale. Suivant la façon dont l'administration se produit,
nous avons un gouvernement unitaire ou fédéral, communaliste
ou centralisateur. La part d'initiative plus ou moins grande qu'elle
laisse à l'individu détermine la division entre socialistes et libé-
raux.

Il y a un intérêt de premier ordre à étudier cette question du
fédéralisme. Alors que toutes les institutions survivent peu d'ordinaire à leur utilité, il serait très difficile à un pays fédéral de
devenir un pays centralisé et réciproquement, en dépit des avantages que présenterait cette transformation. Les degrés intermé-
diaires ont ceci de particulier, c'est qu'ils sont plus opposés à
celles de ces deux formes dont elles se rapprochent le plus. C'est
plutôt en Suisse qu'en Amérique que l'on peut prendre un exemple
de confédération. Les États-Unis du nouveau monde sont dans
des conditions qui les font trop différer des nations européennes.
Les avantages du système fédéral ne sont pas niables ; il fait de
la patrie une sorte de famille qui n'est réellement pas beaucoup
plus étendue que la famille du sang. Il associe les citoyens au
gouvernement d'une façon presque directe, et développe par là
des qualités précieuses. Ce que l'on appelle les abus de pouvoir
et que nous connaissons si bien, nous citoyens d'un état unitaire,

semble ne devoir se produire que difficilement sous le contrôle
immédiat de ceux qu'il léserait. A la vérité, ces avantages
semblent porter en eux-mêmes leur compensation. Précisément
parce que la patrie ainsi réduite n'est qu'une famille élargie, le
sentiment qui lui attache son citoyen est plus intense peut-être
et tout à fait différent de ce que nous ressentons pour une patrie
plus large qui jouit du prestige que peuvent avoir les États dont
les maîtres ne peuvent pas voir toutes les frontières. L'émulation
féconde, ce grand bienfait de la patrie, disparaît un peu, lorsque
la fédération empêche de voir en ses voisins autant de rivaux. Si
elle prend pour but d'accroître la puissance ou la fortune de la
patrie fédérale, elle devient indirecte, à deux degrés et Dieu sait
ce que les sentiments s'amortissent dans cette sorte de répercus-
sion ! Les avantages qu'ont pour l'éducation des citoyens les gouvernements directs se trouvent à un degré presque égal dans
l'administration de notre commune par le suffrage universel, et
dans ce dernier cas, ne sont pas mêlés aux dangers que présente
la direction des affaires générales par les gens qui les connaissent
d'autant moins qu'ils sont habitués à y voir ceux d'une patrie
secondaire.

Le fédéralisme engendre deux patriotismes ; la lutte n'est plus
entre les intérêts nationaux et les intérêts personnels, et alors que
l'on sacrifie ces derniers sans hésiter, par devoir d'abord et ensuite, peut-être plus, parce qu'un homme ne pourrait se refuser à
faire ce que font ses millions de concitoyens, les intérêts cantonaux
s'immolent beaucoup moins aisément aux besoins fédéraux. On ne
rougit pas d'une résistance qui n'a plus ici le caractère égoïste ;
à mesure que, par le progrès, nos États fédérés acquièrent plus de
force et plus de richesses, l'union fédérale s'amincit et finit par
ne plus subsister que par la nécessité de la défense contre les
agressions de l'étranger. Si celles-ci deviennent trop menaçantes,

il peut même arriver que l'union militaire qu'elles déterminent
soit le prélude d'une centralisation politique.

Comme partout où se trouvent deux systèmes contradictoires,
c'est probablement dans leur fusion, pour mieux dire en les tenant
en juste équilibre, qu'un peuple se fera le régime le plus profitable à ses intérêts.

Lorsqu'une nation a dans son passé des siècles d'unité, qu'elle
a vu ces trois formidables centralisateurs, Louis XI, Richelieu et
la Révolution, la centralisation a chez elle une tendance à s'accroître sans cesse; les moyens actuels de transport et de communication suppriment, il est vrai, quelques-uns des inconvénients
mais la rendant plus absolue encore. Je crois que sous l'Empire
nous en avions atteint presque l'idéal. On se rappelle deux faits,
qui peuvent en donner une idée : ce ministre de talent qui savait
par cœur le nom de tous les conseillers généraux de France, et
je crois aussi, celui de tous les maires des chefs-lieux de canton;
c'était bien de lui que l'on pouvait dire : de la place Beauvau, il
gouverne toutes les communes. L'autre, qui dirigeait alors l'instruction publique et qui dans un accès de satisfaction, s'écriait en
regardant sa montre : « A cette heure, dans les cinq cents collèges
de France, les élèves de troisième font une version grecque. »

Si le bon sens public ne combattait pas cette tendance, ne
venait pas réagir contre cette force centripète, la centralisation,
servie qu'elle est par les circonstances matérielles, ne tarderait
pas à enlever aux unités administratives une personnalité qui
est nécessaire.

V

S'il est un axiome incontestable, c'est qu'on est soi-même le
meilleur juge de ses intérêts. Soumettre les affaires d'une com-

mune à l'autorité centrale, c'est les faire diriger en réalité par toutes les autres communes. C'est introduire dans la vie municipale ce socialisme, cette tyrannie du nombre, ce mépris de l'individualité que l'on déclare pernicieux sans hésitation, lorsqu'il veut régenter les citoyens. Si les inconvénients, dans le premier cas, paraissent moins grands sous certains rapports que dans le dernier, ils sont plus considérables encore sous d'autres. La commune, il faut le reconnaître, ne peut point exiger pour ses droits l'inviolabilité des droits individuels ; si on méconnaît les siens, la société en souffrira, si on supprime les droits primordiaux à l'homme, elle en mourra. Mais l'individu a un pouvoir de résistance que n'a pas la commune; celui-là ne se laissera pas étrangler sans se défendre, celle-ci au contraire ne pourrait essayer la lutte sans attirer sur elle des rigueurs redoutables. Supprimer l'indépendance de cette unité, en ce qui concerne, bien entendu, ses propres affaires, ce n'est pas seulement déranger la symétrie de cette série qui va, s'élargissant toujours, de l'individu à l'État, c'est ressusciter la vieille démarcation entre gouvernants et gouvernés, c'est rendre absolument passifs le plus grand nombre des citoyens ; on ne peut raisonnablement pas espérer que le brave cultivateur s'intéresse vivement à la loi sur l'enregistrement ou au vote de la subvention de l'Opéra.

La seule politique qui les touche de près est celle dont le champ d'action est sous leurs yeux. Quoique l'on en pense, la vie politique n'est pas languissante dans nos communes, seulement au lieu de voir dans leur minuscule gouvernement le défenseur ou l'adversaire de grands mots sonores, de théories cent fois répétées et dont l'application ne peut rien contre la logique des faits, ils en font tout simplement l'administrateur des intérêts communs. Avouez que ce n'est déjà pas si mal raisonner, et de plus que, par cette raison-là, la centralisation à outrance leur serait malfaisante. Les conseillers municipaux trouvent dans leurs fonctions une sorte d'enseignement rudimentaire à l'administration publique. Ils apprennent les rouages d'une énorme machine gouvernementale, la solidarité des communes, se trouvent prêts à diriger les intérêts d'ordre plus considérable dans les assemblées départementales ou, du moins, capables de répandre autour d'eux des notions raisonnables et raisonnées.

Toute différence gardée, les mêmes raisons plaident pour l'individualité des unités plus larges; s'il fallait émettre une règle générale pour présider aux rapports avec l'Etat et ses divisions administratives, je ne sais trop pourquoi elle différerait de celles qu'adoptent les sciences pour les relations entre l'individu et la société. La solidarité des communes n'est certainement pas plus grande que la solidarité des hommes.

Etant donné la nécessité politique qu'a pour elles l'existence de l'Etat, elles doivent sacrifier ce qui est nécessaire pour que celui-ci puisse vivre et prospérer. Les avantages parfaitement reconnus de l'égalité des charges sur un point quelconque du territoire national les soumettent à cette règle qu'elles doivent faire ce que les autres ne pourraient pas faire, si elle ne le faisait pas. Les intérêts communaux et publics sont bien nettement tranchés. Laisser les premiers à la direction absolue des habitants de la commune, ce n'est pas autre chose que renoncer à cette prétention de vouloir mieux diriger une entreprise que celui qu'elle intéresse. On ne peut pas non plus objecter l'intérêt qu'a la masse à la prospérité de ses fragments, sans voir confondre cette objection par les mêmes raisons qui ont établi la liberté individuelle.

VI

La Révolution, lorsqu'elle voulut assurer l'unité nationale, émietta les provinces et, de leurs débris, fit les départements. Elle obéissait à ce principe, qu'on ne donne pas à une association nombreuse les mêmes franchises qu'à un homme ou à un petit groupe. Si l'on suppose un instant que, dans un but quelconque, on divisât la nation en deux grandes parties séparées par la Loire, par exemple, on reconnaîtra aisément que chaque jour, la scission deviendrait plus grande jusqu'à la séparation définitive.

Pour ne pas compromettre l'œuvre de Cavour, les Italiens ont divisé les anciens états en plusieurs provinces et n'ont laissé aucune de celles-ci constituer une unité. Cette tendance égoïste, si j'ose le dire, croissant en raison directe de l'étendue, de l'importance de l'unité, les liens qui la rattachent au pouvoir central doivent aussi se renforcer proportionnellement. Le département aurait mauvaise grâce d'exiger que son administration fût aussi exempte de l'intervention gouvernementale que peut l'être celle de la commune. Il n'est qu'une conception purement artificielle, les intérêts communs de ses habitants ont une telle étendue qu'ils ne diffèrent pas sensiblement des intérêts généraux ; l'importance qu'a pour le pays tout entier et à tous les points de vue la prospérité d'un département rend infiniment nombreuses les restrictions qu'il est nécessaire d'apporter à son autonomie ; elle n'est guère en un mot, elle ne doit être que la forme sous laquelle le pouvoir central réunit et harmonise les intérêts des communes. Une décentralisation bien plus précieuse qu'on obtiendrait avec des efforts bien moindres, serait la liberté

et l'autonomie des universités, qui nous donnerait des générations
nouvelles pleines d'aspirations et d'essor, exemptes de l'estam-
pille officielle.

Le règlement de bien des associations interdit toutes les con-
versations sur la politique ou la religion ; il semble en effet que
parfaitement capables de discuter avec calme les questions qui
nous touchent personnellement, où l'on prend et l'on laisse, nous
cessions en politique et en religion de reconnaître que nous pouvons avoir tort ; nous estimons que notre contradicteur est de
mauvaise foi ou est doué d'un jugement inférieur au nôtre.

Et cette chose suffit pour démontrer qu'en religion et en politique, en politique surtout, rien n'est absolu, rien n'est objectif
que les raisons nous manquent quand nous en dissertons, car nous
ne pouvons pas avouer que ce qui nous a rangés dans un parti,
c'est le désir d'imiter ceux qui nous entouraient ou de nous séparer d'eux. La haine que nous inspiraient les abus du parti contraire n'est peut-être que le mobile le plus élevé de ce qui dicte
notre choix, mais cette haine, nous l'étendons non pas seulement aux hommes qui se sont rendus coupables de ces abus,
mais à l'opinion elle-même. Nous ne daignons plus la discuter.
Il semble que nous soyons dépositaires d'un dogme, que ceux
qui le nient soient aussi coupables ou aussi fous que le sont
pour les catholiques ceux qui refusent d'admettre la décision des
conciles.

Dans bien des branches de la science, les savants sont divisés
en deux camps, mais ils n'excommunient pas ceux qui sont d'un
avis contraire ; même en économie politique, les protectionnistes
et les libres échangistes essayent de se convaincre mutuellement
à l'aide d'arguments et de statistiques. Dans la politique pure,
on se borne à prononcer avec onction le nom d'une étiquette
gouvernementale, on en fait un principe et avec ce grand mot

de principe, on est dispensé de toutes preuves, on réussit à diviser la nation, quelquefois à y faire éclater la guerre civile. Et cependant ces principes ont une valeur bien peu absolue, puisque chacun d'eux en trouve un autre qui le combat.

J'ai dit plus haut les raisons qui me paraissent faire de la forme républicaine la seule qui puisse s'harmoniser avec la tendance et l'état actuel de la nation. Je n'ai pas besoin de dire que je crois être dans le vrai, mais refuser d'admettre que je puisse me tromper, n'est-ce pas me décerner à moi-même un ridicule brevet d'infaillibilité? Mes croyances politiques elles-mêmes me font reconnaître le droit de la majorité à diriger la marche commune. Tomberais-je en ce sophisme d'appeler « foule imbécile » la masse des électeurs lorsqu'ils me donnent tort, de la proclamer « peuple souverain » lorsqu'ils sont de mon avis? En supposant même que j'aie parfaitement raison, que d'une façon générale la république soit, sans discussion possible, le gouvernement le plus apte à assurer la prospérité et l'essor de la France, pouvons-nous oublier que la politique agit sur les hommes, variables par essence, qu'elle doit tenir compte de mille facteurs divers, nationaux ou extérieurs, matériels ou moraux, provenant du passé ou engendrés par le progrès?

Je me rappelle qu'à l'enterrement de Louis Blanc, je faisais de la sociologie avec un des membres les plus distingués du conseil municipal de Paris. Je ne sais à quel propos, je lui dis : « Mais c'est violer le principe de liberté ! » — « Toutes les libertés sont solidaires, me dit-il, et le moyen de préparer leur avènement définitif, c'est peut-être d'en supprimer une si elle favorise trop l'oppression à un autre point de vue. » — On pourrait en dire autant du principe républicain et du principe monarchique. Ils ne pourraient exiger une foi absolue et sans défaillance que s'ils régissaient une nation isolée, sans un passé dont il faille tenir compte, composée de citoyens dépourvus de faiblesses, incapables d'erreurs, c'est-à-dire une nation idéale, qui existera peut-être mais dans longtemps.

Nous avouons notre ignorance sur mille sujets qui nous touchent de près. Avons-nous un procès, nous courons chez l'avocat. La moindre indisposition nous fait recourir au médecin. Mais, sans hésiter, nous déclarons formellement que le salut du pays ne peut être assuré que par telle république ou telle monarchie. Nous faisons mieux, et par cette sorte de métaphore morale qui consiste à prendre le signe pour la chose représentée, l'organe serviteur pour le besoin desservi, nous en venons à sacrifier le bien-être du pays, quelquefois la vie des citoyens à la conservation d'une forme gouvernementale dont le seul vrai but est la sauvegarde de ces vies et de ces intérêts.

Le poète a dit : « Que savons-nous, qui donc connaît le fond des choses ? »

Il avait cent fois raison. Nous n'avons ici-bas, la révélation une fois rejetée, d'autres guides sûrs que nos besoins. Le moyen le plus infaillible d'errer, c'est de les négliger, de les immoler à une opinion politique, alors que les raisons qui nous la dictent sont de bien peu d'importance et, en tout cas, ont une autorité bien faible devant l'autorité indéniable des faits. Les théories n'ont droit à notre respect que lorsqu'elles sont le résultat de l'expérience, à moins que l'on n'admette la révélation. Mais à quoi sert l'expérience dans les matières qui varient chaque jour comme tout ce qui concerne l'homme ? La pratique, au contraire, varie sans cesse et ses enseignements nous montrent aussi sûrement la vérité que les variations de la boussole nous indiquent le nord. Il est aisé de voir combien ont peu d'importance les enthousiasmes irraisonnés pour un système de gouvernement, puisque son utilité et son action bienfaisante peuvent subitement se convertir en leur contraire par un changement de l'esprit du pays ou des conditions dans lesquels il se meut.

Que l'on se fasse tuer pour son opinion, rien de plus naturel; cela prouve une conviction profonde de sa vérité et un dévouement très noble à ce pays que le gouvernement préféré doit servir le mieux, mais que l'on déteste un seul de ses concitoyens, parce qu'il pense autrement que nous sur ce point spécial, alors que nous lui permettons de ne partager aucune de nos idées en toute autre matière, profiter de ce que l'on ne peut convaincre pour combattre à coups de massue, c'est aussi injuste que funeste aux intérêts du pays. Les souffrances que l'idée de partis politiques a entraînées pour la France sont tellement grandes et, hélas! tellement récentes qu'il est inutile de les rappeler.

LIVRE VII

I

Lui a-t-elle été donnée par une création spontanée, provient-elle d'une hérédité presque sans origine, mais l'homme a en lui la notion du surnaturel et son esprit a des ailes. Dans une étude semblable à celle-ci, il faut naturellement distinguer avec soin les théories religieuses des applications qu'on leur a données et ne considérer absolument que ces dernières dans leurs rapports avec la sociologie.

Je suppose que, dans la relation d'un voyageur lointain, nous lisions ceci : « Dans ce pays reculé, de singuliers magistrats s'occupent des intérêts moraux des citoyens comme ailleurs les magistrats civils soignent et régissent les intérêts matériels. Un deuil frappe-t-il une famille, ils accourent ; au moyen de fables racontées avec art, ils ne suppriment pas la douleur, mais la rendent moins ardente, la convertissent en un regret passionné qu'ils entremêlent d'espérances ; si c'est d'un désastre matériel qu'il s'agit, ils ne sont pas moins prompts à accourir et, dans ce cas, leur œuvre est plus complète car ils arrivent à effacer complètement les regrets éprouvés ; si leur art est impuissant, ils vous offrent leur épaule pour pleurer et essuyent vos larmes. Ils s'occupent aussi d'éloigner leurs clients de ces menues fautes auxquelles nous entraîne notre côté sensuel, lorsque leur familles à eux-mêmes ne sont pas assez cultivées pour les en préserver. Dans les campagnes, ils détournent une fois par semaine l'agriculteur de son éternelle contemplation de la terre et lui parlent de l'humanité, lui enseignent que l'argent n'est pas le but suprême, que les moyens d'en gagner sont soumis à des restrictions; ils le forcent à fouiller sa conscience, à s'apercevoir qu'il en a une. Ils lui parlent ensuite de ce qui est plus haut que nous, le devoir, le sacrifice, les récompenses futures, illusoires ou non. Et dans l'âme de cet homme remplie de calculs grossiers, soumise aux penchants égoïstes et matériels, ils mettent l'idéal. Une fois par semaine, ils réalisent, ne fut-ce qu'en effigie, la conception d'une société où tous les hommes sont égaux devant elle, où ils se réunissent, solidarisés par le besoin commun de foi et d'oubli. Dans ce pays on appelle ces magistrats des marchands de consolations, et quelquefois des marchands d'idéal. »

Si nous lisions cela et si nous nous rappelions les heures sombres de l'existence,—heureux ceux qui ne les ont pas connues!— ces heures d'angoisse où tout s'écroulait autour de nous, où la ruine, la trahison, la mort et quelquefois la honte semblaient se coaliser pour nous abattre, nous envierions ce pays en nous souvenant combien la souffrance était centuplée par l'impossibilité de la crier, combien au contraire elle était adoucie si une compassion, sans essayer de la diminuer, nous parlait du retour des choses humaines et en nous trompant, ne venait nous donner l'illusion ou l'espérance d'une compensation éternelle aux douleurs d'ici-bas. Un homme, dont le nom pourrait bien se trouver à la première page de ce livre, a traversé dans sa vie deux de ces effroyables crises qui sont à notre existence ce que sont les cyclones aux contrées qu'ils dévastent. Il ne croyait pas. La première l'écrasa pour de longues années, car il n'avait personne pour pleurer avec lui; la seconde aurait dû être plus écrasante encore, des douleurs s'y mêlaient dont il avait la charge. Il n'avait pas le droit de s'abandonner à la souffrance puisqu'il devait inspirer le courage. Seul, avec ces cœurs qui souffraient comme le sien, dans une grande ville, au milieu d'inconnus, il envoya chercher ces hommes que les tortures morales réclament comme les maladies le médecin et ils pleurèrent avec lui ; ils prirent leur part de la charge d'âme qui lui incombait et ils pansèrent sa blessure.

Car nous les avons, ces marchands d'espérance et d'idéal, et ils s'appellent les prêtres. Qu'importent les moyens dont ils se servent s'ils sont bienfaisants? Qu'importe que ce qu'ils nous donnent pour un cordial généreux ne soit que de l'eau claire, si elle apaise les tortures de notre soif? De quel droit, si une illusion nous console, nous fortifie, de quel droit nous en démontrer le néant et nous laisser en proie au désespoir délétère? Les croyances que prêchent ces hommes sont erronées. Mais en étudiant le rôle sociologique des religions, il convenait de rappeler en première ligne qu'elles représentent exclusivement les aspirations élevées de notre être, pour cette immense majorité qui ne trouve pas en soi-même la possibilité de la définir.

Toutes les communions, à l'âge où nous sommes, présentent un caractère commun, c'est que l'esprit qui se sent assez fort pour les rejeter peut se soustraire à leur enseignement et à leurs règles. Si c'est une marque de faiblesse intellectuelle que d'accepter des croyances toutes faites, de faire plier son intelligence devant la révélation, de soumettre sa conscience à une morale instituée par d'autres hommes, il s'ensuit évidemment que les croyants sont des êtres inférieurs qui, comme tels, ont besoin d'une tutelle ou du moins d'un guide. Ils le trouvent dans la religion et dans l'exacte proportion de ce besoin. Lorsque la majorité, dans un pays ou dans un siècle, veut abattre les vieilles croyances parce qu'elle est arrivée à ce degré de développement où l'on comprend le néant, elle agit exactement comme le feraient les hommes valides en interdisant les fortifiants aux anémiques, les béquilles aux boiteux. Tant que le monde contiendra des douleurs et des faiblesses, l'homme aura besoin d'un secours immatériel pour supporter les unes et se préserver des autres. Ceux qui le trouvent dans l'idée du devoir, dans le sentiment de la dignité, dans l'ordre moral personnel ne peuvent pas en priver ceux qui synthétisent inconsciemment ces choses et les reçoivent sous la forme des prescriptions religieuses.

L'homme a un idéal que démontrent autant son goût pour les arts que son aveugle enthousiasme pour les mots abstraits. La liberté, la patrie ne font surgir autant de dévouements que parce que leurs soldats, au lieu de raisonner l'utilité de ces institutions, en font des êtres moraux. Aucun homme n'est vraiment grand qui est incapable d'idéal ; il n'est pas de génie vrai qui ne soit créateur, qui ne réalise ce qu'il a conçu en dehors de ce qui existait. L'idéal est tellement la marque de la supériorité intellectuelle que les fonctions sociales sont d'autant plus considérées qu'elles en contiennent davantage. Si la religion a pour résultat de satisfaire ce besoin dans des esprits où elle pénètre seule, mais si elle fait subsister, persévérer ses besoins, n'est-elle pas en cela un auxiliaire du progrès ?

Ce qui la distingue de toutes les autres abstractions, c'est que non seulement en élevant les âmes elle inspire les hautes résolutions, mais qu'elle porte en elle-même le salaire des efforts qu'elle fait naître. La force des choses a entraîné une effroyable inégalité dans la répartition des avantages matériels. S'il n'était intervenu un facteur moral rétablissant l'équilibre, agissant envers ceux qui souffrent comme le malheureux père de famille remplaçant par des contes de fée le pain qu'il ne peut donner à ses enfants, depuis

longtemps les déshérités d'ici-bas se seraient révoltés contre un
tel état de choses, au risque de l'aggraver.

On conviendra que la morale est bien un besoin social. L'homme
s'est conformé à sa règle par plusieurs voies; chez les uns le sentiment du devoir, chez les autres la peur des gendarmes. La
religion, comme facteur moralisant, participe de ces deux choses :
ses enseignements montrent en effet où est le devoir et instituent
une sorte de gendarme surnaturel. On conçoit que ses prescriptions soient puissamment servies par cette sanction, vraie ou
non, auprès de cette immense majorité où l'abstraction ne réussi-
rait guère.

Si, dans les écoles, on dressait l'âme des enfants comme on
essaye de dresser leur esprit et si, plus tard, les magistrats municipaux prenaient cette charge d'aller consoler tous ceux qui
souffrent, soigner toutes les plaies, interdire toute situation équi-
voque, peut-être alors pourrions nous sans tristesse assister aux
assauts que soutient l'idée religieuse.

On l'attaque au nom de la vérité, mais qui nous dit qu'elle
n'est pas la vérité? Chaque jour, nous voyons éclater des découvertes nouvelles qui nous prouvent à la fois l'existence d'un
monde immatériel et que nous ne savons rien sur l'autre. Si les
religions, et c'est là certainement leur essence, n'ont fait que
personnifier les puissances de cette sphère, cessent-elles d'être
vraies parce qu'elles donnent un nom à ce que nous désignons
par une périphrase ? La poésie est venue plus tard, mais trompe-
t-on les masses, en les aidant à retenir les enseignements par la
forme agréable qu'on leur donne ? Il me semble, en outre,
que l'on s'abuse étrangement en parlant sans cesse des droits
de la vérité. Où sont-ils donc écrits, ces droits? Quelle aberration n'est-ce pas d'accorder des droits aux choses, alors
qu'ils n'appartiennent qu'aux êtres? L'homme a droit à la vérité,

c'est vrai, mais la vérité n'a nul droit sur lui. Les écoles nouvelles reconnaissent que la société n'est pas autorisée à empêcher d'éclore l'erreur qui naît aujourd'hui ; pourquoi trouvent-elles légitime qu'elle prohibe l'erreur de la veille ?

Le travailleur, l'homme dont les heures sont toutes occupées à gagner le pain du soir, vit comme nous au milieu de cet univers dont la grandeur l'écrase ; il est, comme nous, soumis à des lois parfois bien dures.

On arriverait difficilement à lui expliquer le système de Darwin. On ne l'a pas encore inscrit au programme de nos écoles primaires et son intelligence, d'ailleurs, en ferait difficilement dériver les obligations qui nous incombent. Le dilemme se pose : ou il cessera de penser à l'origine de ces choses, à la justice de ces règles, et son état moral ne dépassera pas sensiblement celui de la bête, ou il conservera ses croyances qui ne font, en définitive, qu'adapter à son cerveau les opinions dont nous sommes fiers.

Je répète que, lorsque toute notre intelligence s'est developpée, qu'elle n'a plus besoin de la tutelle du dogme, nous cessons d'en supporter les tyrannies et en voyant que le seul luxe intellectuel, les seules jouissances morales d'une énorme fraction de la société lui viennent de la religion, je suis tenté de réclamer un droit bienfaisant par excellence, le droit à l'erreur.

II

Toute chose humaine qui n'est point basée sur les faits, qui par conséquent est affranchie de leur contrôle, doit forcément dévier. A l'origine, destinées à suppléer à la recherche des causes dans un âge qui était incapable de les découvrir, les religions n'ont pas tardé à proscrire à jamais l'avènement de la raison qu'elles devaient préparer.

Par leur nature même, et indépendamment de leurs ministres,

en fournissant à l'homme comme une explication du grand problème, elles l'en détourneront peu à peu. C'est le propre de toutes les tutelles. Là, au contraire, où les religions ont renié leur essence, sont allées directement contre leur but, c'est lorsqu'elles se sont érigées en dogme. En voulant imposer la foi, elles ont fait tant de mal que quelques-uns se demandent s'il ne compense pas les services indéniables qu'elles ont rendus. C'est surtout de nos jours qu'elles prennent ce caractère exclusif. A l'heure même où leurs adversaires les menacent de plus près, où la science s'accroissant chaque jour rompt insensiblement leur domaine, c'est à cette heure qu'elles jettent l'anathème à ceux qui n'acceptent pas leurs principes. Tout cela provient de l'énorme différence qui existe entre la religion et les religions; la première est, dans notre nature, une des formes du respect et de l'inquiétude vague que nous inspire toute vraie grandeur. C'est un besoin humain que de chercher un encouragement auprès des puissances que nous savons exister, en un mot que de regarder plus haut que nous; mais les religions, voulant grouper un grand nombre d'hommes dans des croyances, par une morale absolument identique, ont dû établir des règles de plus en plus minutieuses. Insensiblement, ce sont ces règles de détail, élaborées pour assurer la foi en l'idée principale, qui l'ont remplacée. Ici encore, l'organe a remplacé le besoin servi, nous sommes arrivés à ce que les hommes affirment, à l'heure où nous sommes, que la sévérité divine frappera avec la même rigueur celui qui n'admet pas un fait que le témoignage de ses sens et la raison l'empêchent d'admettre et l'homme dont les crimes ont ébranlé la société.

Les contes de fée dont on berce les enfants ont cet avantage d'éveiller leur imagination, de leur faire comprendre qu'il y a dans l'univers un horizon plus vaste que celui du jardin. Mais si la bonne grand'mère qui les détaille si bien veut qu'ils conservent toute leur vie l'illusion de leur réalité, elle échouera très heureusement. Au début, on présentait à l'homme, sous une forme concrète, une théorie dont l'essence abstraite lui aurait échappé. Si par un phénomène fort naturel, d'ailleurs, à mesure que cette matérialisation devenait moins nécessaire, la fraction enseignante avait persisté à l'imposer, elle aurait fait précisément ce que faisait cette imprudente aïeule, qui transformait en cause de faiblesse et de débilité son rôle d'éducateur et d'inspirateur.

Mais comment convaincre ceux dont l'intolérance forme le credo qu'ils blessent ainsi toute raison et toute équité. Que leur importerait, d'ailleurs? Raison et équité sont pour eux des choses négligeables, lorsqu'elles ne sont pas condamnables pour oser contredire la foi. Aussi, bien sûrs de n'amener aucun croyant à accorder aux autres une liberté qu'il croit un dommage à ses croyances, bornons-nous à rechercher comment les esprits libres de dogme doivent se conduire envers les croyants :

Bien entendu, ne rien faire pour détruire une foi qui est peut-être la vérité et qui, en tous cas, est chère aux cœurs qui la contiennent. Et, je vais heurter là des préjugés vivants, ne pas instituer l'irréligion d'Etat.

Un homme politique que je nommerai suffisamment en disant qu'il est le seul homme d'Etat français que l'étranger respecte, qu'il apparaît à notre patriotisme effrayé comme l'espoir suprême de la patrie troublée, me faisait l'honneur de causer avec moi dans la circonstance, certes la plus grave de sa vie, le 1er décembre 1887 : « J'ai éprouvé à mes dépens, me disait-il, que la religion est une des forces vives de notre pays. Et nous n'en avons pas assez, de forces vives, pour les dépenser sans grandes raisons. »

Que l'on me cite un progrès, un seul, qui soit inconciliable avec l'idée religieuse ! Je tiens, moi, que tous les enthousiasmes sont solidaires, que l'âme qui vénère un créateur saura mieux se dévouer à la patrie. Si le positivisme nous démontre un jour que Dieu est une hypothèse désormais superflue, il pourrait bien nous enseigner que nous mangerons et boirons aussi bien, le jour où la patrie sera au pouvoir de l'étranger.

L'école neutre et l'Etat de même! Mais neutres vraiment et sans ces partialités déguisées, mesquines persécutions qui ridiculisent la campagne soutenue par certains gouvernants. Le billet de confession imposé aux soldats est un abus de pouvoir, mais du moins conséquence logique des croyances de ceux qui le commettent. L'exclusion des petits fonctionnaires qui vont à la messe est une infamie qui, en même temps, constitue l'attaque la plus directe à la pensée libre puisqu'elle démontre que ceux qui la prêchent ne savent la pratiquer.

Aux uns, l'on peut rappeler la sage et irréfutable maxime de Cakia-Mouni : « Toutes les religions sont agréables à Dieu. Sinon, lui qui peut tout, n'en laisserait subsister qu'une. »

Aux autres, recommander de suivre mieux les préceptes de Voltaire, le grand tolérant.

A tous, ces mots du Juste, qui ont illuminé l'humanité : « Paix, ici-bas, à tous les hommes de bonne volonté ».

LIVRE VIII

L'INSTINCT SOCIAL

I

« L'homme, animal sociable, devait avoir nécessairement un
lien moral qui le réunit à ses frères. La nature lui a donné un
sentiment primitif qui naît et meurt avec lui... Ce sentiment lie
tous les hommes comme par un fil mystérieux, en fait un seul
corps, un seul individu. La plus petite secousse, éprouvée par un
membre du corps social, fait tressaillir l'humanité. Les océans et
les monts paraissent çà et là briser la chaîne, les haines des
peuples ou des rois brisent le fil ; mais le courant émané d'un
peuple qui souffre ou qui est heureux, qui s'élève ou qui tombe,
s'il ne peut courir avec la vitesse de l'éclair dans les fils brisés,
se répand par longues ondulations et arrive à se confondre avec
le courant toujours vif qu'engendre la famille humaine, divisée
dans ses alvéoles sans nombre.

« De toutes façons, un sentiment réunit l'homme à l'homme dans
un nœud de sympathie. Vague, confus, ce sentiment est la trame
sur laquelle s'entrelacent les passions plus violentes qui groupent
quelques individus... Deux hommes qui, se trouvant dans une
forêt, sont heureux de se rapprocher, satisfont le plus simple des
sentiments de seconde personne : le sentiment social (1). »

(1) P. Mantegazza, *Physiologie du Plaisir*, Trad. p. Combes de Lestrade
Reinwald, 1886, pp. 227-8.

L'illustre physiologiste italien a expliqué de son style chatoyant
le phénomène le plus simple de l'instinct social. C'est aux ouvrages
de philosophie qu'il appartient de nier ou d'admettre cet instinct.
Le sociologiste ne recherche pas s'il est inné ou adventice et en
constate l'existence actuelle. Il y a entre les hommes une solidarité indépendante de toute loi, de toute croyance, de toute natio-
nalité. Ce lien, c'est l'instinct social.

Nous sommes, par lui, rattachés non seulement à nos semblables mais encore à tous les êtres vivants, à un degré d'autant
plus grand que ceux-ci s'éloignent moins de l'homme sur l'échelle
animale. Les sentiments de *seconde personne*, comme dit Mantegazza, trouvent à se repaître si nos regards se croisent avec
d'autres regards, fut-ce ceux d'un chien ou d'un cheval. Notre
besoin de sympathie, donnée ou reçue, se satisfait quelquefois en
lisant une expression caressante dans les yeux d'un animal domestique.

Mais, est-il besoin de le dire? ce ne sont là que les rudiments
des phénomènes de sociabilité, justement aussi comparables à
l'instinct qui nous solidarise aux autres hommes que pourrait
l'être cet instinct observé aux origines de l'évolution.

Sympathie, amitié, compassion, vanité, ambition, tous ces sentiments ne sont que des fractions du sentiment social. Nous
sommes portés par élan à aimer nos semblables. Leurs douleurs
ne nous trouvent pas insensibles. Leurs louanges nous sont précieuses. Nous travaillons ardemment pour occuper une place
élevée parmi eux. En tout cela, quoique nous semblions parfois
obéir à l'égoïsme, nous prouvons le besoin moral que nous
avons des autres. Sans entrer dans un domaine qui n'est pas le
nôtre, comment ne pas protester ici contre cette opinion qui fait
de l'homme un être malfaisant aux autres hommes! Ne les voyez-
vous pas échanger sans cesse de ces menus services, de valeur

infinitésimale mais qui, en se totalisant, aident singulièrement à la commodité de la vie journalière? Qui donc refuse un renseignement en wagon ou dans la rue? Quand donc un malade est-il resté sans appui, si ses pas trop faibles ne peuvent le soutenir? On m'objectera que l'on meurt très bien de faim en 1888 et en France. Mais, précisément, cela montre que l'instinct social n'est pas une diminution de l'instinct personnel. Il ne nous fait donner que ce qui est sans valeur pour nous et nous fait éprouver une satisfaction à le donner.

Qu'il soit une modalité du sentiment personnel, il faut se garder de le croire. Ce n'est pas la pensée que nous pourrions souffrir des maux que nous plaignons qui nous fait les plaindre. Il peut arriver que nous nous reportions mentalement au jour où cette catastrophe que d'autres subissent viendra nous frapper. C'est l'exception. Nous, hommes, donnons notre tribut de compassion aux souffrances que les femmes peuvent seules ressentir. A l'abri des disettes, nous envoyons nos souscriptions soulager les malheureux Indiens.

La religion n'est pour rien en cette matière. La pensée que Térence exprima en mots immortels n'a pas attendu le christianisme pour être universellement acceptée. Depuis que les langages humains existent, l'homme a avoué s'intéresser à ce qui touche les hommes.

Fidèles à notre méthode, nous pouvons essayer d'en chercher l'origine. N'est-elle pas semblable à celle qu'Herbert Spencer assignait à la morale dans sa lettre à S. Mill (1)?

Il paraît, de prime abord, évident qu'il existe parce que l'homme ne saurait exister sans lui. Nous le trouvons à toutes les phases des temps historiques. De même, à toutes les périodes de

(1) Voir la note de la p. 155.

l'évolution. Les chevaux, les moutons, certains oiseaux souffrent cruellement si on les sépare de leurs pareils. Le chien s'attache à l'homme, jusqu'à mourir de sa mort. Quand les premiers étaient sauvages, leur groupement faisait leur sécurité. Le second a trouvé dans l'homme à la fois un maître et un protecteur.

Le Dr Jæger (1), remarque combien il est difficile d'approcher des animaux réunis en troupeau. Les poules et les lapins s'avertissent mutuellement des dangers. Les singes élisent un chef qui a charge de leur sureté. Les loups s'unissent pour l'attaque. Les marsouins vivent en bande. Les bisons et les buffles luttent de concert pour la protection des femelles et des jeunes. Les babouins qui souvent vivent seuls, se réunissent, dans les régions où les grands oiseaux de proie les menacent.

L'éléphant et le chien offrent des exemples de la sociabilité moins étroite qui joint deux êtres différents. Leur sympathie pour l'homme a été surabondamment prouvée.

Il est donc très probable que le développement de cet instinct a été la condition nécessaire de l'ascension sur l'échelle des espèces. Si cela est, il fait partie inhérente de nous-mêmes. Qu'il s'appelle altruisme, sympathie, amour du prochain, en nous tous il existe.

De lui, vient cette solidarité entre les hommes, assez puissante pour contrebalancer les exagérations du patriotisme. En chacun de nous, deux esprits semblent lutter, ou mieux co-exister. Le premier, qui nous porte à jalouser ou à mépriser ceux de nos semblables qui habitent au delà des frontières. L'autre, qui nous fait voir en eux des hommes, nous apitoyer sur les maux qui les accablent, les aider de notre or, quelquefois de notre sang. Les Polonais et les Grecs le savent. Les Italiens devraient le savoir.

____

(1) *Die Darwinsche Theorie*, p. 101.

Si quelquefois l'un de ces deux esprits étouffe l'autre, celui-ci
ne disparaît que passagèrement. C'est avant la Restauration que
nos grands-pères ont admiré l'héroïsme de Saragosse. Il y a
quelques mois, que d'épouses françaises ont envoyé l'hommage
de leur sympathie à cette souveraine qui semble n'être arrivée
au faîte de la grandeur terrestre que pour montrer mieux qu'elle
atteignait celui de la douleur humaine !

II

Ce qui se passe entre les citoyens de pays divers a lieu évidemment entre membres de deux classes différentes. Un illustre
orateur a affirmé qu'il n'y avait plus de classes supérieures. Il
serait moins douteux de dire qu'il ne devrait plus y en avoir.
Et encore ? Mais qu'elles existent, voilà qui est évident. Plutôt, reconnaissons que toute épithète est fausse qui semble hiérarchiser
aujourd'hui les divers groupes qui forment la société, mais que
celle-ci est bien vraiment divisée en groupes. Appelons les uns,
intellectuels, dirigeants, oisifs, propriétaires ; les autres travailleurs, classe ouvrière, prolétaires, nouvelles couches, peu importe
le nom. Leur existence est certaine et il se passe, d'un de ces
groupes à un autre, juste ce qui arrive entre deux nations.
Chacun a ses intérêts distincts qui, facilement, deviennent opposés. Les animosités naissent et ne meurent que pour revivre sous
le nom de rancunes. A côté de ces sentiments particularistes
vient se placer l'instinct social si infaillible qu'on l'appelle aussi
l'esprit d'humanité.

Et si l'on observe avec quelque attention la sphère de chacun
de ces deux sentiments, on sera surpris de l'immense quantité de
choses, faits, affections, intérêts, qui mettent en jeu l'instinct
social et au contraire combien peu donnent matière à l'esprit de
classe. Même en faisant abstraction de la parfaite communauté

des intérêts de toutes les classes, au point de vue économique,
que l'étude et l'expérience démontrent surabondamment, même
en admettant un instant que les diverses couches sociales aient
des intérêts matériels opposés, ce n'est que là où elles peuvent
être en guerre. Or, en dépit de notre âge de fer, les intérêts
matériels ne sont pas tout, grâce au ciel. Lorsque je vois la paix
sociale régner dans trente-quatre mille communes rurales, sans
coërcition aucune, lorsqne l'accord règne entre tous les citoyens
quel que soit leur nom, leur fortune, leur profession, je crois à
la force infinie du lien qui les rattache ou plutôt je ne crois pas
à l'existence d'une force tendant à les diviser. Si, à l'heure où
j'écris, une grève inquiète les entrepreneurs de Paris, menace
d'affamer leurs ouvriers, je ne dis pas certes avec Pangloss que
tout est pour le mieux dans le meilleur des mondes, mais je vois
qu'une grève, si considérable soit-elle, n'est pas plus une guerre
sociale que l'atelier n'est la société. S'unir pour attaquer celle-ci
c'est prouver qu'elle est immortelle. Songer à changer la répartition de la propriété, c'est rendre hommage à la propriété. Que
l'une soit organisée autrement, que l'autre soit différemment
partagée, elles n'en seront pas moins les deux tutrices que
l'homme trouve à son berceau pour l'allaiter et le défendre, la
société et la propriété.

Tout le reste, tout ce qui n'est pas question économique, nous
trouve unis dans l'exercice du même instinct ; toutes les mères
aiment de la même façon, tous les hommes admirent les mêmes
grandeurs. Les mêmes besoins les dominent. Ils les satisfont
pareillement. Le « C'est un homme comme un autre » exprime
cette pensée, aussi bien dans le paysan qui regarde en haut
que chez le roi qui regarde en bas.

L'instinct social n'a pas que cette supériorité, d'un domaine
infiniment plus étendu. Sa puissance s'accroît encore parce que

ce domaine est perpétuel, alors que son rival gère des choses temporaires. L'organisation économique des peuples est une lourde machine, difficile à refaire de fonds en comble; mais pourtant, le temps et les efforts, aidés au besoin par quelques révolutions, arrivent à la changer. La période qu'embrasse notre histoire est courte et cependant on y peut voir au moins quatre types bien divers de cette organisation. Dans le présent même, le voyageur n'a pas besoin de changer d'hémisphère pour observer des variations profondes, dans les règles que les lois et les coutumes donnent au monde laborieux.

Au contraire, tout ce qui est l'effet du sentiment social reste, à travers les siècles, toujours semblable. Le lien social — que l'on ne se méprenne pas — le lien qui nous attache aux autres hommes, ne se brise jamais. Au contraire, pourrait-on dire! Il semble que le ciment qui fait l'agrégat social se durcit, inébranlé, à mesure qu'il vieillit. Dans la période historique la plus lointaine, il existait. Vous le trouvez chez les peuplades australiennes qui vont disparaissant. Il a donc la force de ce qui est éternel, de la relative éternité des choses humaines.

N'est-ce pas un sujet d'ineffable consolation, à cette heure triste où nous allons fêter le centenaire de 89 par la guerre ou une paix armée qui vaut moins encore, à cette heure où ceux qui ont le plus profité de l'œuvre géante brûlent de la détruire? Autour de nous, on rebâtit les corporations, mais au lieu de leur paresseuse inertie, on souffle aux syndicats la discorde et la haine. Nous n'entendons parler que de revendications, de classes déshéritées. Et, mon Dieu! le patrimoine social n'est pas de nature à amener des préciputs et des exhérédations! Quel est donc l'être à qui la société donne plus qu'à un autre, c'est-à-dire plus que la libre jouissance de ce que lui transmettent ses parents et de ce qu'il vaut lui-même. Mais après cette tempête, si elle triomphe, un ordre matériel nouveau viendra régner. D'autres tenteront de le détruire. Ainsi de suite. Pendant que les intérêts iront ainsi de cahot en cahot, l'idée sociale restera sauve. Si vous déchaînez la guerre, les blessés et les morts seront pleurés des deux côtés. Près du champ de bataille impie, le cœur de la société humaine continuera à battre, à s'apitoyer, à s'enthousiasmer, à révéler en lui cette concorde qui, toujours débordant, finira bien par enlacer aussi ces frères, ennemis d'aujourd'hui, bientôt et fatalement des frères.

LIVRE IX

CHAPITRE PREMIER

DÉFINITIONS DU DROIT DE PROPRIÉTÉ

I

J.-B. Say n'admettait pas que la controverse sur le droit de
propriété entrât dans le domaine de l'Economie politique. « Le
« philosophe spéculatif, dit-il, peut s'occuper à chercher les
« vrais fondements du droit de propriété ; le jurisconsulte peut
« établir les règles qui président à la transmission des choses
« possédées ; la science politique peut montrer quelles sont les
« plus sûres garanties de ce droit ; quant à l'économie politique,
« elle ne considère la propriété que comme le plus puissant
« encouragement à la production des richesses ; elle s'occupera
« peu de ce qui la fonde et la garantit. »

La sociologie, bien au contraire, ne saurait se dispenser d'étudier les origines, les caractères et les conséquences de cette institution, élément capital de toute vie sociale. Elle ne doit pas
empiéter sur le terrain de l'économie, qui s'en désintéresse
beaucoup moins que ne le conseillait J.-B. Say, et doit laisser de
côté l'influence de la propriété sur la production et la richesse.
Le champ d'étude ainsi restreint, nous pourrons essayer de résumer une doctrine sociologique de la propriété.

II

La Convention, dans la déclaration du 24 juin 93, inscrivait :
« Le droit de propriété est celui qui appartient à tout citoyen de
jouir et de disposer à son gré de ses biens, de ses revenus, du
fruit de son travail et de son industrie. »

Parfaitement explicite en ce qui touche les revenus, gains et
salaires, cet article l'est moins en ce qui touche les capitaux.
« Tout citoyen peut disposer à son gré de *ses* biens ». Comment
les biens sont-il devenus *ses* biens ! Certes, la précision était
plus que suffisante dans un article de loi politique qui assurait
le libre exercice d'une propriété déjà existante, mais ne nous
indique rien sur l'origine du droit.

Et encore ce n'est qu'après bien des siècles que cette clarté,
qui ne nous satisfait pas, avait été atteinte dans l'esprit des penseurs les plus éminents ; jamais il n'était venu l'idée de mettre
ainsi le droit de propriété en dehors des lois civiles qui, d'après
la Convention, se borne à en fixer et à en garantir les effets.

Sénèque semble admettre le droit divin, pour la propriété
comme pour le trône : *Ad reges potestas omnium pertinet, ad
singulos proprietas.*

Grotius, de même, croit à un communisme établi par Dieu à la
création. Après lui, et s'inspirant de lui, Wolf, Puffendorf, Bur-
lamachi supposent qu'à l'origine des sociétés les hommes n'avaient
qu'à prendre ce qui se trouvait sous leurs mains, et confondent
toujours l'appropriation et l'extorsion.

Montesquieu place l'idée de contrat au début de la propriété.
« Comme les hommes, dit-il, ont renoncé à leur indépendance
naturelle pour vivre sous les lois politiques, de même ils ont

renoncé à la communauté naturelle des biens pour vivre sous des lois civiles » (1).

Mais, pourrait-on lui répondre, il n'y a jamais eu d'*indépendance naturelle*. L'homme est un animal sociable et c'est parce qu'il a vécu en société qu'il est devenu l'homme. Pour le trouver vivant isolément, indépendant de tous ses semblables, ce n'est pas aux premiers âges de l'humanité qu'il faudrait remonter, mais infiniment au delà. Pareillement, quelle est donc l'époque, où est donc l'île sauvage où la propriété individuelle ait été ou soit ignorée.

Bentham lie la propriété à la loi. Suivant lui, point de propriété sans loi et réciproquement. En fait, c'est solidariser la société et la propriété ; donc celle-ci et l'homme. Mais, au fond, il se trompe en croyant que la propriété naît des lois. Celles-ci viendraient à disparaître que, seules, les garanties du droit de propriété seraient atteintes ; mais ce droit de propriété n'en subsisterait pas moins, quitte à se prouver d'autre façon.

Mirabeau et Robespierre partageaient l'avis de Bentham sur l'origine conventionnelle de la propriété. « La loi seule constitue la propriété », disait le premier, et Robespierre définissait la propriété : « le droit de jouir de la portion de biens qui lui est garantie par la loi ».

Les Babouvistes relevèrent la doctrine de Louis XIV en substituant l'État au monarque. « Tout ce qui se trouve dans l'étendue de nos États, disait le Roi-Soleil au Dauphin, de quelque nature qu'il soit, vous appartient au même titre. » Et Babeuf de même, tout en motivant ses revendications par une invocation à un brumeux idéal de justice.

Cette substitution de l'État au souverain conduit à la tyrannie

_____
(1) *Esprit des Lois*, livre XXVI.

insupportable, lorsqu'elle envisage la liberté. Elle amène à la spoliation et bientôt à la ruine universelle si elle entre dans le
domaine de la propriété. Que je sois tyrannisé et volé par la collectivité ou par un despote qui la représente, je n'en suis pas
moins tyrannisé et volé. Que le poignard qui m'égorge soit tenu
par le roi ou par le délégué de mes concitoyens, je n'en meurs
pas moins. La communauté n'a pas des droits nouveaux sur
chacun de ses membres par cela seul qu'elle n'a plus de souverain à sa tête, et si Louis XIV avait tort, Babeuf n'avait pas raison.

III

Portalis exprimait au Corps législatif, l'avis que tous partagent
aujourd'hui en disant au nom du Conseil d'Etat: «Le principe du
droit de propriété est en nous; il n'est point le résultat d'une
convention humaine ou d'une loi positive. Il est dans la constitution même de notre être et dans nos différentes relations avec
les objets qui nous environnent. Quelques philosophes paraissent
étonnés que l'homme puisse devenir propriétaire d'une partie du
sol qui n'est pas son ouvrage, qui doit durer plus que lui et qui
n'est soumise qu'à des lois qu'il n'a pas faites. Mais cet étonnement ne cesse-t-il pas si l'on considère tous les prodiges de la
main-d'œuvre, c'est-à-dire tout ce que l'industrie de l'homme
peut ajouter à l'ouvrage de la nature? »

C'est, dis-je, l'avis de tous et cela dérive de la recherche de
l'origine vraie de la propriété.

L'homme ne possède rien qu'il n'ait acquis. Les biens que l'on
peut avoir sans les acquérir composent les fonds non appropriés,
l'air, le soleil. La terre-vierge ne demande pas seulement, pour
devenir une propriété, d'être conquise. Il faut encore qu'elle soit
mise en valeur. Sans cela, elle serait, pour son conquérant,

pareille à une de ces nombreuses *res nullius* sans utilité, telles que les sables des dunes, l'eau de la mer. Le travail humain appliqué au fonds naturel produit une richesse, et celle-ci devint la propriété de son producteur. S'il en était autrement, qui donc produirait ?

Précisément parce que ces fonds naturels sont devenus producteurs, ils engendrent des produits consommables que leur propriétaire peut consommer ou échanger. Les marchandises qu'il obtient de l'échange sont aussi bien les fruits directs de son travail que celles qu'il a récoltées ou fabriquées lui-même, puisque c'est son travail qui lui donne les objets qu'il remet en payement.

Dire que la propriété provient de la loi, c'est affirmer que mes bras, mon cerveau, ma volonté ne m'appartiennent que par la loi. C'est proclamer, encore, l'absolu pouvoir de la communauté sur l'individu, immoler le réel à l'abstrait, sacrifier les droits de ceux qui existent aux autels de cette entité idéale que l'on crée à plaisir.

L'homme ne doit abandonner de sa liberté que la fraction nécessaire pour que la société puisse lui en garantir la totalité. En matière de propriété, ce n'est pas le droit qui vient de la loi, ce n'est pas le principe qui sort du contrat. Lois et contrats n'ont institué que les infractions à ce droit, que les dérogations à ce principe. Je possède parce que j'ai créé. Pour partager mon bien contre les attaques de tout genre, je vous en abandonne une part à condition que vous protégiez à ma place les biens que je conserve. Cet abandon est, en effet, le fruit d'une convention revisable, révocable, mais ne peut en rien amoindrir ma toute-puissance sur ce qu'il était destiné à protéger.

IV

La propriété est le résultat du travail. Mais la propriété existante, à l'heure actuelle, est-elle dans les mains des travailleurs qui l'ont créée ?

On a voulu placer à l'origine de bien des grandes fortunes foncières, la spoliation et le vol. Et l'on avait raison. Mais les biens ainsi acquis ont changé de mains plusieurs fois. Ceux qui les possèdent aujourd'hui sont purs des fraudes qui les constituèrent. Et d'ailleurs, lorsque la Régence fit rendre gorge aux traitants enrichis d'exactions, qui donc songea à condamner la propriété mobilière ?

Que tous les moyens coupables de s'enrichir soient recherchés et punis par les lois, l'intérêt social l'exige impérieusement ; mais il demande avec la même énergie que cette recherche, cette poursuite soient arrêtées par la prescription. Quelle transaction serait possible si l'on pouvait faire abstraction des dix à douze personnes de bonne foi qui ont possédé une terre pour ne se souvenir que du seigneur cruel qui l'extorqua au moyen âge et l'enlever à ceux qui l'ont payée pour la restituer aux héritiers nuageux du spolié d'alors.

De la propriété et de ses fruits, le propriétaire peut disposer à son gré. Il a donc la faculté de ne consommer ni l'une ni les autres, de les employer reproductivement, de les transmettre à titre gratuit ou à titre onéreux. Dans le premier cas, nous trouvons le difficile problème de la liberté de l'argent. Le second nous amène à l'étude de l'héritage.

CHAPITRE II

I

M. Léon Faucher met dans son étude si remarquable sur la propriété, ces mots : « Le consentement universel est un signe infaillible de la *nécessité et par conséquent de la légitimité* d'une institution. »

Il reconnaît donc, et très explicitement, cet axiome sociologique qu'aucune règle n'est obligatoire, si elle n'est nécessaire, tolérable si elle est inutile. Il peut advenir certaines phases de la vie sociale où la propriété des uns gêne l'essor légitime des autres, où le conflit se déclare entre les intérêts du présent et ceux de l'avenir. C'est alors que le droit de propriété doit céder devant des droits, eux aussi, inséparables de l'homme et encore plus nécessaires à l'homme.

L'expropriation pour cause d'utilité publique est un de ces cas. Les contributions, de paix ou de guerre, en offrent un autre. Mais ce ne sont pas, à vrai dire, des restrictions à un droit qu'elles laissent entier. Elles forment soit le prix de la paisible jouissance de ce droit, soit celui d'un progrès dont le propriétaire lésé aura sa part.

Mais lorsque la propriété doit subvenir à l'instruction des fils des citoyens non-possesseurs ou parer aux besoins des indigents ? On répondra qu'en instruisant la jeune génération, l'on prépare à la patrie un avenir prospère dont profiteront les héritiers du propriétaire contribuable ; qu'en organisant l'assistance publique, on prévient des secousses sociales. Mais si l'on étendait tant soit peu ce raisonnement, comment repousserait-on les demandes des écoles socialiste et communiste ?

Il se place ici une question de mesure. L'économie politique s'est montrée trop dédaigneuse des circonstances et a vu ses enseignement raillés ou condamnés pour les avoir donnés trop stricts. Celui qui possède est tenu, en effet, par ses intérêts même, à subvenir à des dépenses publiques où il ne paraît que très indirectement intéressé! Il y est tenu, mais seulement tout autant que ses intérêts stricts n'en souffrent pas gravement.

S'il refusait absolument toute contribution à cet effet, les divisions s'accentueraient, l'unité sociale serait indéfiniment retardée. Si on le contraignait à une participation trop large, ce serait tarir les fonds producteurs ; empêcher toutes dépenses de certain ordre et, en somme, faire payer aux travailleurs d'une catégorie les secours alloués aux non-producteurs d'une autre.

C'est avec le même esprit de mesure qu'il faut étudier l'idée socialiste. Le Gouvernement entrepreneur, l'Etat industriel, doivent se juger par leur résultats. A quoi bon citer de nouveau les mille exemples qui en condamnent la conception? Est-ce à dire qu'il faille se déclarer contre le socialisme. Certes, non ! Et lorsque la liberté d'une industrie ou d'un commerce est la ruine de la plupart des individus, comment hésiter à la réglementer et à la supprimer. Voyez le commerce de la boulangerie. Dans un village, existent dix boulangers. Il leur est aisé de s'entendre et de mettre le pain à un prix énorme. La loi de l'offre et de la demande n'y peut rien, ce n'est pas du jour au lendemain que l'on crée des fours ; de plus, tous les industrieux n'ont ni la volonté ni la faculté de devenir boulangers. Vous aurez une population de trois à quatre mille habitants affamée ou rançonnée, à son choix. Ces habitants n'ont-ils pas le droit d'en appeler à la collectivité qui ne leur défend, au bout du compte, de se faire justice eux-mêmes qu'en leur promettant de la leur donner.

Coalition, dira-t-on, et délit punissable. Mais nous ne voyons que coalition partout, dans ce temps de syndicats. Qu'est-ce que le syndicat des cuivres, celui des huiles? Poursuit-on les actionnaires de telle compagnie qui se groupent pour faire hausser le cours de leurs actions?

Mais, soit! c'est une coalition et le parquet a le devoir de les poursuivre, les tribunaux celui de les punir. Cette poursuite et ce châtiment constituent une restriction à la propriété, « au droit de disposer à son gré de ses biens, de ses revenus ». Et cette restriction est applaudie et louée, parce qu'elle est nécessaire, indispensable. Donc, si l'on arrive à prouver la nécessité de restrictions identiques, nul ne pourra les combattre au nom des droits imprescriptibles de la propriété, de ces droits que l'on viole si utilement pour tous.

La loi sur l'usure était aussi une limite à l'exercice des droits de propriété. Fort maladroite, suivant nous, mais qui n'en avait pas moins été fort applaudie. La prohibition des majorats et substitutions, de même.

On prépare une loi sur les sociétés anonymes, pour amender celle de 1867. Si j'ai la faculté de disposer de mes biens comme je l'entends, six de mes concitoyens l'ont aussi. Pourquoi n'avons nous nous plus cette faculté en nous réunissant?

Tout simplement, parce que, si la propriété est inviolable, l'usage que l'on en fait tombe dans le domaine social et devient sujet aux réglement sociaux; parce que l'expérience et la raison démontrent que si je me ruine en ajoutant foi aux lanceurs d'affaires ce n'est pas en vertu de ma volonté de me ruiner. Stuart-Mill reconnaît qu'on a le droit d'empêcher absolument un homme de passer sur un pont qui va sûrement s'écrouler, le devoir de l'avertir s'il s'aventure sur un pont simplement dangereux. La loi a ce droit et ce devoir envers les imprudents de de tout genre et ne sort pas de sa sphère si elle met une barrière au seuil des spéculations hasardeuses. Ceux qui la franchiront sauront, du moins, où ils vont et, dès lors, pourront en courir le risque.

Une compagnie achète les mines de toute une région et lutte avec ses rivales, en abaissant indéfiniment le salaire des ouvriers. Que fera le gouvernement ? La loi de l'offre et de la demande ne fonctionne pas. Les ouvriers changeront de profession ? C'est impraticable, en fait. Assistera-t-on les bras croisés à la famine organisée ? La société n'est-elle pas intéressée à ce que deux ou trois mille familles meurent ou non de faim ?

Mais « si l'on intervient, la société fera faillite et les ouvriers souffriront bien davantage ». Ce n'est pas sûr du tout. La compagnie trouvera des réductions à faire dans un budget rarement incompressible. Les autres compagnies ne seront plus tentées de la suivre dans cette course aux salaires dérisoires. L'équilibre se fera entre des salaires raisonnables, au lieu de se faire entre des salaires meurtriers.

Voilà des magasins monstres qui absorbent tout le commerce de détail parisien. Comme consommateur, j'en profite. En cumulant tous les commerces, ils réduisent leurs frais généraux et je trouve chez eux des articles à fort bas prix. Mais les détaillants sont ruinés, disparaissent progressivement. Même les grands magasins sont absorbés par les magasins-géants qui se les annexent. Lorsqu'il auront peu à peu tué tout le petit commerce, ils n'ont qu'à se syndiquer et c'en sera fait du bon marché et de la bonté des produits. Les petits marchands, trop payés pour avoir peur, ne se risqueront plus à entamer une lutte qui pourrait imposer à leurs puissants rivaux le maintien des procédés qui les ont enrichis. Mais c'est l'avenir; quant aux résultats présents, ils sont très clairs : la diminution du goût parisien, cette part très notable de la richesse nationale, la suppression de la petite bourgeoisie, cette classe intelligente, sérieuse, libérale, trop près des classes laborieuses pour en être haïe, assez rapprochée des couches supérieures pour discuter avec elles des intérêts généraux autrement que par l'émeute. Au lieu de mille familles dirigeant une petite industrie ou un petit commerce, mille employés, mille demoiselles de magasin. Tous fonctionnaires! Naturellement on ne se marie pas! A quoi bon? le magasin leur donne la table et le logement. Et comptez-vous pour rien les haines ainsi accumulées? Ne vous flattez pas que le commerçant ruiné restreigne sa rancune aux fondateurs du *Louvre* ou du *Bon Marché*. Il s'en prend aussi à l'ordre social. Il en veut à une société qui a laissé stériliser ses efforts, ruiner le fruit de ses travaux. « Tout pour les grands, rien pour les petits », tel est suivant lui la devise du jour, et le dommage moral qu'éprouve la société n'est guère moins important que le tort matériel qu'elle subit.

Tous les sociologistes ont reconnu que faire le commerce est un acte social, qu'on ne viole pas la liberté en réglementant le commerce. La propriété de même ne subit aucune perte si on la réglemente au moment où elle va faire œuvre sociale. Autant que l'homme, elle a un côté individuel, où l'autorité ne saurait entrer, et un côté collectif. Si l'usage que son possesseur en fait me met dans l'impossibilité réelle d'user de la mienne, est-ce juste? Surtout, est-il de l'intérêt commun de stériliser ainsi ce que je vaux et ce que je possède?

II

Mais le moyen ? Est-ce au sociologiste de l'indiquer ? Un problème dont tous les éléments sont personnels et transitoires doit être étudié et résolu par la politique, d'autant que cette solution doit être une transaction. La science ne peut guère y intervenir avec ses enseignements toujours trop précis.

A la politique aussi de se préoccuper du changement énorme que le développement de la richesse mobilière a apporté à l'ordre social. Les institutions, les lois ne sauraient être les mêmes dans des âges aussi différents que le nôtre et celui où presque tous les biens étaient fonciers. Quelque habitués que nous soyons aujourd'hui à entendre parler de millions, ce n'en est pas moins une fort grosse somme qu'une dizaine de millions et un bien puissant moyen d'action. Nos pères ont enlevé tout pouvoir et tous privilèges au nom et à la race. Le pouvoir, les privilèges vont insensiblement se reformer entre les mains des seigneurs du capital mobilier! On ne me prêtera pas l'idée d'admettre un instant l'égalité de richesse entre les citoyens. Mais il devrait y avoir égalité d'influence, de puissance, tant que le travail et le mérite personnel et reconnu n'interviennent pas.

On accuse d'être des esprits subversifs ceux qui posent ce problème. Loin de là! S'ils étaient tels, il l'eussent vite résolu. Mais ils placent au-dessus de toute discussion le droit de propriété et craignent toujours de le léser, ou d'en avoir l'apparence, en proposant des règles à l'usage qu'il est permis d'en faire.

Cette raison, seule, laisse en suspens les questions que nous venons d'énoncer. On permet à des gouvernements étrangers de venir chercher en France l'argent qu'ils emploiront en armements contre nous. On laisse l'étranger prendre nos placements

les plus productifs, absorber ainsi une part de nos revenus,
peser à l'occasion sur la politique nationale. Toujours pour ne
pas attaquer la propriété, pour ne pas voir, encore une fois,
sa double essence individuelle et sociale.

Un paysan la comprend bien cette différence, lui, et verra bien
que ce n'est pas la même chose de lui arracher un fragment de
son pécule ou de lui interdire de le placer dans telle ou telle
opération. Cette différence qu'il aperçoit, le ministre des finances
l'a méconnue hier même (1).

Une compagnie, considérable par son capital, par la célébrité
de son fondateur, en arrive à devoir suspendre ses payements.
Et, comme la mesure la plus naturelle, le ministre demande au
Parlement l'autorisation pour cette compagnie d'ajourner à trois
mois le payement des sommes par elle dues. Un député s'étonne
de voir la commission refuser l'examen de cette proposition !
« Elle est, dit-il, sans inconvénients pour personne ». Mais ou les
créanciers acceptent cette prorogation et dans ce cas, la compagnie n'eut pas proclamé sa ruine, ou ils ne l'acceptent pas. Et,
par un acte du Prince, vous allez les condamner à ne pas être
payés. Vous leur confisquez leur propriété ! Le président du
Conseil argue de l'intérêt des petits rentiers, actionnaires de
l'entreprise et ne songe pas que sacrifier l'intérêt d'un citoyen à
celui d'un autre citoyen, par mesure arbitraire, c'est ériger en
dogme la confiscation, autoriser les revendications les plus absolument destructives de l'ordre social. Il ne se rappelle pas que
nous sommes à la veille d'anniversaires que leur grandeur rend
redoutables et propose de suspendre le respect de la propriété,
sans craindre qu'on ne proroge plus tard le respect dû à la liberté
et à la vie humaines.

(1) 15 décembre 88.

III

Le sociologiste n'imite pas ces exemples, de si haut qu'ils lui viennent. La propriété lui est sacrée, comme la condition nécessaire de la vie de l'humanité. Il ne l'admettra jamais collective, parce qu'il voit dans le triomphe de l'individualité la base de tout progrès.

Lorsque, d'elle-même, elle recherche le groupement et l'action commune, la loi qui intervient déjà pour connaître la charte de ce groupement, les statuts de ces associations, peut contrôler aussi l'œuvre projetée. Elle protège les intérêts de ceux que l'on convie à entrer dans la société, pourquoi ne veillerait-elle pas à ceux des tiers ? Les réglementations, dit-on, n'ont jamais servi à rien. C'est plus tôt affirmé que prouvé, et la liberté de spéculation a entraîné en France plus de désastres moraux et matériels que n'en eût donné une stagnation même durable.

CHAPITRE III

I

A la fois parce que le possesseur peut disposer à son gré de
ses biens et de ses revenus et par suite du droit qu'a la société
d'en réglementer l'usage qu'il en fait, la propriété dans les applications de son principe peut revêtir diverses formes. Ce serait
attenter à son inviolabilité que de mettre en commun les fonds
possédés, contre la volonté de qui les possède ; mais celui-ci
peut le faire s'il le juge bon. De même, le pouvoir a le droit de
s'opposer à certains usages de la propriété qui léseraient, ou
menaceraient, soit la propriété, soit les intérêts d'autrui.

Il existe donc, et surtout il peut exister, d'autres modalités de
possession que la possession individuelle, perpétuelle, qui est la
forme que nous voyons plus généralement autour de nous.

Sans intervention de l'autorité, la propriété par association a
fait d'inconcevables progrès ! L'immense majorité des familles ont
la plus grande partie de ce qu'elles possèdent ainsi employée. Ce
ne sont pas seulemeut les grandes entreprises industrielles,
mais encore les immeubles, les exploitations agricoles qui appartiennent à des associations de capitaux. En voyant ce goût toujours croissant pour ce mode de production, on a essayé d'en
conclure qu'il serait aisé de l'étendre, de transformer l'État en
une vaste société anonyme, avec les contribuables pour actionnaires.

Ce serait d'abord, accroître sans mesure les très réels défauts
inhérents à l'association des capitaux. Les entreprises gérées

sous la forme anonyme laissent sans emploi une masse d'intelligences. Elles permettent trop facilement l'oisiveté à ceux qui se
contentent de toucher leurs revenus sans travail. Elles sont con-
duites, administrées par des gens dont l'intérêt à la chose commune est incomparablement moins grand que celui qu'y trouverait un associé en nom collectif. Si l'État se fait industriel, ces
inconvénients s'accroissent et atteignent la hauteur d'un péril
social.

Mais cette considération, si grave soit-elle, n'est rien à côté de
l'illégitimité d'une mesure semblable. La mise en société des
capitaux est une œuvre volontaire, d'abord. De plus, elle laisse
intact le côté individuel de la propriété. A tout instant, le socié-
taire peut abandonner la société. Si l'incurie des administrateurs
est trop grand, il a certains moyens de les révoquer. — Sa part
dans le contrôle est à peu près proportionnelle aux intérêts qu'il
possède dans l'entreprise. Dans l'État industriel, ou il n'aurait
plus cette dernière garantie, ou vous mettriez côte à côte le suffrage censitaire proportionnel et le suffrage universel.

II

La communauté imposée des fonds productifs existe en Europe.
La commune paysanne russe, le Mir, l'établit en Russie, mais
ne s'applique qu'aux paysans, serfs il y a moins de trente ans.
Elle n'est qu'une mesure de transition, d'ailleurs très discutable,
beaucoup plus destinée à assurer l'ordre public qu'à être un
régime social. D'ailleurs, le peu d'étendue de ces communes,
l'infimité relative des intérêts qu'elles administrent, enlèvent
bien des inconvénients qui rendraient impossible leur extension.

Au contraire, les syndicats agricoles de France et d'Italie
donnent des résultats parfaits. L'Amérique nous inonde de blés,
venus dans d'immenses domaines possédés par actions. Aussi, en

reconnaissant impossible et inique toute association productrice gouvernementale, il est très possible de croire à l'avènement de la propriété indivise.

Elle ne blesse en quoi que ce soit, d'ailleurs, les droits de propriété. Le titre qui la constatera sera individuel. L'émulation subsistera entre les associations. L'industrie y gagnera en force productive. L'individualisme trouvera un refuge dans la fraction de l'œuvre sociale qui ne peut être faite que par lui.

L'institution la plus directement menacée sera, évidemment, l'hérédité.

L'injustice d'enlever à un homme la libre disposition après sa mort d'une propriété *faite* par lui, où chaque coin de terre porte l'empreinte de son travail, est trop évidente. Elle apparaîtra moins bien lorsqu'il s'agira de sa part dans une Compagnie qu'aidaient seulement ses capitaux, à laquelle il était personnellement étranger.

III

Cette revendication, si elle se produisait alors, serait espérons-le, vaincue par la raison. Il est inutile de refaire l'argumentation de l'École pour établir le droit du possesseur, pareil sur la partie qu'il emploie à sa consommation et sur celle qu'il lui plaît d'épargner. Mais en admettant la propriété productive indivise, c'est-à-dire tout entière aux mains d'associations de capitaux, que gagnerait la communauté à enlever au fils la part du père défunt, dans une ou plusieurs de ces associations? Croit-on que le partage augmentât considérablement les ressources de l'Etat?

En revanche, je sais bien ce qu'elle y perdrait. Le fils de l'homme aisé acquerrant pendant sa jeunesse des facultés qu'il n'aura plus le moyen de mettre en œuvre ; l'épargne des générations devenant impossible ; bien entendu, la dissimulation des patrimoines, l'horreur de ces industries productives où l'on ne pourrait posséder une part sans que l'État ne nous la confisquât, à la fin de nos jours.

Et cette abolition de l'hérédité, si pleine de périls que nul avantage ne vient compenser, pourquoi la réclame-t-on? Est-ce que ceux qui l'inscrivent sur leur programme attendent la moindre obole de ces héritages, à la transmission desquels ils veulent s'opposer? Pas le moins du monde. C'est au nom de la justice sociale.

Mais où donc ont-ils vu qu'elle devrait exister, cette justice sociale? Les hommes ont reconnu que leurs intérêts leur dictaient des lois, ont appelé « justice » le devoir de les observer. De ce qu'elle s'impose à tous « également », on a fait le mot « équité »; mais l'équité n'existe pas dans la nature, et il est incompréhensible qu'on sacrifie des intérêts au désir de proclamer son règne.

Il est injuste, dit-on, que tous les hommes ne livrent pas le combat de la vie avec les mêmes armes. Pourquoi est-ce injuste? Parce qu'il n'y a pas égalité de chances, dites-vous. J'entends, mais comment démontrez-vous que l'inégalité et l'injustice soient des mots synonymes ?

Est-il utile à la communauté que les hommes naissent avec des moyens d'action divers, qu'héritant des facultés paternelles, du renom d'honorabilité de leur père, ils puissent les mettre en œuvre ? Parce qu'il est impossible à beaucoup d'envoyer leurs fils aux écoles où se départit le haut enseignement, faut-il les supprimer ? Faut-il empêcher, et radicalement, l'effet de cette loi d'ascension dont parle V. Hugo et que je citais ailleurs ?

IV

Nul ne se plaint cependant de la part que prélève la société,
sous le titre de droits successoraux, à chaque transmission héréditaire. C'est que, sous une autre forme, c'est toujours le prix du
service qu'elle nous rend en nous assurant la jouissance des
biens recueillis. C'est encore une question de mesure. Et on ne
peut voir dans cette mesure fiscale rien qui ressemble à une
prétention de cohériter.

En revanche, on a cent fois raison en demandant que l'hérédité *ab intestat* soit fortement restreinte. Laisser le possesseur
léguer à qui il lui plaît, c'est respecter son droit strict et nécessaire. S'il a des enfants, leur réserver une part de ses biens,
c'est sauvegarder les intérêts sociaux que j'énumérais plus haut.
Au contraire, appeler à succéder, contre la volonté tacite du
défunt, des collatéraux élevés, peut-être, de façon à jouir mal
ou du moins à n'avoir nul besoin de ces moyens pour employer
les facultés qu'ils ont acquises, ce n'est pas respecter le droit de
l'homme disparu et c'est desservir la stabilité. La famille ne
gagne rien à cette extension, nous l'avons vu ailleurs.

C'est en n'attaquant jamais le droit de propriété, que notre
pays l'a vu se démocratiser, qu'il a atteint à la quasi-parfaite égalité de mœurs. Aujourd'hui, que sont les héritages des biens? Ils
ne pèsent guère dans la lutte pour la vie, et entre des mains
inhabiles, ils se fondent vite. Nulle mesure coactive ne pourrait
aussi bien en priver ceux qui ne savent pas les employer au bien
commun. La sociologie vit d'expérience et d'observation et
réprouvera toujours les idées abstraites au nom desquelles on
sapera la propriété, née avec l'homme-pensant, inséparable de
lui.

LIVRE X

IDÉES HÉRÉDITAIRES

La bravoure. — La chasteté. — L'éloquence. — La vieillesse.

Avant d'aborder le dernier chapitre de cet ouvrage, et d'étudier les points où son réseau touche celui de l'Économie politique, il nous reste à envisager quelques-uns des innombrables facteurs sociaux. Les hommes sont unis par un certain nombre d'idées. La plupart viennent de la réflexion. Quelques-unes lui sont fournies toutes faites. Ce sont ces préjugés dont M. Taine prenait si éloquemment la défense. Il n'est pas humiliant pour la morale, disait-il, de n'être obéie que lorsqu'elle est devenue préjugé. C'est la condition nécessaire pour qu'elle soit obéie aveuglément, passivement. Les actions ne suivraient que trop lentement les mobiles qui les déterminent, si elles devaient toujours être précédées d'une délibération. De même, les jugements à intervenir sur les actions. Il existe des opinions généralement acceptées qu'on ne discute même plus, auxquelles on accorde le caractère d'axiomes et dont on fait la base de l'opinion particulière nécessitée par chacun des cas quotidiens où l'homme doit juger.

Elles sont, fort souvent, en parfaite conformité avec ce que déclarerait la raison si on la consultait, et il est inutile alors de rechercher leur provenance exacte qui, en changeant, ne les changerait pas. D'autres fois, elles sont parce qu'elles sont, n'existant que par une constante pétition de principes, et on ne peut

comprendre leur persistance, que dis-je? leur existence, que
parce que le présent les a reçues intactes du passé! Elles blessent
notre raison, sont en conflit avec la notion la plus évidente de
l'intérêt social et de l'intérêt individuel... *E pur si muove.*

I

La bravoure.

Il n'est pas de pays où la bravoure ne soit admirée de tous. Où
peut-on trouver l'origine raisonnable de cette parfaite similitude
d'opinions? Je laisse de côté le courage, très différent. Il faut de la
bravoure, quoique l'on ait dit, pour se détruire soi-même, de
sang froid, et du courage pour supporter la vie ainsi désespérée.

On aura beau reconnaître que la bravoure est absolument indépendante de la valeur intellectuelle et même de la valeur morale,
arriver ainsi à n'y voir qu'un don absolument physique, on continuera à en faire la vertu suprême. « Lâche » est la plus flétris-
sante épithète, si « poltron » ne l'emporte pas. Si la noblesse
d'une qualité est dans une proportion quelconque avec le degré
de perfectionnement des êtres qui en sont doués, la bravoure
n'a pas à s'en targuer. Le sauvage est brave. Les soldats du
Mahdi, et ceux du Ras Alula, étaient aussi braves que les hordes
qui suivaient Attila. Les animaux dépassent en bravoure les
hommes les plus braves. Voyez les chiens attaquant les grands
fauves, les dogues combattant entre eux! Les boxeurs sont
braves et, pourtant, qui songe à leur assigner un rang élevé sur
l'échelle sociale?

Vertu toute physique, évidemment. Et personne ne pense à
faire un mérite de premier ordre à l'heureux possesseur d'un nez
grec ou de cheveux bouclés. Certes, il est fort utile d'avoir un
extérieur imposant. C'est rendre service à ses semblables que de
leur montrer un visage harmonieux, mais nous reléguons ces

qualités, dans l'échelle de notre admiration, à côté de la force matérielle, par exemple. Celle-ci est nécessaire dans ses degrés ordinaires, fort avantageuse lorsqu'elle dépasse cette moyenne ; mais nous n'en sommes pas encore à en faire la vertu primordiale. Si un brigand est très vigoureux, nous ne l'en estimerons pas davantage, mais nous sommes tous disposés à lui accorder des circonstances atténuantes, s'il a déployé de la bravoure. Si celle-ci était le mépris de la mort, elle donnerait du courage. La plupart du temps, elle en diffère beaucoup et est presque toujours beaucoup plus la faculté d'oublier le danger que celle de le braver.

Il est toujours très difficile d'attaquer ces opinions si profondément enracinées. D'abord parce qu'on les partage inconsciemment. Si j'étais dérangé de mon travail par le bruit d'une lutte où un homme essayerait de terrasser un taureau furieux, j'envierais fort cet homme brave, tout en me disant que, de ma fenêtre, et avec mon fusil, je serais impunément et plus sûrement utile à mes semblables. Et puis, comment raisonner avec des sentiments ? Naguère, à Constantinople et dans un cercle où les idées pouvaient se produire en toute liberté, j'exposais celle que l'on vient de lire. Un des officiers ottomans les plus distingués, me répondit presque avec emportement : « Il est inconcevable qu'un Français ose rabaisser la bravoure ». C'est l'arche sainte. On peut discuter le prix du talent, de la beauté, de la vertu. Mais à la bravoure, nul ne peut toucher ; je ne suis pas bien sûr que le lecteur ne conçoive de moi la plus triste opinion, s'il ne prend la peine de distinguer entre ce que je pense et ce que je suis.

Il y a, dans ce fait indéniable, un argument de plus en faveur de la morale utilitaire. L'équité n'y est pour rien ; de quelque mesure que nous nous servions, nous n'arriverons jamais à établir l'équilibre, la parité entre le mérite intrinsèque de la bravoure et celui

qu'on lui accorde. Mais elle a été indispensable, elle est devenue
nécessaire, elle reste utile. Les premières sociétés n'ont subsisté
que par la bravoure de leurs membres. L'exercice des pacifiques
arts nourriciers n'était possible que lorsque la poitrine des guerriers leur formait un abri. Même plus avant, l'individu ne vivait
qu'en bravant la mort. Plus tard, ce n'est que par la conquête, ou
la résistance qu'ils lui opposaient, que les peuples se sont déve-
loppés. Enfin, aujourd'hui encore, comme il n'est rien que nous
ne soyons prêts à sacrifier pour garder notre titre de Français,
d'Italiens ou d'Anglais, que la bravoure militaire peut seule nous
y faire parvenir, nous la plaçons très haut et c'est fort naturel.
Juste non pas, car au fond elle mérite précisément autant de
louanges que la vieille diplomatie astucieuse qui savait mentir
habilement, tromper à merveille pour servir le pays... Et que
dis-je ? Chaque fois que nous voulons apprécier la justice d'une
chose sans la mesurer à son utilité, nous ne trouvons aucune
balance qui ne se brise. Tous les arguments que j'ai invoqués
viennent s'anéantir devant la nécessité de la bravoure.

Il faut, cependant, ne pas confondre la bravoure physique, celle
qui rend l'homme hardi contre ses ennemis avec celle qui lui
permet d'affronter les dangers impersonnels, tels que la mer, par
exemple. Celle-ci ne le met plus en face d'un péril très grand
mais passager, aigu pourrait-on dire, mais bien d'une suite non
interrompue de dangers se succédant, créant un péril chronique.
Ce n'est pas par des élans qu'il peut le braver, mais par une résolution sans défaillance. En somme, le courage est d'autant plus le
vrai courage que ce n'est pas par des efforts physiques qu'il
triomphe, mais par la clairvoyance d'un esprit qui, par suite, ne
peut connaître les enthousiasmes, les exaltations ou les furies. Ce
courage-là, qui fait les héros de nos flottes aussi bien que
l'humble ouvrier minéur, sera perpétuellement nécessaire. Les

louanges qu'on lui donne ne sont pas avivées par l'exagération
patriotique mais gagnent en durée ce qu'elles perdent en chaleur.

II

La chasteté.

Ce n'est pas d'un consentement aussi général que la chasteté a
été placée au premier rang des vertus. Les époques successives
ont varié d'opinion à cet égard. Les diverses contrées du monde
n'ont pas le même avis sur sa nécessité. Même au temps actuel
et dans notre pays, il est possible de discuter cette question, en
s'en tenant à la théorie, sans soulever des rumeurs d'indignation.
Il existe, en effet, une distinction à faire entre ces idées héréditaires. Les unes, comme celles qui exaltent la bravoure, sont
non seulement universelles, mais s'appliquent à tous les âges, à
toutes les conditions. On n'y tolère aucune exception. Celui qui
les attaque par sa conduite privée, cache soigneusement celle-ci
à tous les yeux, aux siens mêmes, s'il se peut. L'on voit qu'il
s'agit d'idées qui ont la même durée que notre espèce, et, de
plus, qu'elles sont rendues plus souveraines par l'intérêt qu'ont
nos semblables — qu'ils avaient du moins à l'origine — à ce que
la lâcheté physique fût honnie. D'autres, comme la loi de chasteté, ne régissent qu'un des sexes et si celles qui s'en affranchissent sont durement jugées, l'ostracisme qui les frappe est
incomparablement moins rigoureux que celui qui flétrit l'homme
lâche. C'est un vieil adage que, en cette matière, péché caché est
à moitié pardonné. Ici, nous nous trouvons en face d'une vertu
mais d'une vertu adventice, nécessaire, indispensable à la civilisation de la société, mais non pas à son existence. Le tort que
cause une femme dissolue est petit. Elle est, d'habitude, la première punie de ses vices. Ceux-ci tendent à la détruire, alors que
la lâcheté a pour effet immédiat la conservation du lâche.

Mais, pour en faire un devoir moins absolu que la bravoure pour les hommes, le sentiment public n'en impose pas moins la chasteté aux femmes. Il n'est pas sans intérêt de commenter cette loi. L'habitude nous empêche de voir la bizarrerie de la différence faite entre les deux sexes. Cette différence est précisément ce qui rend anormale, en apparence, la loi de chasteté. Pour si peu que l'on veuille s'en donner à soi-même une autre explication que le « C'est comme cela » habituel, on n'arrive pas à comprendre pourquoi tout un domaine de faits, d'idées et de sensations est interdit aux femmes, alors que les hommes y peuvent faire toutes les incursions qui leur plaisent.

Sans énumérer et réfuter toutes les explications erronées qu'on a données de cette anomalie apparente, nous trouverons la vraie en examinant l'origine de la prescription.

D'abord, un fait primordial. L'ardeur sexuelle, dans presque toutes les espèces, est beaucoup plus développée chez le mâle. La femelle se dérobe, est timide, exige la poursuite et, d'ordinaire, exerce un choix. Pour si grossiers qu'aient été les sentiments des premiers hommes, fussent-ils pareils à ceux des animaux, il y avait là une sorte de rudimentaire chasteté négative. Celle-ci ne se développe pas de longtemps. Nul ne sent son intérêt lésé par la dépravation des femmes de la tribu. La sensualité des jeunes hommes y trouve son compte et le raisonnement tout superficiel des chefs y voit peut-être une source d'accroissement de la population. Ce dernier fait se produit-il dans une mesure dangereuse pour les ressources alimentaires, l'infanticide subvient à ce danger.

Sitôt que naît le mariage, sous quelque forme que ce soit, la jalousie, instinct primitif, extension du sentiment de propriété, exige que cette chasteté devienne positive. La femme ne doit plus s'abstenir seulement de rechercher certains plaisirs. Elle doit se refuser à les donner à d'autres qu'à celui dont le mariage a fait son maître. L'idée du contrat bilatéral n'a encore rien à voir à la question. La répression de l'instinct est imposée par l'homme qui continue à suivre les siens dans toute leur étendue.

Malheur à la femme qui se soustrait à ces nouveaux devoirs ! Elle ne survivra pas assez pour transmettre à des filles son sang rebelle à la règle. Les enfants, d'autre part, seront élevées dans ce but. Partie par adaptation, partie par sélection, la loi de chasteté devient instinct et trouve dès lors sa raison en elle-même.

La civilisation survient, l'esprit des hommes s'élève peu à peu. Ils ne sont plus seulement jaloux du corps, mais des pensées. Le christianisme arrive et ennoblit l'humanité. La chasteté morale devient un devoir. Non pas que le caractère primitif, barbare s'efface et la déconsidération qui frapperait une jeune fille victime d'un viol appartient à un état d'esprit public pareil à celui des sociétés en enfance; le côté moral que les modernes ajoutent à la chasteté n'altère pas son caractère irraisonné, mais se juxtapose à son coté grossier.

Voilà d'où sont venus et cette vertu et le fait qu'on ne l'exige que des femmes. Nous savons comment l'idée de chasteté est née. Cherchons pourquoi elle a survécu et il est aisé de le trouver.

Notre état social repose sur elle, étant basé sur la famille dont elle est la condition première. La légitimité des enfants lui est subordonnée et cela non seulement la fait subsister mais lui donne une incommensurable force nouvelle. Il y a là une telle évidence qu'il est inutile d'y insister. Le problème demeure entier en ce qui touche les femmes qui s'affranchissent du lien du mariage.

Sans revenir sur la discussion que contient un autre chapitre de ce livre, nous trouvons ici une confirmation du principe d'extension des devoirs. En effet, il importe peu à la société — directement, *positivement*, du moins — que les femmes qui renoncent au mariage aient des mœurs pures ou dissolues. Mais il lui est très nécessaire, en revanche, qu'il y en ait qui veuillent bien se marier, et une fois mariées, être honnêtes. C'est ce qui deviendrait très douteux si les sacrifices et les abnégations de l'épouse et de la mère n'étaient pas payées par une estime différente de celle que récoltent les femmes aux mœurs libres. Proudhon, dans sa *Pornocratie* remarque que le mépris des honnêtes femmes pour... les autres, pourrait bien venir en partie de l'esprit de concurrence et, tout pesé, n'a pas si tort.

Enfin, il y a ici, comme en tant d'autres matières semblables, une sorte de cercle vicieux. En supposant — ce qui est loin de la vérité, comme j'ai tâché de le démontrer — en supposant que cette loi fût sans fondements, sans justice et sans nécessité, elle existe. Celles qui y contreviennent savent qu'elles encourent le mépris et dès lors, l'humanité méprise très justement celles qui abaissent délibérément elles-mêmes et leur sexe.

III

L'éloquence.

Notre siècle n'est pas celui de l'éloquence, si l'on envisage la grandeur des orateurs. Il semblerait même qu'elle est proscrite. A la Chambre des députés, si un débutant se rappelle que de la place où il parle, sont partis les grands mots que chacun a dans sa mémoire, s'il essaye d'être éloquent, il court grand risque de voir l'hémicycle se vider, si le désir de rire un peu n'y retient quelques esprits joyeux. Dans les réunions publiques, de même, et Jules Favre ou Berryer n'y obtiendraient guère de succès à côté des parleurs spéciaux. Sauf au barreau, où elle brille plus qu'elle ne sert, à l'Académie ou chez ses émules, l'éloquence est remplacée par ce que l'on nomme aujourd'hui le talent oratoire. Non pas qu'on ait cessé de l'admirer, mais on l'admire chez ceux qui ne parlent plus. Certains de nos législateurs pourraient certainement y atteindre. Ils s'en défendent. Ils se targuent plus d'être « debaters » qu'orateurs et si le naturel les emporte, se demandent si le silence qui les entoure va se terminer par des acclamations ou se continuer dans des sourires.

Il n'en est que plus facile de jeter un coup d'œil sur le rôle sociologique de la parole. Nous n'avons plus devant nous, comme objet d'étude, ce grand art, ce don du génie que l'on comprend très bien être apte à remuer la foule, mais un talent de petite envergure qui étonne l'observateur chaque fois qu'il arrive à déchaîner l'enthousiasme. Notre époque est la plus féconde en parleurs. Immense est leur pouvoir dans un pays de suffrage universel. Existe-t-il un fluide qui passe d'eux à ceux qu'ils exhortent! On le croirait, tellement est inexplicable l'empire qu'ils exercent.

On n'a jamais fait avec profondeur la physiologie des foules et c'est très grand dommage. Chaque être qui fait partie d'une masse d'êtres semble acquérir une vie, un esprit et un cœur en dehors de sa vie, de son esprit et de son cœur. En s'approchant d'un rassemblement nombreux, en entrant dans une enceinte où l'on trouve beaucoup de ses égaux rassemblés pour une œuvre commune, l'on ressent une émotion d'un genre spécial, que l'habitude a peine à émousser. Ce n'est ni la gravité du devoir à remplir, ni la conscience d'être l'objet des regards qui la cause, puisqu'elle se produit même en s'associant à une manifestation populaire où tous sont confondus. Elle ressemble à la perception d'une fonction nouvelle qui nous incomberait. Il y a de cela, en effet, car nos idées, alors, diffèrent de celles qui nous sont habituelles ou, plutôt, nous en avons à peine. Nous perdons nos habitudes d'esprit, la réserve que notre âge ou notre position sociale nous donne d'ordinaire et la petite vanité que nous en tirons. Un sentiment d'infimité nous possède si bien qu'il nous semble n'avoir plus le droit d'avoir des jugements et des sentiments qui nous soient propres. Notre individualité a disparu. Nous ne sommes plus que des morceaux de cette chose, des fragments de cet être.

Jamais l'égalité n'est aussi absolue qu'entre les hommes d'une même foule. Comme on ne peut en espérer ce miracle qu'elle élève les esprits inférieurs au niveau des autres, elle enlève à ces derniers tout ce qui les distingue. Réduits au même étalon moral et intellectuel, ils ressentent les mêmes impulsions. Tout cela se produit même dans une assemblée d'élite, comme le Parlement par exemple. A un faible degré, tant que la discussion garde son caractère; de plus en plus, lorsqu'elle devient houleuse et en proportion directe de l'intérêt que les membres prennent à l'objet en litige.

Dès lors, il est aisé de comprendre l'effet de l'éloquence ou de ce qui l'a remplacée. L'esprit, la volonté d'un homme conservant leur netteté, ne cessant d'envisager leur but, dominent aisément l'esprit et la volonté de cet être sans autre volonté préconçue que celle d'atteindre un but vague et indécis.

IV

La vieillesse.

Herbert Spencer a passé en revue toutes les difficultés que trouve l'établissement de la science sociale. Les difficultés objectives, puis les intellectuelles et les *émotionnelles*, ensuite les préjugés de l'éducation, du patriotisme, du rang social, de la religion, des partis politiques. Encore qu'à mon humble avis, dans son admirable livre, il ait quelquefois cru voir des obstacles à la science dans ce qui n'est que des facteurs dont elle doit tenir compte, ces difficultés restent nombreuses. Nombreux aussi sont ces facteurs et le cadre de ce livre ne permettrait même pas de les énumérer avec quelque commentaire. Il en est un qu'il me déplairait de passer sous silence : l'obéissance et le respect accordés à la vieillesse, du moins au séniorat.

Napoléon, César et Alexandre ont fait leur œuvre avant d'avoir trente-cinq ans. Les grands hommes de la Révolution étaient jeunes. Dans cette fin de siècle, compte-t-on beaucoup d'esprits auxquels l'âge ait donné la hauteur qu'atteignit Léon Gambetta de 1870 à 1882, c'est-à-dire de sa trentième à sa quarante-deuxième année ?

Dans une sphère moins brillante, est-ce que beaucoup d'inventions sont dues à MM. les Inspecteurs généraux des mines et des ponts et chaussées ? Pas une peut-être. A MM. les Ingénieurs en chef ? Pas beaucoup.

Dans la marine marchande, on juge que vers quarante-cinq ans l'heure de la retraite a sonné pour les capitaines et on leur retire leurs navires, au lieu de leur donner une escadre à commander.

En science ? Mais chacun de ceux qui en labourent le sillon pourraient témoigner de ce fait : Au début, ils avaient maintes idées originales, tirées des faits et d'eux-mêmes. Ils les exposaient dans un style à eux et y mettaient tout leur être. Dix ans après, les faits, obscurcis par les commentaires des gens autorisés, ne leur disaient plus rien. Ils ne se demandaient plus : « Est-ce ainsi ? Pensé-je ainsi ? » mais bien : « Est-ce conforme à la doctrine ? Mon opinion peut-elle s'appuyer sur de nombreux arrêts des doctes corps ? » et, vêtus du style de rigueur, leur travaux venaient faire suite au fatras des compilateurs.

En littérature ? Pas un nom illustre à citer qui n'ait été brillant dès son aurore. Vous admirez *Denise* au Théâtre-Français. Vous saluez en M. Dumas fils le moraliste et, s'il veut me permettre de le nommer ainsi, le sociologiste à la bouche d'or. Mais il aurait forcément émasculé sa plume, si la *Dame aux Camélias* n'avait pas été jugée ce qu'elle est, un chef-d'œuvre. Si, à ses débuts, l'escalier par lequel il voulait monter à la gloire l'avait obligé à traverser une pluie de lardons ou d'indulgences pires encore, il aurait pris l'escalier plus aisé dont le sommet s'appelle : Collection des écrivains *distingués*. Il est grand, certes, notre premier écrivain dramatique mais parce qu'il l'a toujours été et que l'auteur de *Denise* est la prolongation, qu'on excuse le mot, de celui de la *Dame aux Camélias*. Du reste, généraux, inventeurs, marins ou dramaturges ne sont que l'exception dans la société. La plaie du fonctionnarisme a beau être profonde chez nous, les fonctionnaires grâce au ciel sont en minorité. Dans cette toujours raisonnable classe agricole, il n'est pas nécessaire qu'il ait beaucoup neigé sur les cheveux du chef-valet pour qu'il vienne trouver le maître et l'avertir que, dorénavant, c'est le fils aîné qui dirigera la ferme. Il garde droit de conseil, certes, et le haut bout de la table, mais ce n'est plus lui qui décide des assolements, ou va au bourg, faire ces merveilles de diplomatie qui aboutissent à la vente du veau.

Dans les classes ouvrières, il en est à peu près de même. L'épithète « jeune », donnée à un travailleur, est un éloge. Les industriels et les commerçants pour leur industrie et leur commerce, suivent encore ces principes naturels. Dans leurs affaires privées, au contraire, c'est le père ou l'aïeul qui décide tout. Les classes libérales se font un mérite de reconnaître l'autorité des ascendants jusqu'aux dernières limites. Enfin, dans l'État, l'âge est à lui seul un titre et à moins d'être le fils ou le neveu d'un notable âgé ou mieux encore décédé, l'on n'obtient pas la confiance du suffrage universel.

Dans certaines carrières, l'expérience est indispensable. On ne peut inventer. Le meilleur moyen de bien faire c'est de savoir ce que firent les devanciers en pareil cas. D'autres sont d'autant mieux desservies que celui qui les a embrassées a traversé personnellement une série de difficultés semblables à celles qu'il a à résoudre. Mais, outre que la tradition est toujours représentée par des livres et par les collaborateurs de celui qui doit décider, croit-on que trente ans de sottise constituent une grande supériorité?

Nos généraux arrivent au commandement en chef lorsque l'âge, en diminuant leurs forces, leur a enlevé forcément cet esprit d'audace, cette fraction nécessaire d'imprudence qui font les victoires. La direction des travaux publics appartient à des gens de grand talent, mais qui ont perdu quand ils l'obtiennent, cette surabondance intellectuelle, cette souplesse de talent qu'ils possédaient à leur entrée dans la carrière.

Certes, nous trouverions des fonctions qui ne peuvent être parfaitement remplies que par des fonctionnaires âgés. La haute magistrature exige une connaissance de l'homme, une circonspection de jugement et un savoir de la jurisprudence qui ne peuvent s'acquérir qu'aux prix d'années assez nombreuses pour porter le magistrat parfait presque à la vieillesse. Aussi serait-ce une erreur sociologique profonde que de réclamer pour la jeunesse le timon des affaires publiques et privées. Moins funeste, mais aussi évidente, est celle que l'on commet en l'en écartant de parti-pris.

Moins funeste, car mieux vaut pour un char cheminer lentement, ou même rester embourbé, qu'être renversé et brisé. Aussi évidente, car tout le monde reconnaît que la force de la routine est immense, conséquence naturelle de la stabilité sociale et que l'on ne peut qu'en aggraver les effets en s'en remettant du soin de les limiter à ceux pour qui elle a constitué l'atmosphère respirable.

Et si l'inexpérience au pouvoir trouve — les temps de révolution mis à part — partout des freins pour la modérer, ceux-ci deviennent autant d'aides pour les adorateurs du *statu quo*. Il semble que le principe de tradition, de continuité soit assez puissamment défendu par la résistance des choses pour que le non moins nécessaire principe de progrès dût pouvoir compter sur les hommes.

L'inconvénient est plus grand même qu'il ne le paraît au premier abord. Qu'une fonction soit mal ou insuffisamment remplie, c'est une perte sociale localisée, passagère; mais que le fonctionnaire insuffisant contribue à développer l'esprit d'inertie ou de routine, et voilà un véritable danger social si, ses successeurs l'imitant, cette force d'inertie croît en progression géométrique.

C'est à l'époque où nous vivons, alors que le progrès marche à pas de géants, qu'il est impossible de demander à des hommes de soixante ans de gouverner une génération active dont le patrimoine est accru d'idées et de richesses dont ils ne soupçonnaient pas l'existence quand ils ont formé leur esprit Chaque découverte nouvelle qui intéresse le bien-être général ou la conscience sociale vient augmenter l'impossibilité du maintien du séniorat.

Sans chercher la solution d'un problème à peine indiqué, il est permis de supposer que cette prédominance de l'âge changera de nature. L'homme âgé cédant sa place pour l'action, la gardera au conseil. Le respect que nous lui vouons subsistera, d'autant plus grand, d'autant plus élogieux qu'il sera une protestation contre l'utilitarisme. En nous inclinant devant les cheveux blancs, nous saluerons les services rendus, nous nous inclinerons devant la nature humaine représentée par ceux qui en ont connu les joies et les souffrances. Nous nous honorerons en ces derniers, sans leur demander de régir les intérêts d'aujourd'hui avec leurs idées d'il y a quarante ans.

LIVRE XI

Leurs rapports. — Analogie entre l'Economie et la Physiologie. — La liberté
Économique. — La répartition des richesses. — L'établissement des
classes. — Le libre-échange et la fusion des peuples. — La théorie des
salaires et le principe de population. — Les Enfants trouvés. — La charité.

I

Ce ne sont pas seulement des rapports de voisinage que ceux
qui existent entre ces deux sciences. Leur domaine n'est pas
purement limitrophe. Il se confond parfois et, s'il n'y avait déjà
trop de néologismes, l'on pourrait dire qu'il est de nombreuses
questions socio-économiques. Et ce mot même dirait mal ce qu'il
serait destiné à exprimer. Il existe une science nommée l'économie
sociale, trop voisine de l'économie politique pour qu'elle puisse
étudier ces questions dont je parle et qui intéressent à un égal
degré la sociologie et l'économie politique.

Celles-ci surgissent dès que l'on envisage un phénomène économique dont l'influence atteint l'espèce et les bases sociales. En
en exceptant la propriété, qui ne saurait être compromise qu'après
la destruction de ce que nous appelons aujourd'hui la science
économique, la religion placée en dehors et au-dessus de ses lois,
les titres des chapitres de ce livre désignent chacun un de ces
problèmes où les faits économiques constituent des facteurs
importants.

Ce n'est pas d'hier que l'Économie a été comparée à la physiologie, celle-ci étant aux individus ce que celle-là est aux peuples. Etudier les forces sociales, les rouages sociaux sans étudier l'action de ces forces sur ces rouages serait évidemment œuvre incomplète.

La liberté économique est peut-être la plus tangible des libertés. Politiquement et civilement, l'individu peut se juger libre alors qu'il l'est fort peu et, de plus, tenir médiocrement à l'être. Mais il ne peut se méprendre, si des règlements viennent enchaîner son industrie, gouverner son usine, aménager ses cultures. Il ne peut se méprendre lorsque des tarifs l'empêchent de trafiquer avec telle ou telle nation voisine. Et, cependant, ce n'est guère que depuis un siècle qu'elle est réclamée ; à l'heure même où j'écris, une partie de ceux qui semblaient destinés à en profiter demandent qu'on la supprime.

Nous pouvons dans cette étude sommaire la diviser en deux éléments : La liberté des échanges internationaux et la liberté de l'industrie intérieure.

II

Les règlements industriels ont cessé d'exister. C'était une conception barbare que de vouloir substituer la direction d'un fonctionnaire à celle de l'industriel, seul intéressé à la prospérité d'une industrie. Il faut lire, dans Roland de la Platrière, les excès où l'on était arrivé quelques mois avant la Révolution.

Avec une rapidité peut-être excessive, la liberté absolue a succédé à la réglementation sans limites. Sauf l'exception des métaux précieux, tout producteur peut produire la marchandise qu'il veut et l'offrir au prix qui lui plaît. La libre concurrence l'empêchera de vendre si ce prix est trop haut, de vendre longtemps si sa marchandise est trop mauvaise.

Cette liberté absolue n'a porté, d'abord, que de bons fruits,
Chacune des maisons productrices a tâché, sans relâche, d'amé-
liorer le produit ou d'en abaisser le coût. Cette lutte a amené des
inconvénients graves et multiples. Un d'entre eux a été celui-ci :
La destruction de tous les liens qui attachaient l'industriel à son
industrie et à sa ville, coïncidant avec d'autres facteurs, a permis
une certaine mobilité d'existence, si je puis dire, et entraîné la
naissance d'une catégorie de producteurs qui créent successive-
ment des industries diverses, ou changent dix fois de région. La
concurrence ne les atteint plus qu'en ce qui touche le prix de
vente; mais la brièveté, acceptée à l'avance, de leur entreprise les
fait échapper à l'obligation de produire « bon ». — Le danger
n'est pas sans importance. Ou les fabricants stables, sérieux, sont
ruinés par cette succession de concurrents transitoires, comptant
pour rien la valeur de la raison sociale, et nous perdons les meilleurs artisans de progrès technique en même temps que les plus
solides appuis du progrès social; ou bien ils adoptent le système
nouveau. Le consommateur ne trouve plus ce que la langue vulgaire appelle si justement des « maisons de confiance ». La suspicion entre dans les rapports d'acheteur à vendeur et c'est une
funeste habitude, prompte à se glisser partout, à pénétrer dans
les relations d'associé à associé, de citoyen à citoyen.

D'autres fois, tous les industriels d'une cité, d'une région sont
un peu solidaires : les fabricants de soies à Lyon, d'armes à
Saint-Étienne, de spiritueux à Cognac. En ce cas, le dommage
causé par le producteur qui n'a d'autre souci que le succès immédiat et sans lendemain est plus direct. La réputation de l'industrie
locale est une part considérable de leur outillage commercial.
Par cela seul que les étoffes, les fusils ou les liquides venaient de
telle et telle ville, ils avaient une valeur plus grande, la vente en
était plus aisée, et ces avantages restaient indépendants de ceux

apportés par la plus ou moins grande notoriété de la maison. Les producteurs à bas prix leur ont enlevé les premiers sans rien ajouter au second. Le dommage se généralise, non pas seulement parce que le tort fait à des industriels de France atteint l'industrie française, mais parce que le discrédit porté sur certains articles rejaillit, à l'étranger, sur tous nos articles. Le mal dépasse les frontières : Les producteurs allemands ou belges peuvent librement suivre le fameux « mauvais et bon marché », n'étant plus obligés de lutter avec notre ancien renom de supériorité.

La liberté, dit un vieil adage, est pareille à la lance d'Achille et guérit elle-même les plaies qu'elle cause. Ce n'est jamais très sûr et dans le cas actuel, la liberté toujours pareille laisse le mal toujours grandissant. L'on essaye d'y remédier par les marques de fabrique collective. Peut-être y aura-t-il progrès, mais que, par un abus des mots, on ne tâche pas d'affirmer qu'il sera dû à la liberté, sous prétexte que ce progrès n'est devenu possible que par la liberté des syndicats. C'est bel et bien une restriction à la liberté que cette obligation de fabriquer de telle ou telle façon pour avoir cette marque privilégiée. Restriction en tous points louable, mais restriction. Ce n'est pas le seul cas où la liberté n'est bienfaisante que si elle se limite.

III

L'obligation de vendre à bas prix amène la dépréciation de la qualité, mais cette dépréciation ne peut continuer indéfiniment. Pour si bon marché que l'on vende du drap, encore faut-il qu'il ne se déchire pas en le mesurant. Reste, pour le fabricant qui veut lutter contre la concurrence, la ressource de diminuer les frais de production. Les loyers et les impôts ne sont pas en son pouvoir. Les matières premières auraient plutôt une tendance à

hausser, sous le coup des demandes exagérées (1). C'est sur la
main d'œuvre que les économies porteront et ce sont les salaires
que l'on tâchera de diminuer.

Nous voilà au milieu de la question la plus ardue de l'époque.
Les enseignements de la science économique ont été si souvent
démentis par les faits, et ceux-ci, d'ailleurs, ont si souvent engendré des conclusions manifestement fausses qu'il est bon de n'en
parler qu'avec l'aide du sens commun.

Le capital ou, pour mieux dire, les patrons éprouvent un besoin
presque constant d'abaisser le salaire. Les temps où, selon Cobden,
les patrons courent après les ouvriers, sont rares. Même lorsqu'ils
arrivent, la concurrence fait aux premiers une loi d'économiser
sur le seul facteur variable des frais de production. La loi de
l'offre et de la demande règle les salaires infiniment mieux que
toute réglementation coactive. C'est vrai et l'on me dispensera
de le démontrer ou même de citer les auteurs qui l'ont fait avec
éloquence. Mais ce mieux est tout relatif, n'est qu'un « moins
mal ». Entre deux associés, si l'un a exposé sa vie et celle des
siens et l'autre une portion de son capital disponible, la partie
n'est pas égale. Tant que le régime des petits patrons a subsisté,
ils avaient mis dans l'entreprise, sinon toujours l'intégralité de
leurs ressources, du moins leur renom et leur honneur commercial. A une rupture de l'association, ils risquaient presque
autant, autant même, si l'on tient compte des situations diverses,
que leurs ouvriers. Mais aujourd'hui, la petite industrie a vécu.
Les Compagnies remplacent les patrons. Le différend n'est plus
entre deux hommes de chair et d'os. L'instinct de sympathie ne
vient plus graisser les rouages, si l'on tolère le mot. D'un côté,
un groupe impersonnel, dont chaque membre met dans l'indus-

(1) Abstraction faite des facteurs communs, tels que l'abaissement de
prix de transport.

trie commune une part très faible de son avoir, qui n'a aucun intérêt de sentiment à éviter le conflit, qui n'a qu'un but, les gros dividendes. De l'autre des hommes qui mourront de faim s'ils se révoltent contre les conditions qu'on leur fait et s'ils quittent l'atelier.

Evidemment, c'est la liberté qui amène cet état de choses, et nul n'en est responsable. Mais il est dommageable à la société, d'abord parce qu'un grand nombre d'individus en souffre et, de plus, parce qu'il tend à amener une formidable explosion où la paix sociale sombrera.

L'équité n'a rien à voir dans la question. Le seul fait que le salaire est toujours payé, même si l'exercice est improductif. l'assimile à une marchandise. Peu importe qu'il diffère ou non des autres marchandises. — La participation aux bénéfices est illusoire dans les mauvaises années. Dans les bonnes, elle équivaut à un supplément de salaire que l'on obtiendrait directement, dans ces périodes favorisées, et qui aurait cet avantage pour l'ouvrier d'être moins aisément supprimée quand viendraient les temps moins heureux.

Le remède ? Je sais bien où il n'est pas, si j'ignore où il est. Il n'est ni dans les tarifs, ni dans la fixation des heures de travail, ni dans la prohibition du travail des femmes.

En 1885, dans la région lyonnaise, une formidable grève ne se termina que lorsque les patrons acceptèrent les tarifs de façon. L'Isère est pleine de « façonniers, usines qui reçoivent de Lyon les matières premières et les rendent façonnées, moyennant un prix donné. Ce tarif, longuement débattu, fonctionna tant que l'industrie eut des débouchés considérables. Bientôt les Lyonnais durent diminuer le prix payé aux façonniers et ceux-ci donnèrent le choix aux ouvriers : Ou travailler en dessous du tarif ou ne pas travailler du tout. Notez que les façonniers sont presque

tous riches, que chacun d'eux occupe à peu près tous les ouvriers
d'un village groupé autour de l'usine. Très évidemment, c'était la
mort sans phrases. Et chaque ouvrier n'avait qu'une préoccupation, réduire assez ses prétentions pour ne pas être renvoyé de
l'usine, tout en ne mourant pas de faim. Les façonniers, eux,
abaissèrent leurs prix en conséquence pour avoir de ces com-
mandes devenues rares et les salaires, en dépit de tous les tarifs
du monde, arrivèrent à leur limite inférieure, celle où le salarié
ne peut plus alimenter la machine humaine.

De même pour les heures de travail. En empêchant le travail
des femmes, notre parlement ferait une œuvre mauvaise, si elle
n'était inutile. « Ouvrière est un mot honteux pour le peuple qui
l'emploie. » Peut-être. La femme qui vend son corps pour se
nourrir est-elle un résultat meilleur ? Celle qui peut ne pas travailler à l'atelier ne le fait pas. Elles usurpent, dit-on, la place
des hommes ? Combien y a-t-il en France de femmes ouvrières
dont le mari n'ait pas de travail lorqu'elles en ont ? si peu, que
les circonstances exceptionnelles motivent tous les cas semblables.

IV

L'esprit public a sa routine. Rien ne nous paraît plus naturel
que de voir se chiffrer par centaines de mille francs les bénéfices
annuels du patron de centaines d'ouvriers. Peut-être est-ce très
juste. Peut-être ne l'est-ce pas. Il faudrait pour en juger avoir
d'autres arguments que celui qui nous dit: « Cela a toujours été
ainsi ».

Le patron apporte dans l'industrie des qualités essentielles. Il
est très naturel qu'elles lui soient payées. Mais leur valeur diminue, car elles se généralisent beaucoup. L'ouvrier maçon qui
avait quelque intelligence, à l'aurore des grands travaux publics,

arrivait sûrement à la fortune (1). Aujourd'hui, il devrait, pour
atteindre ce résultat, être tout autrement doué car ce n'est pas
sans peine que l'on est exceptionnel, par le temps qui court. Aussi,
reste-t-il à prouver que c'est bien les qualités du patron que l'on
rémunère et non pas seulement la chance qu'il a d'occuper cette
situation.

Certainement, et sans préjuger si ce serait mieux ou pire, il est
permis de concevoir une répartition toute différente des produits
de l'industrie.

Ce qui se présente d'abord à l'esprit, c'est l'insignifiance du
résultat que l'on obtiendrait dans certain cas, l'impossibilité de
l'obtenir dans d'autres. Que les bénéfices du patron, déduction
faite des intérêts afférents à son argent, soient distribués entre les
ouvriers, et la situation de ceux-ci ne sera guère améliorée. Si
l'on voulait introduire cette réforme dans les entreprises anonymes, l'argent émigrerait ou s'emploierait ailleurs que dans
l'industrie.

Cette inégalité dans le partage des bénéfices qu'il paraît malaisé et inutile de supprimer amène *les classes*, et nous avons
vu tout l'essor qu'en reçoit le corps social.

V

Une nation produit chaque année une masse déterminée de produits et d'utilités. Elle en consomme la majeure partie, échange
le surplus avec le superflu des autres peuples qui vient s'ajouter
à sa consommation ou augmenter son épargne. Chacune de ces
utilités, chacun de ces produits a coûté à établir une certaine
somme dont un des éléments est le prix de la main d'œuvre. De
même que l'on totalise les produits, de même on totalise cette
main d'œuvre. La quantité totale des produits est limitée, par

(1) Voir Léon Faucher, *Mélanges*. t. II.

définition, puisque la nation ne peut produire que ce que les citoyens peuvent consommer et payer, plus ce que ses voisins veulent bien lui acheter. Leur valeur ne l'est pas moins, car les nationaux ne paieront, et les voisins n'achèteront que si le prix est en proportion de l'utilité qu'ils attendent de l'achat, et cette utilité ne change pas. — La quantité et la valeur de la main-d'œuvre employée sont définies par le fait que cette valeur est la différence entre le prix d'ensemble et les autres frais de production que la concurrence a, par hypothèse, rabaissés à un minimum à peu près constant, tout au moins durable.

C'est cette dernière somme qui constitue le fonds des salaires. Avant de le déclarer invariable, je veux affirmer que je ne le crois pas éternellement tel. Il l'est actuellement et le sera tant que les mœurs industrielles n'auront pas été, de fond en comble, renouvelées dans un sens que l'on n'entrevoit même pas.

Ce fonds se répartit entre tous les travailleurs. Si leur nombre augmente, la portion individuelle diminue, diminue jusqu'à devenir insuffisante. Et ce serait la mort par la faim, si la mort par les privations ne la prévenait. Cette loi, rigide, mathématique, aussi froidement simple qu'une division arithmétique, ne va pas se laisser modifier par les nécessités d'existence de ceux qu'elle vise. Le fonds des salaires est une somme déterminée qui se partage entre les ouvriers travaillant. Elle n'a pas à prévoir l'exiguïté du quotient.

L'homme est une merveilleuse machine qui fonctionne sous tous les climats et s'accommode, s'il le faut, de la pénurie et de la pléthore. Lorsque les parts deviennent trop minces, il découvre que ce qu'il croyait être des besoins était des superfluités. Il se réduit ainsi pour faire place aux autres, à ce grand banquet si mal approvisionné.

La mortalité est ainsi retardée. En tous cas, son œuvre

devient moins apparente, plus hypocrite. On enregistre au bulletin démographique de nombreux décès par consomption ou phtisie et le public n'y voit pas l'avertissement lugubre que lui donneraient des morts par inanition.

Puis, cette période où chacun se rationne donne à chacun des convives surabondants le temps de produire aussi eux-mêmes. Voilà où commencent les dangereuses illusions. Si un milliard d'êtres produisent une quantité N de subsistance suffisante à leurs besoins, deux milliards produisent 2 N et vivront aussi bien.

Malthus a prouvé le contraire. Et victorieusement, si l'on voit, dans ses célèbres progressions arithmétique et géométrique, ce qu'elles sont en réalité, l'énoncé d'une tendance.

Rossi acceptait même la progression géométrique de la population et disait : « La démonstration est facile. Toutes les fois que vous aurez plusieurs produits ayant chacun une force reproductive égale à celle du producteur, vous arriverez nécessairement à une progression géométrique plus ou moins rapide. »

En ce qui touche la progression arithmétique des subsistances, il n'est besoin que de se rappeler que le capital est nécessaire à leur production et combien il est lent à se former. Les terres cultivables sont limitées. On peut accroître leur rendement, certes, mais si cent francs d'engrais augmentent la récolte de vingt hectolitres, croit-on que deux cents francs l'augmenteraient de quarante ?

La loi de l'offre et de la demande est inéluctable et dès que la population s'accroît, en sus de la difficulté d'accroissement des subsistances, les salariés, n'ayant à se partager qu'un fonds des salaires imperceptiblement accru, trouvent les denrées haussant de prix par le fait de la demande plus considérable.

S'il n'y a plus de famines et de ces terribles calamités publiques, le mal reste immense. Les plus faibles succombent, les forts s'affaiblissent, la race s'étiole. Le vice fleurit, trouvant dans la misère une raison et une excuse. Des séditions surviennent parfois, les malheureux ne s'étant pas désaccoutumés de voir dans le gouvernement une sous-providence. Les gouvernants veulent détourner ses fureurs grondantes, font une guerre et l'équilibre est hideusement rétabli.

Depuis les origines du monde, les mêmes faits se reproduisent. La population s'accroît démesurément. Les épidémies, les famines et la guerre la ramènent à une juste proportion avec les subsistances. Celles-ci augmentent avec le travail et le progrès. Bientôt la population doit encore être décimée. Les obstacles préventifs, les infanticides, le massacre des prisonniers, les avortements, les vices diminuent le mal sans le supprimer. De nos jours, les subsistances se sont énormément développées, les machines figurent un grand nombre d'hommes qui produiraient sans consommer, les habitudes de prévoyance prennent le dessus mais le problème reste toujours ouvert.

Autrefois, ces horreurs avaient, non pas une compensation impossible, mais un palliatif. La misère abattait d'abord les plus faibles, puis les moins forts. La sélection améliorait sans cesse la race et c'est à elle que nous devons la noblesse humaine. Tout semble aujourd'hui prévu et calculé pour faire de la sélection à l'inverse.

Ce n'est pas seulement la quasi-prohibition que le système des armées permanentes met à la reproduction des meilleurs. C'est encore et surtout le soin qu'apporte la société à prolonger l'existence des plus faibles, à leur permettre d'engendrer à leur tour des êtres chétifs, poids mort de l'organisme social. Il existe deux sortes de charité que l'on confond trop : La première, qui acquitte la société de son devoir et qui suit son intérêt

protège l'individu contre l'incapacité temporaire ou accidentelle
de subvenir à ses besoins. Ou bien encore, elle paie au travailleur une dette sacrée, en mettant à l'abri de la misère les derniers
jours d'une vie qu'il lui a consacrée. L'autre échappe à la science
qui aime mieux l'ignorer que la condamner.

On a essayé de prévenir le mal. Dans plusieurs pays d'Europe,
le mariage n'est permis que si les postulants justifient de certaines ressources. Outre la cruauté de la prohibition, elle atteint
rarement son but et la statistique de cette année nous montre la
Bavière avec 29, 2 0/0 d'enfants naturels. En France, on a supprimé les tours. Une nuageuse philanthropie a blâmé cette suppression et pourtant la morale et la société y ont certainement gagné.
N'était-ce pas promettre une prime à l'immoralité et à l'impré-
voyance que de recueillir aussi aisément et sans blâme les enfants
qui en naissaient ? L'effort de faire l'acte officiel d'abandon est un
frein à double effet qui peut quelquefois prévenir la faute et souvent amener la coupable à garder son enfant. Ce que nous avons
dit des enfants naturels s'applique, et mieux encore, aux enfants
trouvés.

Que les infanticides en soient augmentés, c'est ce que nie la
statistique. Le seraient-ils qu'il resterait à prouver que l'accroissement provient de la suppression des tours et non de la complai-
sance des jurys.

CONCLUSION

I

Saint-Simon affirmait que l'âge d'or est devant nous. Peut-être ;
mais à quoi reconnaître ce temps fortuné ? En d'autres termes,
où est le but de l'humanité ?

Elle en a un, certes. On peut être fort embarrassé de l'expliquer avec quelque précision, mais le seul fait de dire, d'écrire,
de croire que l'humanité a fait un progrès équivaut à reconnaître
qu'elle a fait un pas vers ce point que l'on peut bien appeler *but*,
puisque c'est un progrès que d'en approcher.

En supposant un état où toutes les injustices seraient prévenues, toutes les indigences évitées, on créerait une nouvelle
utopie à la possibilité de laquelle nul ne croirait ; mais, de plus,
ce ne serait là qu'un idéal économique, réalisable ou non, et
point du tout l'idéal sociologique. Ce n'est pas alors que l'évolution est démontrée être la résultante de toute vie, que l'on peut
rêver, comme but, une stagnation paresseuse, fût-ce au milieu de
toutes les délices.

La sociologie n'a point à s'occuper de la fin métaphysique de
l'humanité. Elle devrait laisser la place libre à la théologie si elle
envisageait l'absorption finale de l'univers dans le sein du Grand-
Etre.

Dans ces questions, où le résultat des raisonnements ne peut
aucunement être contrôlé, il est difficile de distinguer le vrai

de l'imaginaire. Plutôt, l'imaginaire y peut devenir vrai. En admettant que les êtres humains vissent la fin de l'humanité dans la réalisation de certaines idées, qui pourrait nier la réalité de ce but, puisqu'il serait l'accomplissement de tous les désirs, le point vers lequel convergeraient tous les efforts?

La sociologie reconnaît son impuissance à assigner une destinée à l'humanité primitive. Les meilleures conditions de vie matérielle sont plutôt du domaine économique et se confondent, en tous cas, avec la nécessité de la conservation de l'espèce. Mais elle voit que les hommes se sont fait un idéal, qu'ils ont imprimé une direction pareille à leurs efforts pour l'avenir. Sans croire qu'il existe un point où la société humaine s'arrêtera avec la conscience d'avoir achevé sa route, elle juge que ce point indique le sens de la marche à accomplir, quitte à se reporter plus loin si jamais il est atteint. Pareil à cette chaise que l'on invite l'enfant à venir toucher et qui s'en recule lorsqu'il y va parvenir.

J'insiste sur ce fait que la sociologie ne décide pas si ces progrès sont, ou non, absolus; qu'elle ne les juge des progrès que parce qu'ils sont des accomplissements. A des siècles de distance, elle pourrait reconnaître ce même caractère à des étapes humaines faites en sens différent.

Pour devenir science utile, elle doit tâcher d'enseigner à chacun le moyen à employer, la voie à suivre pour collaborer à ce progrès, pour le rendre plus rapide. Plus sûr, avant tout, est de n'y laisser mêlée aucune scorie, qui obligerait la machine sociale à battre à contre-vapeur ou à être brisée. Les divergences commencent à ce point.

II

« Parfois, dit M. Fouillée (1), une volonté isolée — comme celle
d'un homme de génie, d'un Jésus, d'un Gutenberg, d'un Christophe
Colomb — peut produire une transformation dans le monde. »

Certes ! Mais la sociologie n'a guère à voir dans de tels exemples.
Christophe Colomb n'a pas envisagé de révolution sociale. Il a
« voulu, voulu, fortement voulu (2) » arriver jusqu'à un nouveau
monde, et sa volonté a surmonté tous les obstacles. Mais qu'il ait
eu, un seul instant, l'idée du changement moral que cela produirait sur le vieux continent, que même il ait songé à l'avenir qu'il
apportait à cette Amérique, évidemment non. Que Gutenberg ait
deviné le « quatrième état », qu'en rendant mobiles ses formes de
bois, il ait pressenti qu'il donnait des soldats — et des chefs — à
cette opinion publique qu'il appelait au gouvernement, qui le
croira ? Il était un ouvrier, un artiste, un industriel, comme on
voudra ; il réalisait un progrès immense dans son art et son
industrie, mais faisait aussi peu œuvre sociologique que Fulton
construisant ses bateaux à vapeur.

Pour Jésus, tous, nous sommes d'accord. Divine ou humaine,
son œuvre sociale est vertigineusement grande, la plus grande à
laquelle les humains aient assisté. Et pourtant, toujours au point
de vue sociologique, comme on en a exagéré la portée ! C'est surtout la morale qu'elle a rénovée et Herbert Spencer montre si
nettement combien seule la surface est atteinte par ses lois !

Que nous enseignerait l'exemple des deux premiers ? Que l'artiste, l'ingénieur, le marin, le savant doivent lutter sans trêve
pour réaliser les conceptions de leur génie, se rappeler que leur

(1) *Science sociale contemporaine*, p. 398.
(2) Alfieri.

portée est plus que matérielle. Non seulement Colomb et Gutenberg, mais James Watt et Stephenson ont « produit une transformation dans le monde ». Mais a-t-on peur que les inventeurs
ne l'oublient?

Si cet exemple prouvait quelque chose, ce serait à notre avis
ceci : Gutenberg, Colomb, Watt, Stephenson, Fulton, Arkwright,
Margraff, ont réalisé un changement immense, profond, définitif
dans la vie sociologique; aucun d'eux ne l'avait pour but. —
Depuis les anabaptistes jusqu'à Saint-Simon, bien des esprits, et
des plus vigoureux, ont déployé toute la force de leur talent pour
pousser la société dans une voie différente de celle qu'elle suivait
alors. Tous ont échoué. — Ne faudrait-il pas en conclure que
c'est l'involontaire qui gouverne le vaisseau-humanité?

III

L'économie nous dit que la liberté des transactions — et des
transactions de toute nature — est la seule organisation qui leur
convienne. Si l'industriel tâche de servir les intérêts d'autrui en
sacrifiant les siens, toujours d'après l'Économie, il compromettra
les uns et les autres.

C'est ici moins le lieu d'examiner la vérité de ce précepte que
de rechercher si on peut l'étendre dans le domaine de la sociologie. Chacun de nous doit-il se borner à assurer ses propres
aises, son propre bonheur et est-ce là pour lui la meilleure façon
de contribuer au progrès général?

Evidemment, non. De tout ce que nous avons vu jusqu'ici, ressort, indiscutable et immanent, le côté sociable de l'être humain.
Et, aussi, l'impossibilité de scinder l'homme-individu de l'homme-
membre de l'agrégat, autrement que dans la dissertation et pour
les besoins du raisonnement. En réalité ces deux qualités sont
inséparables.

Que la proportion varie entre ces deux attributs, rien de plus
certain. Mais si, dès le premier aspect, l'on voit que le lien social
ne sera jamais resserré à ce point d'enlever absolument à
l'homme toute personnalité, on conviendra aussi, et bien vite,
que la vie individuelle est impossible, si elle n'abandonne quelque
chose à la vie sociale.

Ce serait assigner au labeur humain un salaire dont il ne voudrait pas, que de lui donner en récompense une satisfaction purement égoïste.

D'un autre côté, peut-on croire que le progrès que recherchent
les hommes soit seulement au profit de l'agrégat, et faire fonds
sur un tel désintéressement?

Progrès, en sociologie, est synonyme de développement.
Qu'importe en quel sens, puisqu'il ne saurait être que vers ce
point que la société prend pour idéal.

Et c'est ce qui nous guidera vers l'intelligence de ce que peut
être l'avenir sociologique : à la fois développement du lien social
et accroissement de la personnalité. En d'autres termes, augmen-
tation constante de la liberté de l'individu, accroissement des
devoirs que son libre consentement lui crée, des droits que
le libre consentement des autres lui donne.

<h2 style="text-align:center">IV</h2>

La solution de ce problème, la réalisation de ce desideratum
n'est pas aussi impossible qu'on le pourrait croire. Si l'on envisage parmi les entraves à la liberté, non seulement les institutions civiles, les tyrannies politiques, les mœurs, mais encore les
obstacles naturels, il faut convenir que la société marche dans
cette voie d'un pas, en somme, ininterrompu. Ce que la liberté
perd par le contrôle de l'opinion s'accroissant, elle le regagne,
et au delà, par les facilités nouvelles données à chacun de se mou-

voir et de changer de milieu. Le pouvoir politique attribué au
nombre constituerait la tyrannie la plus périlleuse, puisqu'elle
est sans responsabilité, la plus facilement cruelle, parce qu'elle a
un semblant de légitimité. L'adoucissement des lois coactives, les
bases édictées par les lois mêmes qui ont créé le suffrage omni-
potent, empêchent cette tyrannie d'être insupportable, du moins
aux époques de paix. A l'heure des convulsions civiles, il est
très indifférent que les lois reconnaissent tel ou tel pouvoir,
puisque tous disparaissent devant la force.

Peut-être l'autre terme ne sera-t-il réalisé que dans un avenir
plus lointain. L'homme a besoin de guides, pour ne pas devoir
recommencer à tout instant les coûteuses expériences de ceux qui
l'ont précédé.

Perdu, au milieu de la société immense, le facteur individuel
prédomine en lui; son activité se perd, infructueuse, pour ne
point voir où commence sa tâche. Pour l'accomplir, le levier
lui manque. Les intelligences les plus hautes, les forces vives les
plus réelles sont ainsi rendues inutiles, inaperçues qu'elles sont.

L'élan vers les associations, qui est un peu la caractéristique de
l'actualité sociologique, provient de ce besoin. Il le satisfait mal
peut-être. Ce ne sont que des associations politiques qui ont vu
le jour, jusqu'ici. Il pourrait y en avoir d'autres et plus utiles.
La conférence Molé-Tocqueville a permis de juger des valeurs qui,
sans elle, auraient dû lutter longtemps pour s'affirmer. La maçon-
nerie a rendu de grands services dans le même ordre d'idées.
Ce groupement ne saurait trop se multiplier. Chaque commune
devrait avoir des sociétés où, en dehors d'un but charitable ou
utile, les citoyens apprendraient à se connaître, pourraient
remuer, non pas ces sujets politiques où la discussion ne vient
jamais à bout des partis pris, mais ces questions d'intérêt général, à l'apparence modeste, à l'importance médiate gigantesque.

Les associations de capitaux, au point de vue économique, ont
eu de parfaits résultats. Pourquoi faut-il qu'elles ne déterminent,
en aucune façon, le groupement des personnes? Et ici une question se pose, si grave qu'on ne peut que l'énoncer, qu'un gros
ouvrage seul pourrait tenter de l'approfondir : Le profit allant aux
gros capitaux par leur seule force d'attraction, indépendamment
de tout travail, si minime soit-il, du possesseur, est-il légitime? En
d'autres termes, ne peut-il être empêché sans léser le droit
intangible de propriété, et sans nuire aux intérêts généraux?

<h2 style="text-align:center">V</h2>

Je le répète, le lien social est aisé à perdre de vue s'il ne nous
rélie pas à une fraction visible de la société. — C'est le rôle le
plus sacré de la famille que de s'interposer entre l'individu et la
collectivité, d'exciter en celui-là des sentiments d'abnégation, de
solidarité, d'amour même qu'une légère extension fait profiter à
celle-ci.

Le grand et essentiel défaut de la famille, à ce point de vue,
c'est qu'elle groupe des individus d'âge, de caractère, de talent
absolument divers. Aussi ne supplée-t-elle qu'imparfaitement à
ces groupements consentis qui réunissent des hommes ayant au
moins entre eux la similitude du but qu'ils se donnent.

Dans la famille, de plus, l'individu est tenu pour trop lié à son
origine, aux faits et gestes de son enfance, à sa conduite d'adolescent. C'est un peu le principe de continuité qui est représenté
par elle.

L'association, au contraire, où, si elle est nombreuse, le membre
n'est guère connu personnellement que de peu de ses collègues,
où il est l'égal de tous et peut parler sans contrainte aucune, sert
le principe de mouvement. D'autant plus que les idées, par hypothèse, communes à ceux qui la composent, s'exaltent par cette

communauté, par l'absence de contradiction; surtout par ce fait, remarquable en toute assemblée, que chacun veut dépasser ses collègues par l'absolutisme de ses convictions.

Il est profondément regrettable, — toujours, bien entendu, pour le sociologiste — que la vie provinciale ait cessé à peu près d'exister. Que ce soit un avantage économique, politique même, soit. Mais alors que l'ambition légitime de la plupart des citoyens se bornait à utilement servir les intérêts de leur province ou de leur district, la considération qu'ils obtenaient était passée au crible. On les estimait, on leur savait gré de leur œuvre, non pas parce qu'ils occupaient telle ou telle fonction mais parce que leur vie privée, leur probité, leur caractère étaient dignes d'estime. Et on savait bien tout cela puisqu'ils n'avaient point fait un seul pas de leur carrière qui ne donnât lieu à une sorte de débat devant l'opinion de leurs voisins, de leurs camarades d'enfance.

Et quelle source intarissable de *caractères*, de natures, comme disait Gœthe. Une comparaison vulgaire me permettra d'exprimer ma pensée. Voyez ces pièces de ferronnerie, aujourd'hui introuvables, sinon dans les musées. Elles sont bizarres, souvent mal polies, incommodes. Mais vous y voyez l'originalité du dessin, la conception de l'ouvrier. Vous y découvrez même la trace de son marteau capricieux. Combien vous paraissent-elles supérieures aux ustensiles de fonte que notre quincaillerie débite par grosses! Et la différence n'est pas plus grande que celle qui sépare les esprits formés par la vie provinciale, ces esprits qui firent 1789, et les intelligences coulées au moule, polies par les mêmes redites et lieux communs mandés de Paris, ces intelligences qui nous font un si épouvantable 1889.

Mais que sert de déclamer? Nous ne reverrons plus Montaigne et Montesquieu écrire de leur province, pas plus que les balcons de fer forgé. L'étalonnage est le code du jour.

Mais enfin tout le monde ne va pas à Paris, tout le monde ne s'abonne pas à un journal pour savoir que penser. Il y a encore de braves gens qui raisonnent par eux-mêmes et même très bien, lorsqu'ils ne s'associent pas à ceux dont le métier est de déraisonner. Ce sont eux qui devraient avoir la possibilité morale de se grouper, afin de pouvoir perdre de vue leur intérêt personnel immédiat, qui est leur but trop favori et qui le restera tant que personne ne leur prouvera que c'est le sacrifier que de ne pas le plier aux intérêts du lendemain.

L'agriculture ne sera pas seule à profiter des syndicats agricoles. Oh! qu'ils font une œuvre bonne et sainte, ceux qui dévouent leurs talents à les prêcher! Les outils ne seront pas longtemps syndiqués sans que les esprits le deviennent bientôt. La rivalité entre les syndicats laissera substituer l'émulation, mais en multipliant ses effets par le nombre des agriculteurs qui les composeront. Et quelle admirable école! Le paysan y apprendra qu'il est des devoirs librement acceptés, auxquels l'on peut matériellement se soustraire, mais auxquels notre propre intérêt nous rend fidèles, et que cet intérêt, alors, s'appelle « honneur ». — Je sais bien que cela est la règle générale, qu'il n'est nul besoin des syndicats pour le prouver. Mais le paysan ne saisira la règle que par l'exemple dont il sera acteur. Il serait plus fort que beaucoup, s'il savait décomposer un fait sociologique avant d'en voir la démonstration en petit.

Et on pourrait dire la même chose de tous les syndicats, pourvu qu'ils soient libres et surtout qu'ils ne soient pas une abstraction. Les syndicats agricoles ont pour adversaires l'avarice de la terre, l'inclémence des saisons, les crises locales en générales. Trop de syndicats ouvriers ont pour ennemis des personnes, pour but l'oppression de ceux qui ne veulent pas s'enrégimenter.

Mais tout groupement, et il est inutile d'en dénombrer les
espèces, tout groupement sera utile et bienfaisant. Le degré seul
diffère, du bien qui en proviendra. Il supplée à la lacune trop
grande entre la famille, à l'horizon trop restreint, et la patrie dont
le cercle est trop large.

VI

L'économie politique prouve, et par d'irréfutables raisons, que
la charité cause plus de maux qu'elle n'en soulage. La sociologie
qui trouve partout la preuve que l'homme n'est pas seulement
une machine, ne peut admettre l'axiome; et les devoirs de chacun
vis-à-vis de ses semblables dépassent sensiblement, suivant
elle, ce que chacun devrait faire pour sa propre satisfaction.
Mais il est une sorte de charité d'un ordre plus élevé que toute
autre, d'essence plus noble, qui n'est pourtant que la sauvegarde
bien entendue de nos intérêts les plus chers.

Il est bien évident, n'est-ce pas, que parmi ceux-là nous ran-
geons tous l'avenir de nos descendants, la grandeur de notre
pays, le développement d'une science à laquelle nous avons voué
notre courte vie. Et c'est les servir puissamment que de tâcher
d'éviter anx générations qui vont venir, les malentendus, les
ignorances qui ont entravé ou fait dévier la marche des générations précédentes.

Lorsque miss Fry parcourait à cheval les plaines d'Australie,
peuplées ou pour mieux dire semées de convicts et qu'elle les
amenait au bien, au prix de Dieu sait quels efforts, elle préparait à
sa patrie qu'elle aimait un puissant élément de grandeur. Son
altruisme héroïque s'est trouvé servir son *égoïsme* national.

Le pain donné à un nécessiteux ajournera bien peu le problème
de son existence. Celle-ci assurée, ceux qu'il engendrera seront
de même une charge sociale, si le nécessiteux était tel par sa

faute, et si nul ne s'est chargé d'en faire un homme utile, à lui même pour le moins. Au contraire, donnez-lui ces enseignements. Vous le sauverez d'abord, vous ferez un serviteur social de l'homme qui, à tous, était une charge ou un danger. Votre action, au lieu de vous coûter une somme quelconque absolument perdue, ne servir qu'à l'obligé, de desservir peut-être la collectivité, ne vous coûtera rien ou à peu près, servira l'assisté pour toujours, en même temps l'agrégat, c'est-à-dire vous-même. L'aumône faite vous sera rendue, n'en doutons pas, au centuple dans le ciel. Le conseil donné vous sera payé ici-bas et « un tiens vaut mieux... ». L'on sait le reste.

Ai-je besoin d'ajouter que le conseil n'aura guère de chance d'être accueilli par qui souffre de la faim et que ce devoir d'élever le moral des malheureux ne supplée pas à celui de les assister, qu'il l'implique au contraire ?

Pourquoi faut-il que la plupart des personnes qui, très généreusement, se vouent à l'enseignement des couches profondes de la société, aient ou donnent une conception si particulière des droits et des devoirs sociaux ? Si puissante qu'ait été la révolution morale qu'a déchaînée la parole du Christ, il faut pourtant reconnaître qu'une société vécut avant lui, qu'un lien y existait entre les hommes, que, par conséquent, les droits et les devoirs sociaux peuvent être invoqués ou accomplis sans l'intervention de la doctrine chrétienne. — A vouloir que deux hommes ne soient unis que par un lien qui, de l'un, remonte à Dieu pour redescendre à l'autre, on s'expose à ce qu'il se rompe.

C'est parce que j'ai la ferme conviction que beaucoup d'esprits comprennent la nécessité de répandre une sociologie indépendante, que j'ai écrit les pages que l'on vient de lire.

FIN

TABLE DES MATIÈRES

Dédicace.. 1

Introduction.. 3

LIVRE PREMIER. — Origines sociales...................................... 13

LIVRE II. — La famille.. 35
    Chapitre premier. — Sa nature....................................... 35
    Chapitre II. — Son origine.. 38
    Chapitre III. — L'éducation... 44
    Chapitre IV. — Le mariage... 59
    Chapitre V. — Le rôle sociologique des sexes........................ 72
    Chapitre VI. — Nécessité sociologique de la famille................. 80

LIVRE III. — La liberté... 99

LIVRE IV. — La morale... 141
    Chapitre premier. — Recherche de la faute........................... 141
    Chapitre II. — La réparation et le châtiment........................ 157

LIVRE V. — Patrie... 171

LIVRE VI. — Les gouvernements... 183

LIVRE VII. — Les religions.. 205

LIVRE VIII. — L'instinct social... 215

LIVRE IX. — La propriété.. 223
    Chapitre premier. — Définitions du droit de propriété............... 223
    Chapitre II. — Limites de la propriété.............................. 228
    Chapitre III. — Modifications de la propriété....................... 237

LIVRE X. — Idées héréditaires... 243
    I. — La bravoure.. 244
    II. — La chasteté... 247
    III. — L'éloquence.. 250
    IV. — La vieillesse... 252

LIVRE XI. — L'économie et la sociologie................................. 257

Conclusion.. 269

www.ingramcontent.com/pod-product-compliance
Ingram Content Group UK Ltd.
Pitfield, Milton Keynes, MK11 3LW, UK
UKHW020130130726
13696UKWH00001B/295